こころが育つ環境をつくる

発達心理学からの提言

子安増生
仲真紀子
＝編著

新曜社

まえがき

発達心理学は、人が生まれ、育てられ育ち、生み育て、看取り看取られていく、その生涯のすべての過程に関わっています。したがって、発達心理学は、学術の高みにではなく、生活の視点に立つものでなければなりません。私たちが生活者として関心のある重要な問題について、発達心理学はどのように取り組んでいるか、研究の成果はどう役立つのかが、問われると言えるでしょう。

本書は、こころが育つよりよい環境をつくるために、どのような取り組みが家庭、学校、社会、そして政策として求められるかについての、発達心理学からの提案です。多くの重要な問題を取り上げていますが、いずれも生活者としての目線に立ちつつ、思いつきではなく学術的証拠（エビデンス）に基礎を置き、絵空事ではなくどのように実現するかという具体性を伴うものを目指しました。そのために、提言に際して、各執筆者は次の点を意識しながら行いました。

・誰に向けての提言なのか（政策立案・実現に携わる政治家、省庁関係者、教育・司法・福祉・行政に携わる専門家を想定しつつ、広く国民全体に向けて）。
・なぜその提言をするのか。提言の根拠となるエビデンスは何か。
・提言を具体的にどう実行するのか。

本書は、日本学術会議の心理学・教育学分野別委員会の下に設置された発達心理学分科会の一〇人の委員の議論から生まれたものです。その委員長（子安増生）と副委員長（仲真紀子）が本書の編集にあたっています。日本学術会議は、わが国の人文・社会科学、自然科学全分野の科学者の意見をまとめ、国内外に対して発信する日本の代表的学術機関であり、政府に対する政策提言を重要な活動の柱としています。発達心理学分科会では、各委員からの報告を受け、それを提言にまとめる段階で、単に日本学術会議に報告するだけでなく、広く国民に知っていただくべく、提言書を一般書籍として刊行することを目指すことにしました。その際、一〇人の委員では十分カバーできていない重要なテーマとして、保育の問題を日本保育学会会長の秋田喜代美教授に、いじめ予防教育の問題をその専門家の戸田有一教授に依頼し、全体を一二章構成としました。また山口真美教授の担当章は、金沢創教授にも協力していただきました。

本書の刊行にあたっては、新曜社の塩浦暲代表取締役社長に企画から編集のすべての段階で全面的にバックアップをしていただきました。心より厚く御礼申し上げます。

二〇一四年一月一〇日

子安 増生
仲 真紀子

目次

もの発達には欠かせないことを認識しましょう。

4　基本的生活習慣を幼児期早期に定着させよう

基本的生活習慣を幼児期早期に定着させることが小一プロブレムの解決の第一歩であり、子どもたちの心の葛藤を教育現場と家庭が協同して解きほぐすことを教育の前面に掲げるべきです。

5　良質な保育人材を輩出する施策を

脳のストレス脆弱性は、養育のあり方に左右されます。未熟な保育により子どものストレス脆弱性が助長されるのを防ぐには、良質な保育人材を輩出する保育士養成制度や、保育士の待遇・労働環境の法的整備とそのための予算措置が不可欠です。

はじめに

世間では、「待機児童ゼロ対策」とか「三年間抱っこし放題」など耳当たりの良い政策が喧伝されています。しかし、これらの政策が、子どもの育ちや女性の社会進出の保障に直接結びつくわけではありません。もう一つ見落としてはならないのは、原発事故や薬物並びに環境公害が、胎児期からの心身の発達に

1 現代科学技術の負の影響から子ども本来の育ちを守ろう

利島　保

本章の提言

1　生殖技術の発達による負の影響から子どもの育ちを守ろう

排卵誘発剤による多胎児出産、生殖補助医療による人工授精や体外受精などの不妊治療、出生前診断法による遺伝子診断などがもたらしかねない、さまざまな負の影響から子どもの育ちを守りましょう。

2　妊婦に対する緊急避難情報伝達の仕組みを構築しよう

未だに解消されていない原発事故の危険性に対応するために、母子手帳のデータベースに基づく、妊婦に対する緊急避難情報伝達の仕組みを構築する必要があります。

3　乳児の五感に訴える非言語的情報の重要性を認識しよう

母乳の匂い、保育者の声の抑揚や表情、身体接触など、乳児の五感に訴える非言語的情報が子ど

装幀＝臼井新太郎
装画＝ミヤザキコウヘイ

陰を落とし、また不妊治療法や出生前診断法の進歩が、女性に新たな出産不安と母性形成に悪影響を及ぼしているということです。これらの現代科学技術の負の影響から、子どもの育ちを守ることも重要です。

本章では、胎児期から学童期の心の育ちを守る立場から、乳幼児保育や学校教育に関する政策・制度を考える上で留意すべき点や、現代科学技術が子どもの育ちに与える負の影響から守る上で留意すべき点について、発達心理学研究の成果から問題提起をしてみたいと思います。

1　養育のあり方が、子どもの脳のストレス脆弱性を左右する

平成一四年度以後、二万五千人前後で推移している待機児童数のうち、七〇パーセントが〇〜二歳の低年齢児となっています。乳幼児をもつ女性たちが、仕事を継続するために保育施設に子どもを預けることを要望するのは当然です。ただ、子どもを出産後、早期に保育施設に預けることにより、母子の絆を弱めるのではないかという不安は、どの母親も持っています。その意味では、政府の掲げる「育休三年」策もアイデアではありますが、働く女性にとっては、長期育児休暇から職場復帰する際の心理的ハードルの高さもあり、実効性という点では疑問が残ります。

母子分離不安による子どもへの影響を示す極端な事例は、保護者による育児放棄や虐待などの特別な事情で施設に入った子どもに、異常な発達行動や成長不全がしばしば認められることです。その原因が、劣悪な養育環境による脳の成長への影響にあることが、遺伝子レベルから研究した動物実験で明らかにされ

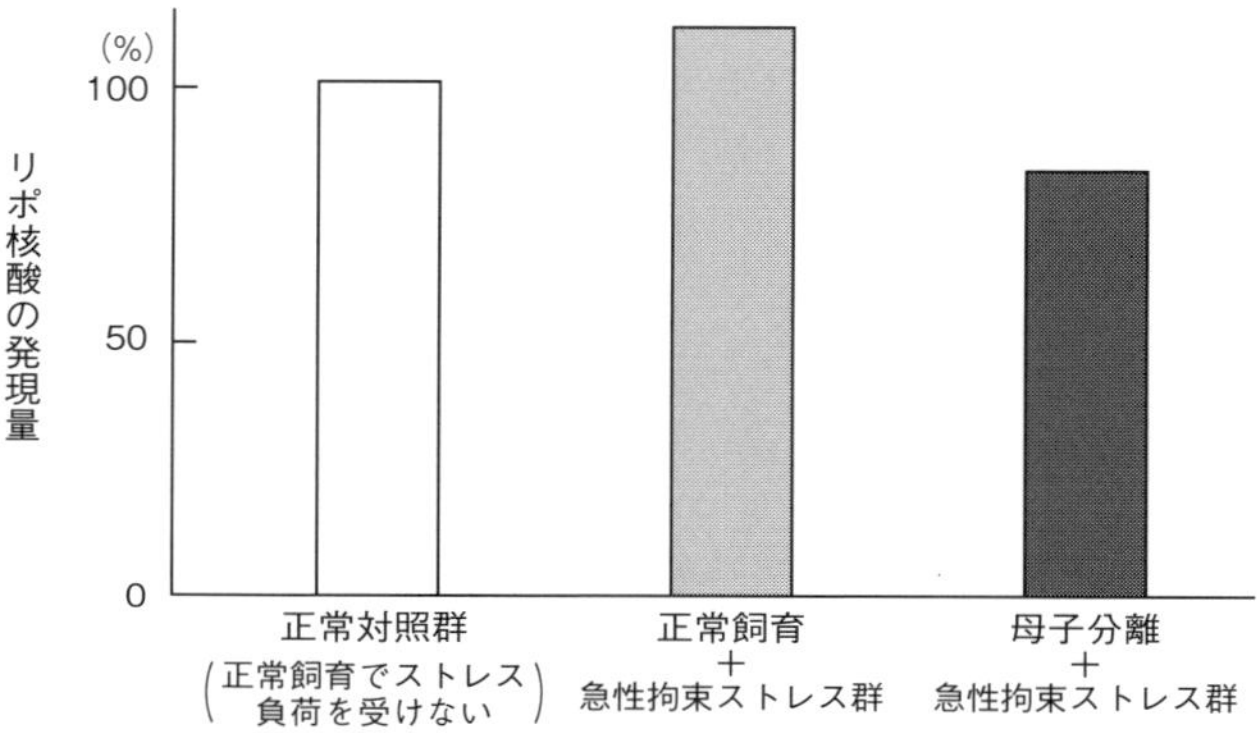

図１－１　母子分離ラットと正常飼育ラットへの急性拘束ストレスの影響
(森信, 2005, p.67より改変)

母子分離ラットでは、正常飼育群よりも急性拘束ストレスを与えたときの成熟期海馬の JNK-2 リボ核酸の発現量が減少している。

ています。

一般に、私たち人間を含めた動物は、ストレスを受けると、そのストレスを弱めるために、脳の海馬と呼ばれる領域からコルチゾールというホルモンが多量に分泌されます。そしてストレスに長期間さらされると、コルチゾールの過剰分泌が起こり、海馬が萎縮していきます。その結果、コルチゾールの分泌が少なくなり、ストレスに弱い脳になるのです。

高知大学医学部神経精神科の森信 繁教授が広島大学在職時に行った研究では、ラットを生後二日目から一週間、毎日母親から一匹ずつ離して別の入れ物に一時間入れ、残りの二三時間は母親と一緒に過ごすように育てました（母子分離飼育群）。その後、ヒトの二〇歳に当たる成熟期に、母子分離飼育群と正常飼育群に対して、二時間の拘束ストレスを与えました。そうすると、母子分離飼育群は、拘束解除後、疲弊状態に陥り、身動きしなくなって、ストレスに弱い症状を示すようになりました。

ストレスに抵抗するホルモンであるコルチゾール分泌に関わる遺伝子タンパク・リボ核酸（ＪＮＫ－２）の発現量について、母子分離飼育群、拘束ストレスを与えない正常飼育群と、正常飼育で拘束ストレスを与えた群の発現量とを比べた結果、図１－１に示すように、母子分離飼育ラット群の脳では、他の群に比べてコルチゾール分泌の遺伝子リボ核酸が著しく減少していました。

この結果から推測されるのは、母子分離飼育ラットは、ストレス抵抗ホルモン分泌を司る遺伝子の働きが弱くなったまま成長するので、このラットの遺伝情報は子どもの脳に伝わり、脳のストレス脆弱性が代々受け継がれるということです。

動物実験を、ヒトの脳発達にそのまま当てはめることはできませんが、劣悪な養育環境下で育った乳幼児が、視線回避や頭を上下に振るヘッドバンギングなどの異常行動を起こすことから、このような異常行動は、早期の劣悪な養育環境による脳のストレス脆弱性が、一因になっている可能性が考えられます。

２　子どもの心の脆弱性を防ぐには、良質な保育人材の育成が必要

森信先生の研究を取り上げたのは、保育施設に乳幼児を預けることの是非を論じるためではなく、保育施設で乳幼児が受ける養育条件が、乳幼児の心の育ちに適っているかどうかという点から、保育者の乳幼児への接し方と、保育人材の質の問題を考えてみたいと思ったからです。

出生数が減っているにもかかわらず、女性の就業増加を反映して、保育所への入所希望者は増え続けて

います。そこで、平成二五年から二六年度に二〇万人分、二九年度までに四〇万人分の子どものための保育の受け皿を整備するという政権公約が打ち出されました。この公約は国民にとっても一見魅力的ではありますが、地方自治体の中には、従来の社会福祉法人だけではなく、株式会社立の認可保育所を増設したところもあり、保育人材の不足が問題となっています。その対策として、保育士資格取得条件の緩和による人材確保をもくろんでいるのは、政治優先、子ども無視の政策の典型と言えるでしょう。

保育施設の増加による保育人材不足は、子どもの保育の質の劣化へとつながってくる恐れもあります。特に、専門的な知識や技術の未熟な若い保育者に、心身ともに急激に発達する乳幼児を託すことが、はたして健全な養育を子どもたちに保証できるかという問題について、もっと考えなければなりません。すなわち、母子の絆形成を補う機能を果たす保育施設で、未熟な保育者によって子どものストレス脆弱性が助長されるのを防ぐためには、良質な保育人材を輩出する保育士養成制度の改善や、保育士の待遇・労働環境の整備並びにその予算措置こそ、国や自治体に求められる重要な子育て支援策だと思います。

3 母子の絆形成は、乳児の五感に訴える母親の非言語的情報が基礎になる

母親が子どもに発する感覚情報は、乳幼児の心の発達に重要な意味を持っています。特に、母親が乳幼児に向ける視線、声の抑揚、匂い、肌の触れ合いなどは、乳幼児の五感を通して伝えられる非言語的情報です。これらは、言語的コミュニケーション能力の発達する二歳頃までは、乳幼児自身や他者の知・情・

意を理解する上で重要な手段になっています。

私たちは、非言語的な情報、たとえば、母乳の匂い、お母さんの声の抑揚、お母さんの表情などの感覚情報を、新生児がどのように受け止めているかについて、脳の前頭部の頭皮から近赤外線光を当てて、前頭部の脳血液の流量（近赤外線分光法：ＮＩＲＳと呼ぶ）を測定し、これらの非言語的情報に対する赤ちゃんの処理状態を、脳活動から捉える研究を行いました。

母乳の匂いについては、生後二週目の新生児を対象に、母乳、人工乳、精製水を含ませたガーゼを嗅がせる手続きで、母乳哺育群、人工乳哺育群、ブドウ糖水哺育群の三つの新生児群に、三種の匂いにどのような脳血流反応が起こるかを調べました。その結果、母乳の匂いには、三群とも脳は活性化しましたが、人工乳の匂いには、人工乳哺育群の脳だけが活性化しました。このことは、どのような哺育方法であれ、赤ちゃんの脳は母乳の匂いには必ず反応することを示しています。

さらに、お母さんとの接触頻度が多い赤ちゃん群と少ない群とで、母乳と人工乳の匂いへの反応を、生後二ヵ月の赤ちゃんの脳の活性化の違いで見ますと、接触頻度の多い群の脳は、どちらのお乳の匂いにも高い活性化がみられ、接触頻度の少ない群の脳では、どちらの匂いにも活性化が低い傾向がみられました。これらの研究結果から、赤ちゃんは、お乳の匂いを母親への愛着情報として処理しますが、母親との接触のあり方が、赤ちゃんの愛着反応の程度の違いにも現れることが分かりました。

お母さんが赤ちゃんに声をかける際には、抑揚変化の大きい特徴的な音声（マザーリーズと言われる）で話しかけるものです。そこで、お母さんが自分の赤ちゃんに話しかける抑揚のある音声条件と、抑揚のない平板な音声条件とで、赤ちゃんの脳血流の違いを見たところ、抑揚のある音声に脳は強く活性化していました。すなわち、赤ちゃんは、単にお母さんの声に反応するのではなく、抑揚のある声をお母さんからの情報として受け止めていることが分かります。

赤ちゃんは、人の顔に対してかなり早い時期から反応を示すことが知られています。その顔から発される非言語的情報の一つに表情があります。赤ちゃんが他者の表情を読み取る能力は、いつ頃から出てくるのかについて、脳の活性化から調べた私たちの研究を紹介しましょう。

この研究では、コンピュータの画面上に「いない、いない、ばあ」をする成人女性の顔が現れる動画を、赤ちゃんに見せます。その際、画面上の女性は、手で顔を覆い「いない、いない、ばあ」をして顔を見せた時、その顔が無表情の条件と笑顔の条件の二種類の表情条件があります。これらの「いない、いない、ばあ」の手続きを、一人の赤ちゃんに生後三、六、九ヵ月の時期に行いました。その結果、三ヵ月時には、表情に関係なく脳は活性化しましたが、六ヵ月時には、笑顔で活性化が高まり、無表情では活性化が低下しました。九ヵ月時には、笑顔と無表情の顔の活性化量の差はいっそう顕著になりました。このことから、赤ちゃんは、六ヵ月以後に表情を読み取る能力が現れ、人見知りの見られる時期とほぼ一致していることが分かります。

このように、お母さんが発する非言語的な情報は、赤ちゃんの脳でも適切に処理されています。特に、言語的コミュニケーション能力の未熟な時期には、お母さんの非言語的な感覚情報を受け取る機会がどれくらいあるかが、他者理解や対人関係を促す点から、赤ちゃんの心の育ちの大切な鍵となるようです。

4　育児フレックス・タイム制で、子どものコミュニケーション能力を育てる

これらの研究から言えることは、母親や保育士を含む養育者の発する非言語的感覚情報が、赤ちゃんに他者とのコミュニケーションを取る能力を育てる可能性があるということです。したがって、働く母親も適切な時間に保育施設に出かけ、赤ちゃんとの非言語的情報によるコミュニケーション機会を確保することが、赤ちゃんの自己認知や他者理解の発達に重要な役割を果たすと言えるでしょう。このことからも、働く母親が、随意な時間に保育施設に出向くことのできる「育児フレックス・タイム制」が必要となってきます。

「育児フレックス・タイム制」に対する働く母親からの支持は、朝日新聞の行った全国定例世論調査（二〇一三年五月一八～一九日実施）でも見られます。その中では、『女性が子どもを産んだ後も働き続けるためには』という質問に対して、「柔軟な働き方を職場が認める」が四〇パーセントで一番多く、それに次いで「保育所の数や定員を増やす」が三九パーセントでした。この結果からも、働く母親は、長期の育休よりも、家庭であれ、保育施設であれ、育児の時間を適宜持てるような制度・政策の改善を望んでいることが分かります。

5　小一プロブレムを防ぐには、家庭で基本的生活習慣の定着を

これまでは、乳児を中心に子育ての問題を扱ってきましたが、この節では、五歳児を小学校段階の教育に組み込むという教育制度改革構想について、子どもの育ちの実態との関係から取り上げてみましょう。

構想の背景には、小学校入学後に落ち着きがなくなる子どもへの対策、いわゆる小一プロブレムへの対策があります。広島県教育委員会は、幼小連携教育のあり方について、小学校就学前の子どもの発達の調査研究を行いました。その一連の調査研究から、五歳児の育ちの問題点を考えていきましょう。

この調査は、平成一五年度のやや古くなった調査ですが、今の就学前の子どもたちの育ちとも通じる興味あるデータがあります。調査は、広島県下一〇一の幼稚園・保育所に在籍する五歳児二、五一九名を対象に、教諭や保育士や保護者へのアンケートと、幼児の行動調査を実施しました。すなわち、アンケートは一五項目からなる幼児の育ちに関する調査で、それに加えて保護者には五項目からなる生活習慣定着状況調査も行いました。そして、それぞれの調査項目に対して「よくあてはまる」から「まったくあてはまらない」の四段階で評価してもらいました。また、この年齢段階の幼児の行動の状態を知るため、調査対象となった園の幼児に、五項目の実技調査（①五メートルまでのボール投げ、②合図で行動する、③十までのおはじきの数を数える、④自分の名前のカードの同定、⑤紙の線に沿ってはさみで切り、のり付けする）を実施しました。

紙面の都合で、調査項目や調査結果の詳細は述べませんが、幼児の育ちの概要を見ますと、幼児を対象にした実技調査では、八〇パーセント以上の子どもが、五つの項目全てにおいて完全にできていました。さらに、保育者への調査結果は、保護者のそれに比べてどの項目でも概ね高く評価されており、幼稚園や保育所での幼児の行動に限って言えば、発達相応の段階に達していると思われます。ただ、生活習慣定着度調査によると、家庭での幼児の生活の基盤となる睡眠、食事等の基本的生活習慣の定着が悪く、このような基本的生活習慣の定着の遅れは、幼児の行動発達にも深く関連してくるのです。

家庭での基本的生活習慣が定着していない場合、行動の拘束が緩やかな幼児教育施設では、五歳児は適応的な行動ができますが、行動に空間的、時間的制約のある学校教育では、幼児教育で身に付いているはずの情意的なコントロールが持続せず、その結果、教室での落ち着きを失うような小一プロブレムが起ります。小一プロブレムを経験する多くの小学校低学年の教師も、家庭での基本的生活習慣を幼児期早期に定着させることが、小一プロブレムの解決の一歩ではないかと、一様に訴えています。したがって、幼稚園や保育所での子どもの行動次元を、子どもの真の発達と評価することは早計と言えるでしょう。

これらの問題を解決するには、子どもたちの表と裏の心の葛藤を、教育現場と家庭が協同して解きほぐすことを、今後の公教育の子育て支援の課題の前面に掲げるべきではないでしょうか。この点を踏まえないで、単に年長児を小学校低学年に組み込むという教育制度改革の構想は、子どもの発達の個人差を考慮しない、大人の側の偏った子ども観に基づいていると思われます。したがって、このような構想は、決して小一プロブレムの問題解決の糸口とはなり得ないでしょう。

6　妊婦に関わる現代科学技術の負の影響から胎児の育ちを守ろう

次に、社会の中の子どもの育ちという観点から、目覚ましい現代科学技術の発展が及ぼす、子どもの育ちへの負の影響について、政府や行政が配慮すべき問題点を考えてみたいと思います。

科学技術の成果が子どもの発達に負の影響を及ぼすということは、四肢成長の始まる胎児期に催奇性を引き起こす睡眠薬サリドマイド薬害や、水俣病のような有機水銀中毒を原因とする子どもの脳性麻痺や知的障害などの面から問題とされてきました。また、最近では、非加熱濃縮血液製剤による薬害エイズ事件や、ポリカーボネート製の哺乳瓶、食器、オモチャなどから溶け出す「内分泌かく乱化学物質」、いわゆる環境ホルモンによる催奇性などの問題も、子どもの育ちとの関連から問題視されるようになっています。

乳幼児の育ちという点からすると、薬物や公害による心身の催奇性の問題は、個人の生涯の生活全般に不幸をもたらすだけではなく、家族や社会にも深刻な問題となります。これらの問題は、裁判が起こらなければ、世間は注目しませんが、被害を予見し、対策を立てることを怠ってきた当局の怠慢は、裁判所からしばしば指弾されてきたことも事実です。

さらに、現代科学技術の負の影響として、子どもを産み育てる立場にある女性が直面している深刻な問題があります。すなわち、排卵誘発剤による多胎児出産や、生殖補助医療による人工授精や体外受精などの不妊治療、さらに、出生前診断法による遺伝子診断の精度が高くなり、妊娠女性や家族に出産の可否の決断を迫られるなどの問題は、子どもを望む女性や家族にも深刻な陰を落としています。

たとえば、通常一パーセントと言われている多胎児出産は、排卵誘発剤により五〜二〇パーセントに上がります。多胎児出産の場合、極低体重児の割合が多いのですが、最近の新生児医療が発達したことで、死亡率の低下と予後の身体的安定性が高まり、医学的な問題は少しずつ解決に向かっています。しかし、子どもの育ちそのものには、未だに未解決な問題も残っていると言えるでしょう。

7　母子の絆が育つ妊娠期の心理的支援を重視した母子保健政策を

多胎児出産を経験した母親が、新生児集中治療室（NICU）に並んだ身体の小さいわが子たちの姿を見て、自分の持つ赤ちゃんのイメージが、現実とあまりに違いすぎるという心理的ギャップのために、わが子を抱くことを拒否し、母性喪失といった問題が、産科や小児科の現場で見られます。この問題を契機に、一九八〇年代に小林登・現東大名誉教授を研究代表者とする、小児科、産科、心理学、社会学、情報学などの広い分野からの母子相互作用研究プロジェクトが展開されました。私もその一員として、妊娠期の母性形成に関する研究を行いました。

私の研究は、妊婦が自分を取り巻く環境内の事象や事物を、どのように捉え、感じているかの心理的空間の変化から、母性の形成過程を解明することでした。まず、妊婦二六名を対象に妊娠に関わって妊婦が経験する、社会・文化的習慣（K 初節句、J お食い初め、H 宮参り、L 安産守り、G 岩田帯、M 母子手帳、

Ｉ里帰り）、対人的環境（Ｑ友人、Ｎ夫、Ｒ隣人、Ｏ実家の母、Ｔ夫の母、Ｓ医師、Ｐ生まれる子）、自己と子どもの身体環境（Ｆ胎動、Ｃ体型変化、Ｅベビー服、Ｄ哺乳瓶、Ａつわり、Ｂ他人の子）の三つの環境にある二〇の事象や事物を、妊婦がどのように捉え、感じているかを、妊娠初期、中期、後期にわたって継続的に調べました。その際、妊婦には、その事象・事物個々の対が、自分にとってどのくらい身近であるか（認知的距離）、また、それらの対の快・不快の感じ方はどれくらいか（情動的距離）を、五段階で判断してもらいました。

この判断データを統計解析して、各事象や事物の空間位置を縦軸（認知的軸）と横軸（情動的軸）からなる心理的空間に、各事象や事物を示したのが図1－2です。この図では、認知的軸の上下を自己内界と外界（認知的距離）に、情動的軸の左を不快、右を快として表しています。この図によると、三つの妊娠期の心理的空間は、妊娠初期から後期に進むにつれ、事物や事象は快な外界の軸に集まっていく過程が認められました。また、生まれるわが子は、妊娠初期は内なるものとしての認識が強く、後期になると外なるものという認識に変わりますが、一貫して快の感じを保ち続けています。さらに、「つわり」以外の事象・事物は、概ね快の認知的空間に凝集していくのに対し、「つわり」はこれらとは離れた不快の外界空間に位置づけられていました。この過程をみる限りでは、妊娠期間中に妊婦の心理的空間は変化し、妊娠後期になって、わが子への愛着に関わる母性が形成されていくと思われます。

この母子相互作用研究プロジェクトでは、妊娠期にわが子に良いイメージを持って、多胎児出産による母性喪失や育児不安を防ぎ、妊娠期を通して妊婦が心理的安定を保つことが重要であると結論しています。そのために、多胎児出産の可能性のある妊婦に対し、妊娠期のいろいろな情報を与えるだけでなく、産科

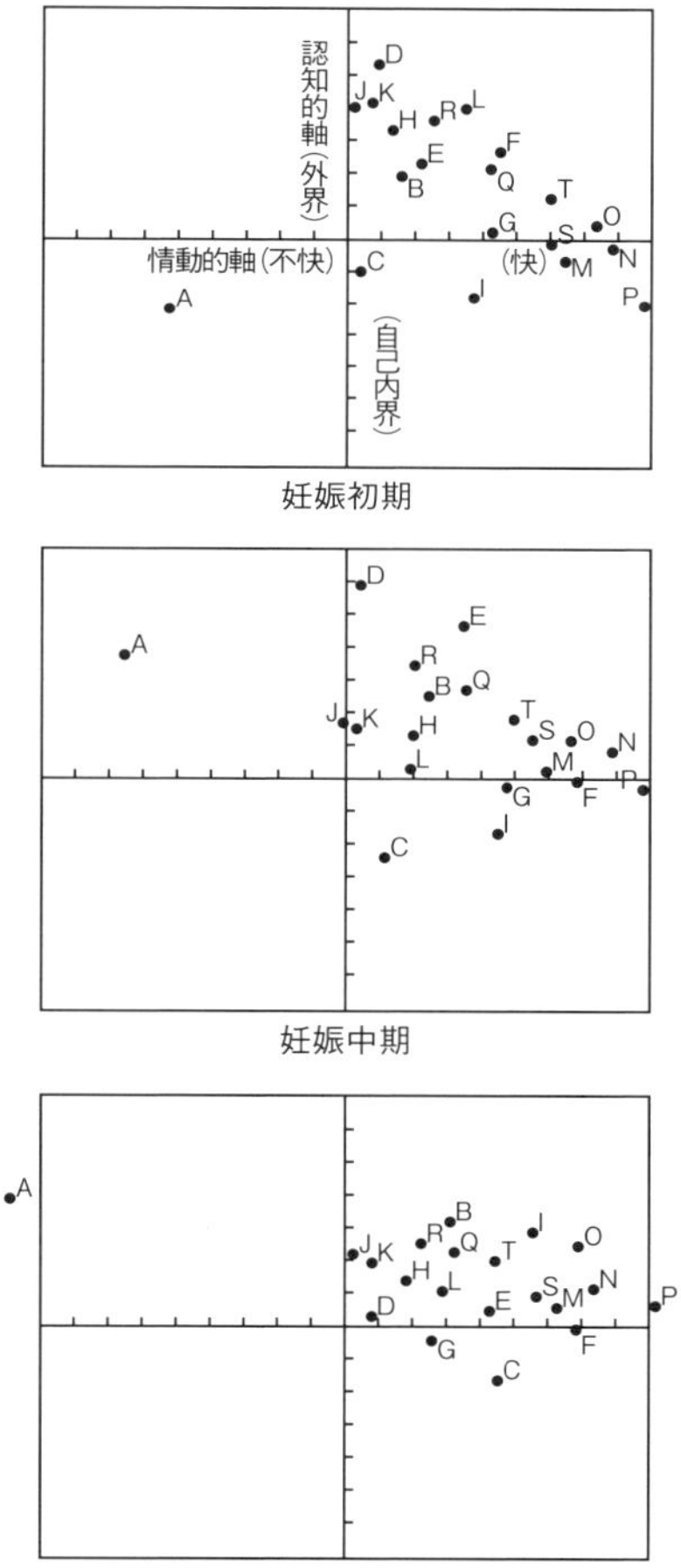

図１－２ 妊娠期間中の妊婦の認知的、情動的心理空間の変化（利島, 1983）
英文字は、妊婦と相互作用する 20 の事物・事象を示す。
A つわり、B 他人の子、C 体型変化、D 哺乳瓶、E ベビー服、F 胎動、G 岩田帯、H 宮参り、I 里帰り、J お食い初め、K 初節句、L 安産守り、M 母子手帳、N 夫、O 実家の母、P 生まれる子、Q 友人、R 隣人、S 医師、T 夫の母

医、助産師、心理士などのチームワークにより、母親になるための心理的支援を行うことが、不可欠であるとも結論づけています。

さらに、産科や新生児科の医療技術の進歩により、極低体重児（いわゆる、未熟児）へのケアが向上して、安定した生育状態の子どもを母親に引き渡せるようになりました。ただ、特殊な哺育環境（NICU）で長期間過ごした未熟児の育ちの状態が、健常出産の子どものそれと違わないかという点は、私たちにとっても気になるところです。そこで、常に新生児集中治療室で未熟児に接している看護師の音声と、母親の音声を聞かせるという二種類の条件の下で、未熟児の前頭部の脳血流量の違いについて、先に述べたマザーリーズへの反応と愛着という観点から調べてみました。

その結果、看護師の音声の方が、面会時にしか会えない母親の音声よりも、未熟児の脳の活性化が著しいことが認められました。このことは、未熟児を常時ケアしている看護師の声に対し、赤ちゃんは、聞き慣れると同時にその音声に愛着を感じていると思われます。したがって、未熟児を安定した生育状態で母親に渡すためには、看護師からの分離不安を赤ちゃんに持たせることなく、お母さんへの愛着を持たせる方法を工夫する必要があります。

8　子どもの心の発達に影響を与える放射線被害の解明と対策を

現代科学技術の結晶と言われていた原子力発電所の安全性が神話であったことを、私たちが思い知ったのは福島第一原発事故の勃発によってでした。この原発の崩壊によって、現在、私たちが最も関心を持っているのは、人体に及ぼす放射線被害の問題です。

二〇一三年五月三一日、東京電力福島第一原発事故による住民の健康被害への影響を調査した国連科学委員会は、「これまでに健康への影響はない」との報告書の概要を公表しました。さらに、ワイス委員長は「住民と大多数の原発作業員に、今後、健康被害が生じる可能性は低い」と述べています。また、報告書は、事故後の避難や屋内退避によって、被ばく線量を十分の一程度にまで減らすことができたと評価し、この低い被ばくレベルのために、将来がん患者が増大することはないだろうと結論づけています。

しかし、この報告が、真実であると証明できるまでには、さらに時間が必要だと思われます。また、将来大規模な原発事故が起こった場合に、国連科学委員会の報告と同じような結果をもたらすという保証は、どこにもありません。被ばくの人体被害がきわめて少なかった原因の一つは、被災者を含む国民への徹底した教育の結果、事故後の情報に関する理解が深かったからだと言われています。今後、科学技術の進む現代社会においては、科学技術のプラスの面だけではなく、マイナスの面にも理解を深める教育が必要とされていると言えるでしょう。

逆の事例が、チェルノブイリの原発事故にあります。チェルノブイリ周辺地域の被ばく住民の健康被害の原因の一つが、住民の受けた教育による違いにあると、ここ二〇年間で報告された被ばく住民の心身の健康に関する研究で報告されています。すなわち、強度の放射線の拡散と生活環境の汚染の影響は、教育程度の高い住民ほど被害が小さく、逆に教育程度が低い住民では被ばく被害が大きいと指摘されています。

チェルノブイリ事故当時は、旧ソ連の中央集権下の厳しい情報統制が、被害の増大の第一の要因でした。

しかも、チェルノブイリ周辺地域住民への公教育が徹底していなかったため、放射線や汚染に関する知識が全くなく、子どもを放射線被害から守る意識さえ持てなかったと、多くの研究報告は述べています。その結果として、多くの子どもの甲状腺ガンや胎内被ばくによる生後の発達障害などを招く一因になったと言われています。

チェルノブイリ事故の放射能の影響は、この地区に止まらず、放射能を含んだ風が遠くノルウェーの山脈にぶつかり、多量の放射能が降りた地域の子どもたちにも、知的発達障害が見られたという報告もあります。この事実は、放射能の拡散はグローバルで、気象や地理的な条件により、遠く離れた地域や国の子どもの育ちにも、被害をもたらす可能性があることを示唆しています。しかも、ここで問題とすべきは、チェルノブイリ事故の胎内被ばくによる発達障害が、事故後十数年経った児童期や青年期に現れたという事実です。

これらのチェルノブイリ事故に関する報告が、胎内被ばくによる発達障害であるとする根拠は、一九四七年に原爆障害調査委員会（通称ＡＢＣＣ）が行った、広島・長崎の胎内被ばくの追跡研究に基づいています。この研究は、被ばくした子どもたちを小学一年生から六年生まで、知能検査、学業成績、身体発達について追跡しています。その報告は、ＡＢＣＣが改組されてわが国との共同研究機関となった放射線影響研究所のホームページに掲載されています。

それによると、被ばく線量が五ミリグレイ（註：グレイは、人体が放射線を吸収する吸収線量で、これを人体に影響を及ぼす実効線量に換算するとシーベルトとほぼ同じ量となり、五ミリシーベルトとなります。人間が安全とされる実効線量の限界値は、一年間一ミリシーベルトと言われており、五ミリシーベルトは、人間にとって非常に危険な線量です）未満と推定された胎内被ばく児では、一〇六八名中九名（〇・一パーセント）が、また、線量が五ミリグレイ以上の胎内被ばく児では、四七六名中二一名（四・四パーセント）が、それぞれ重度の知的障害を起こしていました。

さらに、この知的障害の過剰発生は、受胎後八〜一五週に被ばくした児童に多く、受胎後一六〜二五週で被ばくした児童では、それよりも少なくなっていました。一方、受胎後〇〜七週、または二六〜四〇週で被ばくした児童には、障害が認められませんでした。この結果は、被ばく線量と被ばく時の胎齢とは強い関係があることを示しています。

原爆のような直接被ばくは、原発事故のような間接被ばくとの違いはありますが、アメリカ政府は、原爆投下後に詳細な放射線緊急対応マニュアルを作成しています。特に、胎児や妊婦の避難については、広島・長崎の研究結果に基づいています。このマニュアルは、一九七九年に起こったスリーマイル原発事故の際に、妊婦や子どもの避難に役立ちました。逆に、チェルノブイリ原発事故では、当時のソ連政府が、住民避難対策を打ち出さなかったので、胎内被ばく児に大きな放射線被害が起こったのは確かです。

福島原発事故では、冒頭に述べたように妊婦や子どもたちへの心身の発達障害は、今のところは報告されていません。しかし、緊急避難と避難の長期化に伴う心理的負担が子どもの育ちに及ぼす影響は、今後継続して追跡していく必要があります。特に、わが国には世界第三位の五四基の原発があり、たとえ廃炉されたとしても、放射線被害の可能性が高いという状況には変わりはありません。さらに、放射線災害により家庭内に生じたストレスが子どもに転嫁され、虐待問題が発生しているという事実は、原発事故が、子どもの育ちだけでなく、家族の心の歪みをもたらしていると言えます。

厚生労働省は、二〇一二年度に児童相談所が対応した虐待相談が、福島県で三一一件あり、前年度より五二件増えて、増加率は全国平均の倍近い二〇パーセントだったと発表しています。特に、原発事故の避難地域を抱える双葉郡や南相馬市などを受け持つ浜児童相談所分は、前年度比二・一倍の一二〇件で過去最多で、福島県全体の四割を占めていました。県外避難者が多いにもかかわらず、県全体の相談件数は、一〇年度二二四件、一一年度二五六件、一二年度三一一件と大幅増が続き、県の児童家庭課は、「震災と原発避難の影響が数字に現れた」と分析しています。さらに、県警が受理した相談も一〇九件と、前年から八割増えたと報告されています。このようなデータは、原発事故による現代科学技術の負の影響が、子どもの育ちだけではなく、子どもを育てる親の心をも歪めるという悲劇を生むことを物語っています。

わが国の放射線災害被害対策マニュアルは、原発を持つ自治体が用意している「原発のしおり」というパンフレットや、医療機関や大学が放射線事故を前提にした数ページ程度のマニュアルしかありません。しかし、子どもや家庭のための詳細な放射線緊急対応マニュアルは、子どもの心身の育ちを守る上でも早急に作成すべきでしょう。

特に、胎内被ばくによる発達障害を防止するために、妊婦の避難対応情報の周知を主導できるのは、母子手帳を発行する自治体です。したがって、あってはならない原発事故のための準備として、母子手帳のデータベースに基づく、妊婦に対する緊急避難情報伝達の仕組みを構築することは、未来を担う子どもの育ちを守るという点からも、政府や自治体にとって重要な課題だと思います。

【参考書】

森信　繁（二〇〇五）「乳幼児期の養育環境とこころの発達」ＮＰＯ法人・脳の世紀推進会議（編）『こころを育む脳の働き――育て、守る』四七‐六九頁（株）クバプロ
広島県教育委員会（二〇〇三）「平成一五年度　幼児教育調査報告書」
利島　保（一九八三）「妊産婦の母性形成過程」『周産期医学』一三巻、二二一九‐二二三二頁

2 子育て力の回復を政策目標に子どもの主体性を大切に関わる

――子どもの学力格差は幼児期から始まるか？

内田伸子

本章の提言

〔親への提言〕「子育ての10カ条」

第1に、親子の間に対等な人間関係をつくること
第2に、親は子どもの安全基地になること
第3に、子どもに「勝ち負けのことば」を使わない
第4に、子どものことばや行動を共感的に受け留め、受け入れる
第5に、他児と比べず、その子自身が以前より進歩したときに承認し、誉める
第6に、裁判官のように禁止や命令ではなく、「～したら」と提案の形で対案を述べる
第7に、教師のように完璧な・詳細な・隙のない、説明や定義を述べ立てない
第8に、子ども自身に考える余地を残す働きかけをすること
第9に、親は「待つ」「みきわめる」「急がない」「急がせない」で子どもがつまずいたときに支え、

足場をかけ、子どもが一歩踏み出せるように、わきから助けてあげる

第10に、子どもと共に暮らす幸せを味わおう

〔政策提言〕

1　子育て支援のあり方を再考

すべての子どもへの「子ども手当」の配分は経済格差をますます拡大することになります。母子（父子）加算や交通遺児家庭への傾斜配分、所得制限の仕組みを作るべきです。

2　子育て世代の働き方の仕組みの構築

幼児期の子どもをもつ親（母親はもちろん父親も）が家族の時間がとれるような働き方の仕組みをつくることが必要です。

3　保育力・教育力の向上をめざした保育者・教師の研修の保証

子どもの心理や生理の発達に寄り添える保育力の向上のための現職研修の充実と、研修を受けられる働き方の仕組みをつくることが重要です。

4　保育者（保育士・幼稚園教諭）の待遇改善

経済的処遇の改善と育児休業・介護休業制度が活用できるような保育者の働き方を改善すること

が求められます。

5 エデュケア・カリキュラムの開発と実施体制の構築

〇歳から九歳までの学びの発達を見通した「エデュケア（教育＋養育）カリキュラム」の開発と実施が必要です。

はじめに

日本では学力低下が進んでいます。学力格差は家庭の世帯収入を反映しているという調査結果も公表され、親たちはそのことをやむを得ないこととあきらめ気味です。二〇一〇年七月二八日には文部科学省幼稚園課が、幼稚園卒は保育所卒よりも小中学校で受ける学力テストの成績が高いと発表し、幼児期の養護だけでは将来が不安で幼児期からの教育が大切だと新聞各紙に公表しました。本当に幼児期から学力格差が始まるのでしょうか。学力基盤力となるリテラシーや語彙能力も経済格差の影響を受けるのでしょうか。幼児期の親の関わり方は、リテラシーや語彙力にどんな影響をもつのでしょうか。このような問題意識のもとで、幼児期のリテラシーの習得に及ぼす社会文化的要因の影響について明らかにするため、日本（東京）・韓国（ソウル）・中国（上海）・ベトナム（ハノイ）・モンゴル（ウランバートル）の五ヵ国（五都市）

の国際比較調査を行いました。本章では、日本の調査結果に基づいて、現代の子育ての実態を探り、幼児期の生育環境が子どもの学力にどのような影響を及ぼすのかについて明らかにしたいと思います。

1　ことばの習得には経済格差が影響を与えるか

文部科学省幼稚園課の幼稚園卒と保育所卒の児童・生徒の学力は幼稚園卒か保育所卒かで差があるという報道は保育所に通わせている親たちに衝撃を与えました。幼稚園と保育所の保育内容のどのような違いが小中学校での学力テストの成績に影響しているのでしょうか。もっと別の要因も絡んでいるのではないでしょうか。

教育社会学者たちは、学力格差は経済格差を反映するという結果を発表しています。家庭の所得が幼児期の生活、絵本や蔵書数などの家庭の文化資源に影響を与え、親子のコミュニケーションのありように影響を与えていることも考えられます。

これまで幼児期のリテラシー（読み書き能力）の習得は子どもの認知発達と強い関連があることが明らかにされてきました。また語彙力は知能発達や小学校での学校適応度の指標になることも明らかにされています（内田、一九八九、二〇〇七、東ほか、一九九五）。

家庭の所得や、家庭の文化資源、幼児期のリテラシーの習得度や語彙力などが小学校での適応度に複雑に絡んでいるのかもしれません。特に、学力基盤力になるのは、幼児期から習得が開始されるリテラシーや語彙力です。リテラシーや語彙の習得が小学校の学力にどう関係しているのか、興味がひかれるところです。

家庭の所得はリテラシーや語彙力にどのように関係しているのでしょうか。家庭の文化資源や親の養育態度、子どもの気質などとどのように関係しているのでしょうか。これらの問題を明らかにするため、幼児三歳児、四歳児、五歳児各千名、あわせて三千名に個別の臨床面接調査を行いました。その保護者には家庭の所得や早期教育への投資額、親の学歴など家庭環境や親のしつけのスタイルを調べるためにアンケート調査を実施しました。また、子どもが通っている幼稚園教諭や保育所の保育士に、リテラシーや語彙の習得にどのような配慮をしているか、保育の形態はどのようなものか、幼児期の教育についての考え方などについてアンケート調査を実施しました。さらに子どもたちが小学校に入るまで追跡し、幼児期の読み書き能力や語彙力が小学校での学力テストの成績とどのように関係しているかを調べました。

2　子どもの読み書き能力や語彙力は家庭の所得と関連しているか

年収七〇〇万円未満の家庭を低所得、七〇〇万円を越えた家庭を高所得として、子どものリテラシーや語彙テストの成績と比べてみました。「読み」については一九六四年調査、一九九五年調査と同じ課題を使用し、平仮名七一文字を読ませました。五歳になると世帯収入の影響は全く受けなくなります。「書き」については、図形や左右非対称の文字（〇や+、□や「わ」）を模写させ手指の巧緻性（器用さ）

を調べましたが、五歳になると世帯収入との関係はなくなります。文字を読む準備となる「音韻的意識」（音節文字の音節分解や音韻抽出能力）の発達状態もテストしてみましたが、これも五歳になると世帯収入との関連はありませんでした。読みや書きの準備状態は幼児期終わりまでに整っていることが明らかになったのです。これは、筆者らが実施した「一九九五年調査」の結果を追認する結果でした。

文字の読み書きの準備とは対照的に、絵画語彙検査で測定した語彙力については家庭の所得と関連が認められ、加齢に伴い関連性が強まり、五歳で最大になりました。つまり、高所得層の子どもの語彙力は低所得層の子どもよりも豊かであるという関連が明らかになったのです。

3　通塾のタイプは関連がない

読み・書き・語彙と通塾との関連をみてみると、「読み能力」と「書き能力（模写力）」に関しては、習い事をしてない子どもよりも、スイミング・お絵かきなどの芸術・運動系の習い事を行っている子ども、あるいは受験塾・学習塾などの学習系の習い事を行っている子どもはよく読める傾向がありました。ただし、五歳になると家庭の収入の影響はなくなるので、この点は問題にしなくてもよいと思われます。

家庭の所得との関連があった「語彙力」についてはどうでしょうか。習い事をしているか否かで語彙力は差がありました。習い事をしている子どもの方が語彙が豊かだったのです。ところが、興味深いことに、通塾のタイプ、すなわち、芸術・運動系のおけいこをしているか、進学塾・学習系の塾に行っているかの

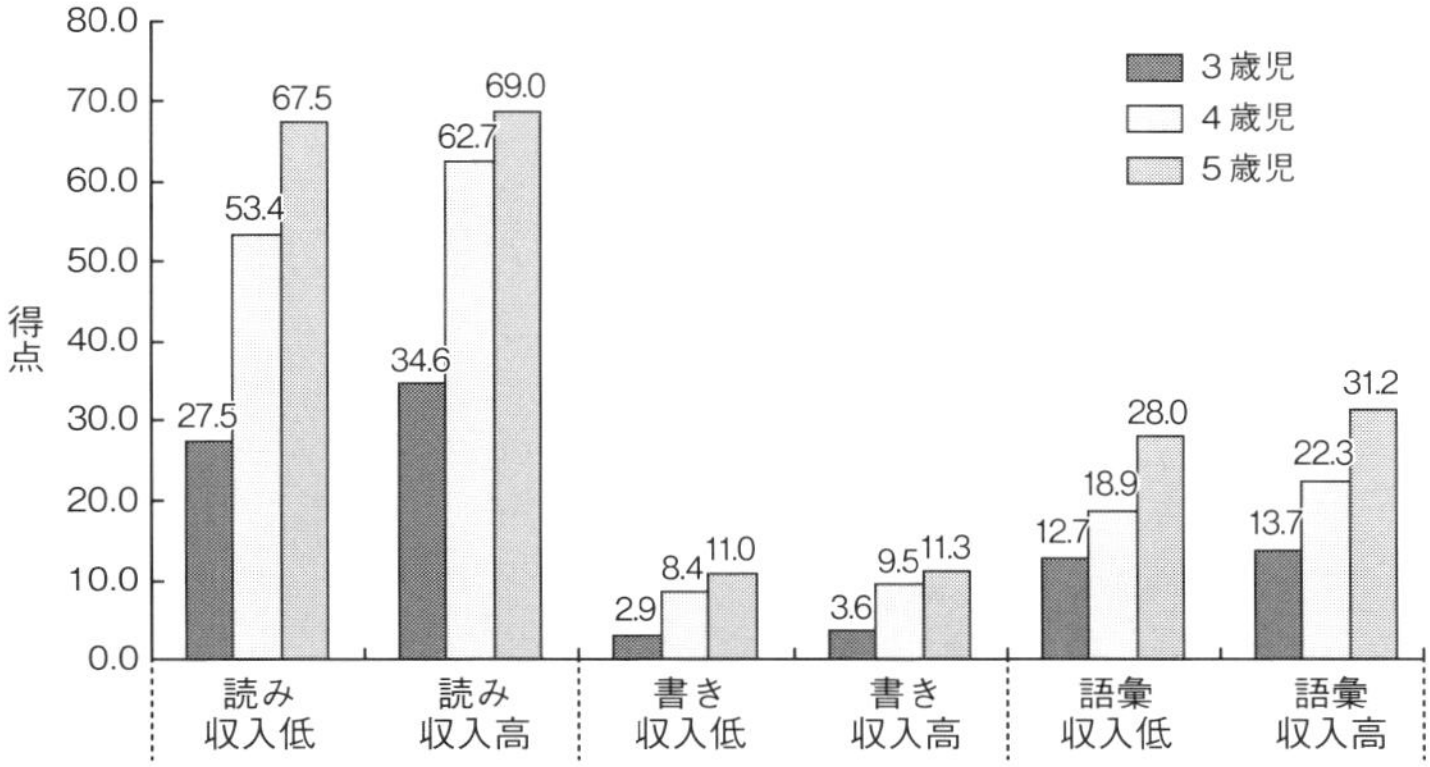

図2－1 経済格差と読み書き能力、語彙力との関連（内田ほか, 2009）

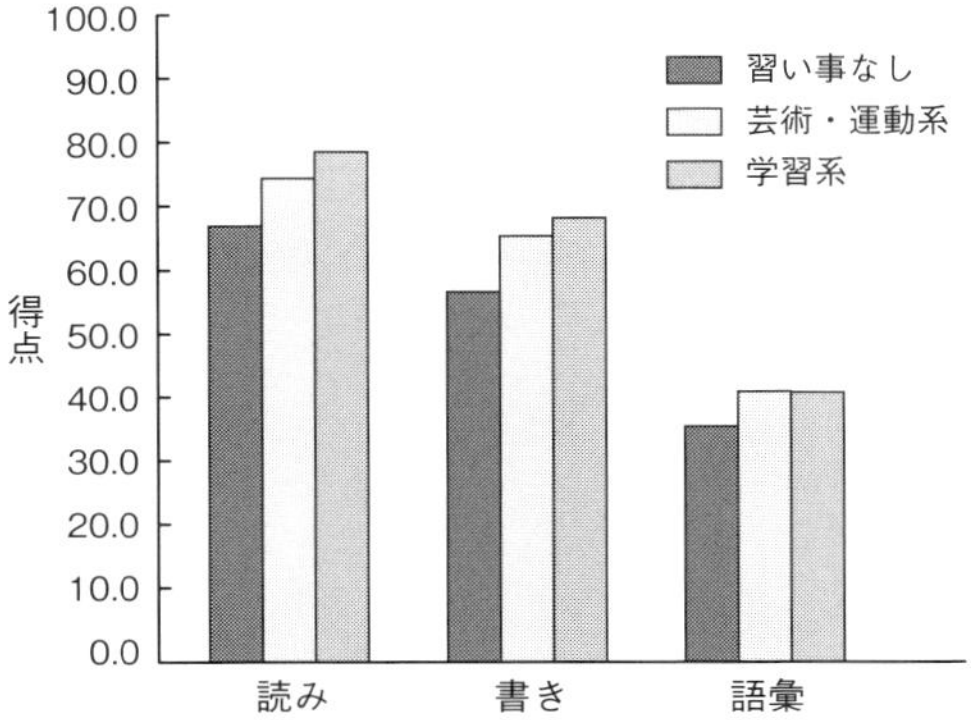

図2－2 習いごとの種類と読み・書き・語彙との関連（内田ほか, 2009）
通塾のタイプ、すなわち、芸術･運動系のおけいこに行っているか、学習系の塾に行っているかの間には差がない。

間には差が全くありませんでした。また、語彙力は教育投資額とも関連があり、保育料の他に毎月、五千円以上の教育投資をしている家庭の子どもが、教育投資を全くしてない家庭の子どもに比べて、語彙力が高いのです。教育投資額は親が幼児期の子どもの教育にどのように配慮しているかを反映しているのではないかと思われます。

4 子ども中心の保育のもとで子どもが伸びる

保育者のアンケートからも、興味深い結果が明らかになりました。子ども中心の保育で自由遊びの時間が長い幼稚園や保育所の子どもの語彙力は、読み書きや計算を教えている一斉保育の幼稚園や保育所の子どもたちよりも高いのです。調査に協力してくれた幼稚園や保育所の中には、三〇分ごとに時間を区切って、「はい、計算、算数の時間」「あいうえおの時間」「英会話の時間」というスタイルで小学校準備教育を一斉指導している園も含まれているのですが、そういう園の子どもたちよりも、朝から、好きな遊びを好きなだけ遊べる園の子どもたちの方が語彙が豊かだったのです(図2－3)。

子ども中心の保育実践をしている幼稚園や保育所では、文字や計算などは教えてはいませんが、文字はお当番表や誕生日を知らせる展示物、欠席者の名前の書かれた黒板などにふんだんに使われており、保育者は、文字や数について子どもに質問されれば短く答えます。子どもたちはお店屋さんごっこやレストランごっこの遊びに、ごく自然に文字の読み書き経験をもちこみ、看板をつくってお店にかかげ、おつりの

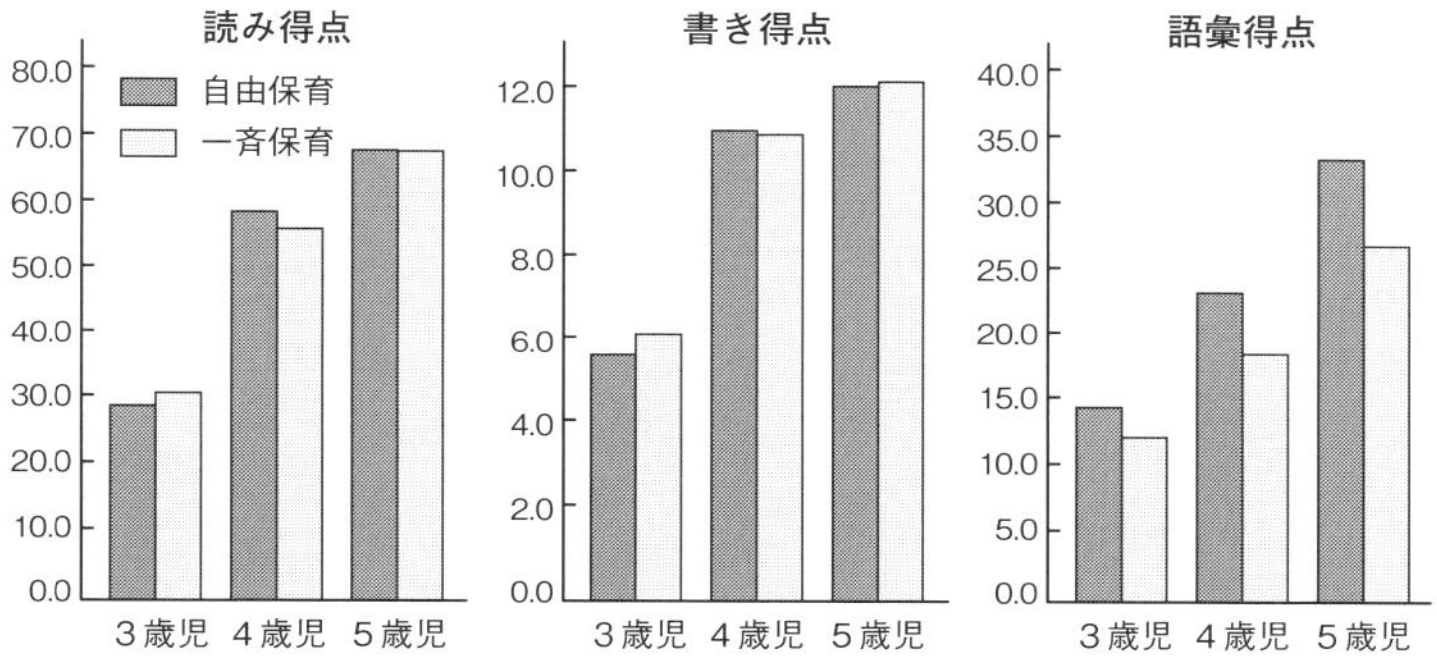

図2－3 保育形態による語彙力の差（内田ほか, 2009）

系統的な文字学習に取り組む「一斉保育」の幼稚園に比べて、「子ども中心の保育」「自由保育」の幼稚園や保育所の子どもたちの語彙が豊かであることは注目される結果である。

計算をし、メニューを作ってお客さんから注文をとっています。自由遊びの中に、ごく自然に読み書きや計算の活動が組み込まれています（内田、一九九八）。読み書きや計算は子どもの自発的な必要から遊びの文脈にもちこまれるものであり、大人からトップダウンに教えられるものではありません。子どもたちは自然に読み書きや計算の意味や意義を感得していくのです。

保育形態と子どもの語彙力に関連があり、子ども中心の保育の子どもの語彙力が高くなるのは韓国も同じでした。自由保育の幼稚園や自由遊びを大事にしている保育所に通わせている親は、所得の高い親かもしれないと考え、分析したところ保育形態と家庭の所得には関連は認められませんでした。

5　しつけスタイルと子どもの語彙力には関連があるか

子どもの教育に配慮している親は、子どもへの関わり方、つまり、子どものしつけのスタイルも違うのではないかと推測されます。子どもの語彙力に関連しているのは、しつけスタイルか、それとも家庭の所得かを調べてみることにしました。

調査に参加した親のしつけスタイルは、①「共有型」（ふれあいを重視し、子どもとの体験を享受・共有する）、②「強制型」（大人中心のトップダウンのしつけや力のしつけで子どもを従わせる）、③「自己犠牲型」（子どもが何より大切で、子育て負担感が大きい。育児不安か放任・育児放棄に二極化）の三つに分かれ、共有型には三三・四パーセント（五七三名）、強制型には三五・六パーセント（六一一名）、自己犠牲型には三一・〇パーセント（五三二名）とほぼ均等に分類されました。

三つのしつけスタイルについて、以下にそれぞれの特徴をまとめてみたいと思います。

「共有型しつけ」とは、子どもを一人の人格をもった存在として尊重し、子どもとのふれあいや会話を大事にしていて楽しい経験を子どもと共有しようとするしつけ方を指しています。こういう関わり方をする親は、家庭の団欒や、親子の会話、夫婦の会話も大事にしていることがうかがわれました。

「強制型しつけ」とは、〝子どもは白紙で生まれてくる、だから、子どもをしつけるのは親の役目〟、〝自分の思い通りに子どもを育てたい〟、〝子どもが言うことを聞かなければ、罰を与えるのは当然〟、〝口で言

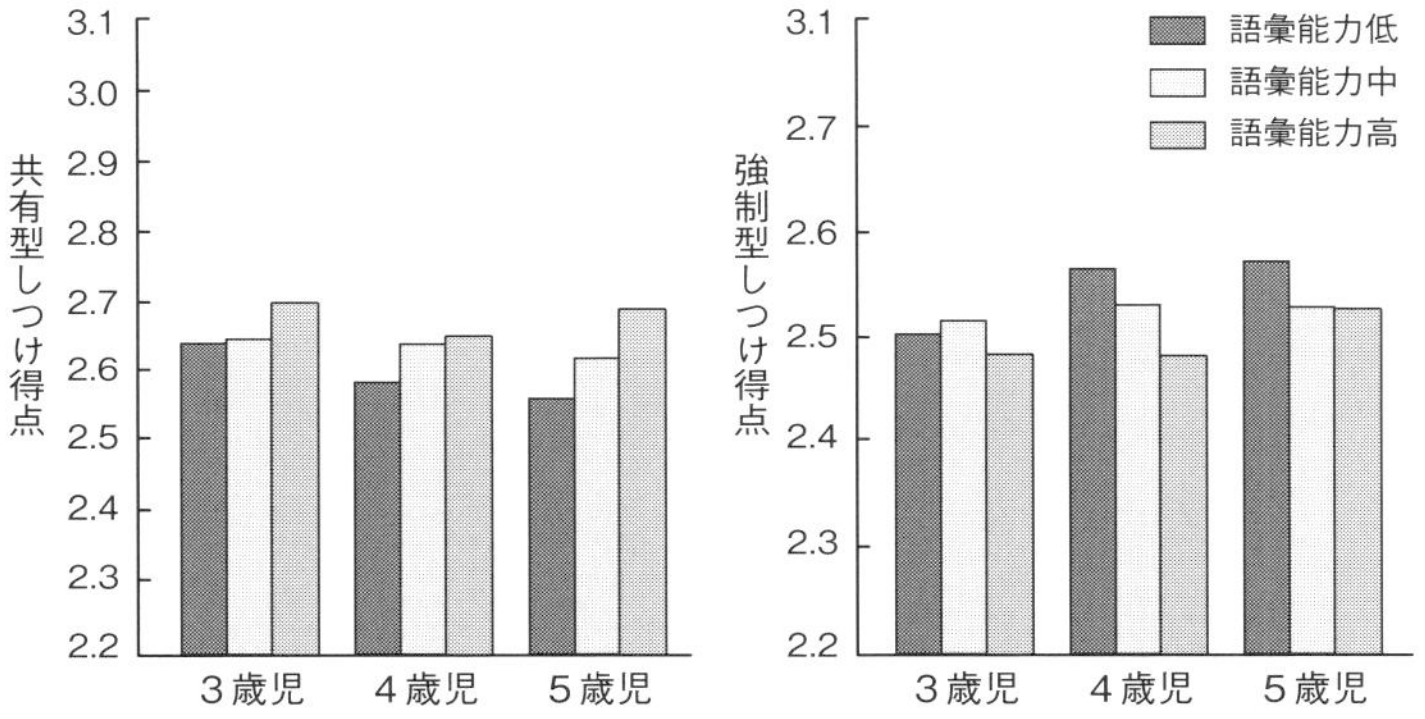

図2－4 しつけスタイルと語彙力（内田ほか 2009）

しつけスタイルの違いによる語彙得点。子どもの年齢に関わりなく、「共有型しつけ」か「強制型しつけ」によって語彙得点が異なり、共有型しつけを受けている子どもの語彙得点が高かった。

い聞かせてもわからないなら力のしつけも厭わない〟、〝子どもが親の言うことをきかなければ、わかるまでガミガミと責め立てる〟というタイプの関わり方をしている親で、低所得層に多い傾向がありますが、高所得層の家庭にもみられました。

「自己犠牲型しつけ」とは、自分を犠牲にして子育てが苦しくてたまらないという子育て負担感が強いと感じている関わり方です。こういう関わり方をしている親は、〝自分は子どもが生まれてからゆっくり手足を延ばして入浴もできない、電話もできない、なのに、夫は知らん顔で助けてはくれない〟と子育てに孤軍奮闘していて、生活は子ども中心で、自分の生活はないと感じている親たちでした。このスタイルの親は所得によって子どもへの向き合い方が違っていました。高所得層では、育児書を読みあさり育児不安になったり、無気力になって育児放棄の寸前に陥っている親も大勢見受けられました。一方、低所得層では、子どもがいるから生活が苦しいと、やはり無気力になり、子育て

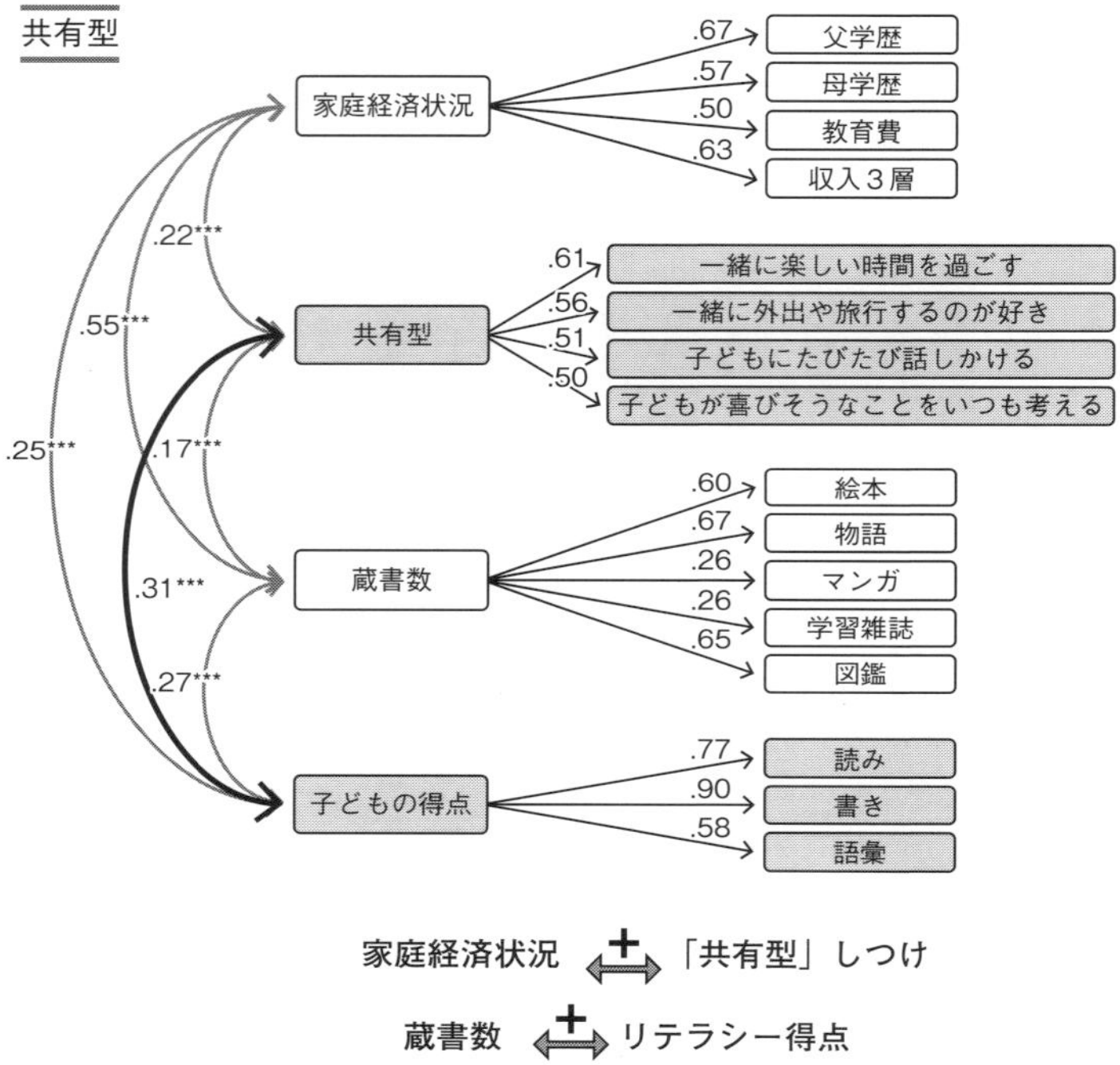

図２－５ 共有型しつけスタイルとリテラシー・語彙能力の関連
(内田ほか, 2011)

共有型しつけスタイルは、親子のふれあいを大切に、子どもと楽しい経験を共有しようとするスタイルである。高所得層では蔵書数が多く、共有型しつけが多い。また低所得層でも、蔵書数が多いと子どものリテラシー得点は高い。共有型しつけスタイルをとる親のもとで、子どものリテラシー得点・語彙得点ともに高いことがわかる。 (***; 0.1％水準で有意)

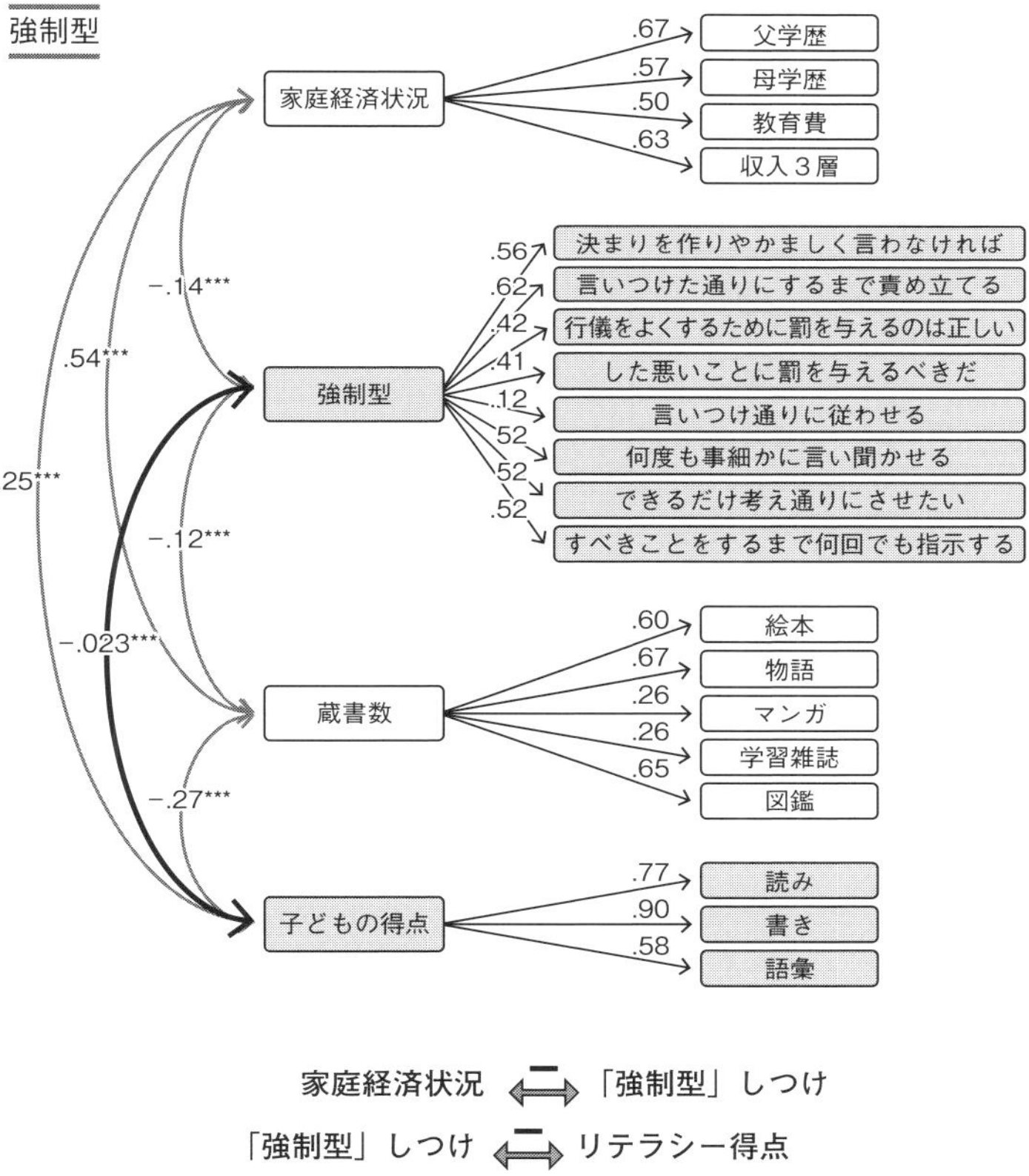

図２−６ 強制型しつけスタイルとリテラシー・語彙力の関連
(内田ほか, 2011)

強制型しつけスタイルは、子どもをしつけるのは親の役目、悪いことをしたら罰を与えるのは当然と考え、力のしつけも多用するスタイルである。低所得層では強制型しつけをとる親が多く、蔵書数も少ない。強制型しつけのもとでは、高所得層でも、リテラシー得点・語彙得点ともに低い。　　　　　　　(***; 0.1%水準で有意)

を放棄してしまい、ネグレクトに近い状況に陥っていることがわかりました。社会や行政からの支援が必要なのは、この「自己犠牲型しつけ」に分類された親たちであり、支援の方向も所得層に応じて異なる対応が求められると思われます。

しつけスタイルとリテラシー（読み書き能力）・語彙能力はどのように関連しているかを分析したところ、読みテストの得点には差はありませんでしたが、模写力（手指の器用さ・巧緻性）と語彙力についてはしつけスタイルの違いがはっきりと現れました（図2－4）。

共有型しつけを受けている子どもの模写力や語彙得点が高く（図2－5）、強制型しつけを受けている子どもの模写力と語彙得点は低かった（図2－6）のです。

しかも、家庭の収入によってしつけのスタイルが模写力・語彙力に異なる影響を与えていることも判明しました。つまり低所得層で強制型しつけを受けても語彙得点に関連はないのですが、高所得層で強制型しつけをしていると子どもの語彙得点が低くなるという関連が認められたのです。

6　共有型しつけの親は本好き

家庭の所得の高低にかかわらず、共有型しつけをしている家庭には蔵書も多く、親も本好きでした。親は乳児期から子どもに本の楽しさを知ってもらいたいと願い、乳児期から絵本の読み聞かせをしていました。親も本好きな家庭で育った子どもは、読んだり書いたりなどのリテラシー得点・語彙得点ともに高かったのです。

逆に、「決まりを作りやかましく言わなければ気が済まない」、「言いつけたとおりにするまで子どもを責め立てる」、「行儀をよくするためには罰を与えるのは正しい」、「しつけのために子どもをたたくこともよくある」、「悪いことをしたら罰を与えるべき」、「できるだけ親の考えのとおりに子どもを進ませたい」、「すべきことをするまで何回でも責め立てる」など、トップダウンの強制型しつけスタイルのもとでは、家庭の所得の高低にかかわらず、子どものリテラシー得点と語彙得点が共に低く、蔵書数も少ないという特徴がみられたのです。家庭の所得にかかわりなく、大人が子どもと対等な関係で触れ合いを重視し、楽しい体験を共有する家庭の子どもの語彙力が豊かになることが示唆されました。家族で団欒や会話を楽しむ雰囲気の中で子どもは内発的な知的好奇心を発揮して環境探索を行い主体的に学んでいるのでしょう。

収入の要因を統制すると、しつけスタイルのみが語彙得点の高さを規定していることがわかりました。特に注目されるのは、低所得層であっても、共有型しつけスタイルをとれば、語彙力は低下しない、逆に、高所得層でも強制型しつけをとれば語彙力は低下するという点です。しつけスタイルは親が子どもへの関わり方を変えることにより、制御可能な要因です。この点をおさえた上で児童期にはどうなったかを分析してみましょう。

7 幼児期のリテラシーや語彙力は児童期の学力テストに影響する

幼児調査に参加した五歳児を小学校一年まで追跡しました。幼児期の五歳児九二〇名のうち、小学校一年まで追跡できた子どもは三二一名（三三パーセント）でした。

子どもたちは、小学校一年生の三学期に、語彙検査（芝式語彙検査）と国語学力検査（PISA型読解力検査）を受けました。PISA型読解力テストは論理力と記述力を測定する問題－読解力テスト、三段論法推論課題、論理を展開させる接続詞選択課題から構成されています。

幼児期の語彙能力と書き能力（図形の模写能力）は、小学校の国語学力に因果関係を持って影響することが明らかになりました。幼児期に語彙力と模写力（手指の巧緻性）が豊かだった子どもは国語学力が高いという因果関係が明らかになりました（図2－7）。

幼児期の家庭の収入は、小学校一年の国語学力や語彙力とは関連はありませんでしたが、しつけスタイルは国語学力や語彙力と有意な因果関係が認められました。つまり、幼児期に共有型しつけを受けた子どもたちの国語学力や語彙力が高く、逆に、幼児期に強制型しつけを受けた子どもは国語学力や語彙力が低いという「因果関係」が明らかになりました。

ここで、日本の結果を韓国や中国とも比較してみましょう。まず、経済格差の要因については三ヵ国で異なる様相を見せました。日本では家庭の所得は小学校での国語学力や語彙力に影響しませんが、韓国と

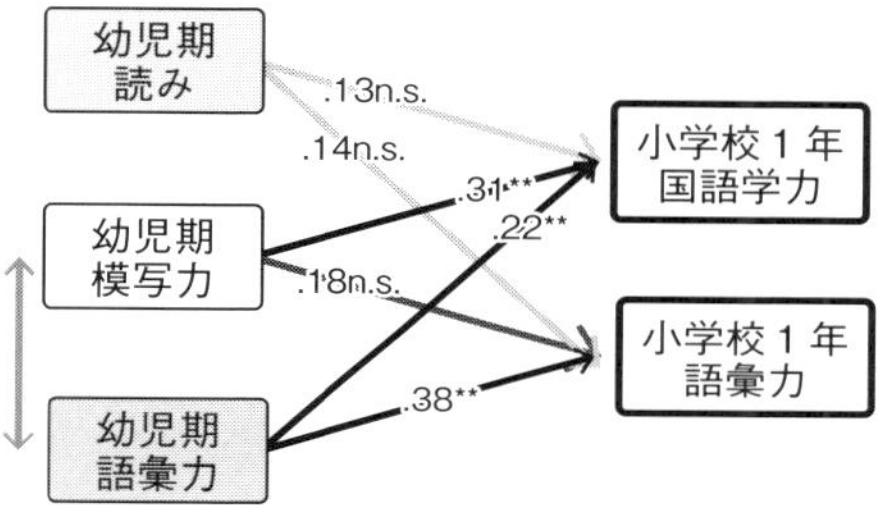

図２－７ 幼児期のリテラシー能力と小学校１年での国語学力と語彙力の関連
（内田ほか, 2010）

矢印が太いほど、関連が強いことを示す。幼児期の語彙能力と模写力（手指の巧緻性）は小学校の国語学力に影響することがわかる。（**; 0.1%水準で有意、n.s.; 有意差なし）

中国では家庭の所得は国語学力や語彙力に影響を与えることが明らかになりました。

次に、三ヵ国に共通する結果についてまとめておきたいと思います。

第一に、幼児期の語彙力と書き能力（図形やひらがな文字の模写力：手指の巧緻性）は小学校の国語学力に影響しています。

第二に、幼児期の語彙力は、小学校の国語学力と強い関連があり、語彙の豊富さが学力基盤力であることが明らかになりました。

第三に、親のしつけスタイルのうち共有型しつけ（日本と韓国）のもとで子どもの語彙力や国語学力が高くなり、強制型しつけスタイルのもとで語彙力や国語学力が低くなることが明らかになりました。このことから、しつけスタイルは、家庭の収入や早期教育への投資額などの経済格差要因の影響を小さくさせる、あるいは凌駕する鍵になることが示唆されました。

第四に、日本・韓国・中国の三ヵ国共、蔵書数に代表される家庭の文化資源の役割です。家庭の収入や早期教育への投資額にかかわらず、家族が読書好きであり、幼児期から読み聞かせを行い、子どもとの会話を楽しみ、家族団欒を大事にする家庭の雰囲気の中で、子どもの語彙は豊かになり、論理力を中心とした考える力も育っていくのです。なによりも、子どもを大人と対等な人格をもつ存在として尊重する雰囲気の中で、子どもの成長発達が促されることがうかがわれたのです。

8　しつけスタイルの違いは、母子のコミュニケーションにどのように影響するか

しつけスタイルが子どもの語彙や小学校の国語学力に影響することが明らかになりましたので、共有型と強制型で親子のコミュニケーションがどのような違いを見せるのか、家庭訪問による観察調査をすることにしました。

子どもは身近な大人との相互作用を通して語彙を獲得していきます。子どもが大人との相互作用に、主体的、自発的に関わるときに語彙が増え、言語発達が促されるという知見が多く報告されています（例：Fletcher & Reese, 2005; Kang, Kim, & Pan, 2009）。これらの知見では、読み聞かせの量ではなく、どんなふうに読み聞かせるかが、言語発達や認知発達、読み書きの習得に影響していることが示唆されています。絵本の読み聞かせ場面で母親の関わりと子どもの反応には、日常のしつけスタイルによる違いがあると推測されます。しかし、しつけスタイルによって絵本の読み聞かせ方や子どもの反応がどのように違ってく

るのかについては明らかにされてはされていません。

また親子の問題解決場面での母子相互作用については、ワーチら（Wertch et al. 1980）が、子どもがパターンブロック課題を解いているときに難題にぶつかり、先に進めないことを敏感に察知して適切な援助やスキャフォールディング（足場）を与えることによって、子どもが先に進めるようになると報告しています。しつけスタイルにより援助や足場のかけ方が違ってくるものと想定されます。これらの仮説を検証するため、親子の共同の問題解決場面と絵本の読み聞かせ場面での母子やり取りを観察してみました（齋藤・内田、二〇一三a、二〇一三b）。

調査協力者は、高所得層（世帯収入は七五〇円万以上）、高学歴（大卒か大学院修了）の専業主婦で、しつけスタイルにおいてのみ異なる五八組の母子（男女半々・共有型しつけと強制型しつけ半々）を観察対象にしました。親子でブロックパズル課題を解いてもらい、絵本の読み聞かせをしてもらいました。

共同の問題解決場面も絵本の読み聞かせ場面でも、しつけスタイルは子どもへの援助の質が全く異なることが明らかになりました。共有型しつけでは、母親は子どもに考える余地を与えるような、援助的・情緒的なサポートを与えていました（図２－８）。母親は子どもに敏感で、子どもの様子を見ながら絵本を読み進めていきます（図２－９）。パズルブロック課題を解決しているときには、母親は子どもを見守り、困ったときだけ、ヒントを出しています。どちらの場面でも自分から話しかけるのではなく子どもの発話や行動に共感的に応じていました（図２－10）。共有型の母親は、子どもの年齢や発達に応じて、柔軟にことばかけを調整していることが明らかになりました。

このような母親の関わり方に呼応するように、子どもも主体的に探索したり、自分で考え工夫してなん

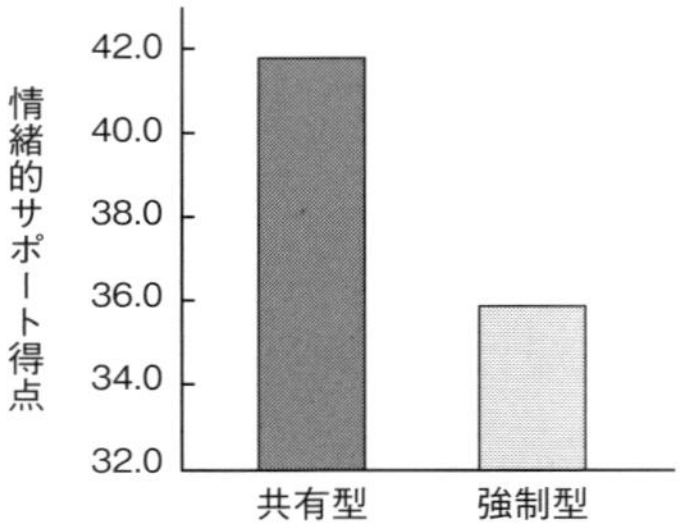

図２－８ 援助的・情緒的サポート得点（齋藤・内田, 2013b より）

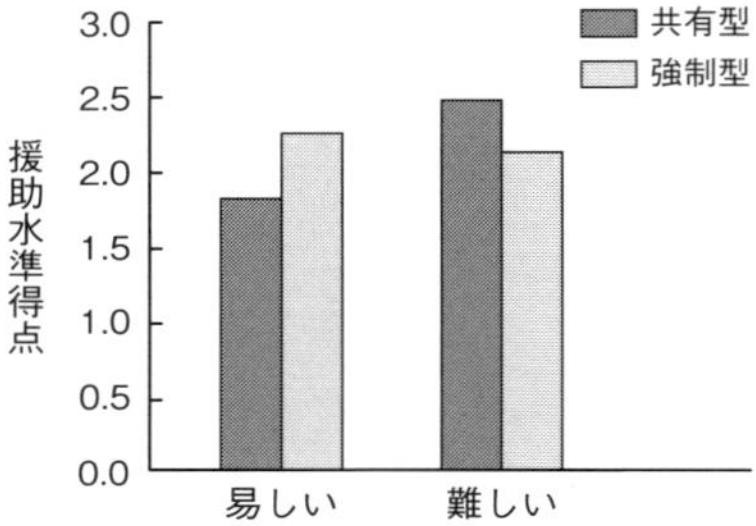

図２－９ 母親の敏感性 ― 課題の難易による援助の調整
（齋藤・内田, 2013b より）

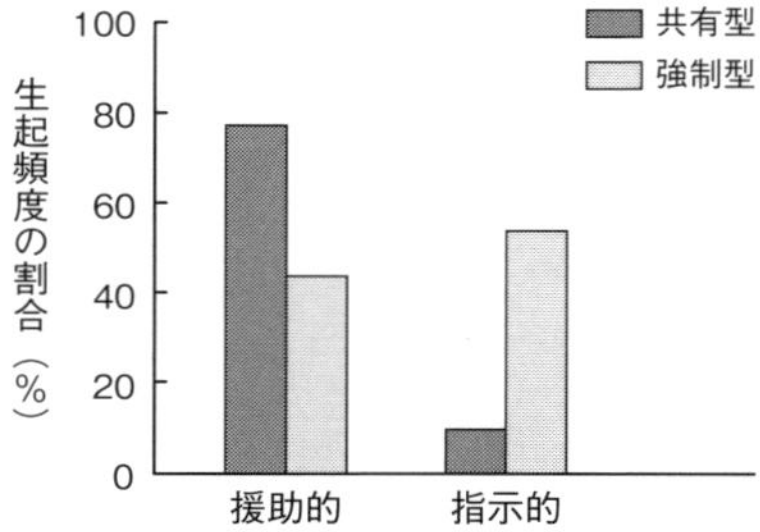

図２－10 母親の統制の質 ― 援助か指示か（齋藤・内田, 2013b より）

とか解決策を探しだし、自力で解決できるようになります。子どもが考えている時は見守り、ときにはヒントを出し足場をかけてあげていました。子どもが解決すると、母親は共感的な誉めことばをかけていました。子どもは自分でやり遂げたという達成感を感じている様子がうかがわれました。その達成感は、母親の誉めことばによって、いっそう高まっている様子でした。子どもは快適な気分で関心をもつ対象を探究・探索することによって、世界づくりを進めていきます（内田、二〇〇八）。このような体験が積み重なることによって子どもの自律的思考力（自分で考え判断し決定する力）が育っていくものと思われます。子ども自身の主体性が尊重される中で、語彙も知識も豊かになっていくのではないかと推測されます。

一方、強制型しつけをとる母親は子どもに、考える余地を与えない介入の仕方で、過度にトップダウンの介入をしていました。「ぼく、これからやろうかな」と言うと、「いや、それ難しいわよ。まずこれをやって、次にこれをやりなさい」。自分の思いを前面に出し、母親の側でレールを敷いて、子どもをそのレールに沿って走らせようとする姿が目立ちました。絵本を読み聞かせたあとで「さ、今のお話、どういうお話だった？　言ってごらん」「違うじゃない、ママはそんなこと言ってないわよ。ほら、このページ。読んでごらん。よく聴いてないんだから！」と「勝ち負けのことば」を連発するのです。

強制型の母子のやり取りは見ていてちっとも楽しくありません。強制型の母親の、過度な介入、情緒的サポートの低さが親子のやり取り場面で緊張度が高くなる原因になっているようでした。これに呼応するように子どもは母親の顔色をうかがい、顔色を見ながら行動している姿がビデオ映像に映し出されていました。自分で判断しても、いつも否定されてしまうということで自分からは動けなくなっているのであろうと思われます。子ども自身の主体的な探索活動がみられず、萎縮してしまっている様子でした。子どもは、自分が関心がないことにも、親の禁止や命令、過干渉、過度の介入によって、取り組まざるを得ない状況に追い込まれています。このようなプレッシャーの大きな環境での子どもの学びの質は低くなります。叱られながらやった勉強は身につかないのです。不快な緊張のもとではことばは習得できず、学ぶ意欲も育たない（富山、二〇〇八）のでしょう。

9　早期教育――行き過ぎた私教育熱への警鐘

日本では、学習系の塾に通っていることと芸術運動系の塾に通っていることで、語彙力に差はないことが明らかになりました。また、小学校の学力テストにも幼児期の塾通いは影響がありません。日本では習熟度別学級はなく、平均的な子どもに焦点をあてた教育がなされているため、早期教育を受けたことが学力向上に直接つながらないものと思われます。

韓国では、就学前に私教育を受けない集団の国語テスト得点が有意に高いこと、就学前の私教育の実施によって語彙得点に差が見られないことが本調査で明らかになりました。これは、韓国で問題になっている早期の私教育が、幼児の言語能力と語彙能力に影響を与えないことを示す基礎的結果を提供できたと言えます。

日本と韓国において、幼児期における早期教育－系統的学習への取り組みは小学校段階での学力や語彙力の向上に寄与しないことが明らかになりました。早期からフラッシュカードや学習材を用いた系統的学習への取り組みは、学力基盤力の向上にはつながらないという基礎的結果を明らかにしたことは意義深いと言えるでしょう。

中国では早期教育への投資額と小学校国語学力との間に負の因果関係が見られたことから、行き過ぎた「圧力窯方式」の系統的・機械的学習の早期からの導入が子どもの語彙や考える力に悪影響をもたらす可能性があることを示唆しています。親は子どものためによかれと思って子どもに早期に教育を受けさせようとしますが、子どもの将来の学力基盤力にはならないことも多いのです。

乳幼児期には五官を駆使した遊びを体験させてあげてください。大人は子どもの自発性を大事に、待つ、見きわめる、急がない、急がせないで、子どもがつまずいているときに、そっとわきから援助し、見晴らしがよくなるように足場をかけてあげてください。

おわりに

調査結果から、大人が子どもと対等な関係で触れ合いを重視し楽しい体験を共有・享受する家庭の子どもの語彙力が豊かになることが明らかになりました。

親がよく本を読み、家族で団欒の時間を大事にし、親子の会話を楽しむ雰囲気の中で子どもは内発的な知的好奇心を発揮して環境探索を行い主体的に学んでいるのです。

しつけスタイルは親の子ども観や子どもへの関わり方を変えることにより、変えることができます。子どものいる家庭では、父親も母親も子どもと楽しく会話し、家族の団欒を大切にしていただきたいと思います。また、家族の時間を保証できるような父母の働き方や母親だけではなく父親も育児時間を確保できるような制度と社会の側の意識改革が喫緊の課題であると思います。

子どもは社会の宝です。その人たちの成長に私たち大人がいくらコストをかけたとしても、かけ過ぎにはなりません。その人たちの成長によってもたらされる文化社会への賜は、かけたコストを帳消しにしてもなお余り有るものに違いないのですから。

【参考書】
内田伸子・浜野隆（編著）（二〇一二）『世界の子育て ── 貧困は越えられるか』金子書房
内田伸子（一九九八）『まごころの保育 ── 堀合文子のことばと実践に学ぶ』小学館
内田伸子・松木正子・神戸佳子（二〇一三）『子どもの「つまずき」には理由がある！』ＰＨＰ出版

3 「格差・落差・段差」のない学校読書環境の実現を

秋田喜代美

本章の提言

1 中学・高校の学校間格差をなくすよう、学校全体で読書の質に注目した読書推進に取り組む体制を作ろう。

日本の公教育での学校間格差は大きくなっています。読書は個人差以上に学校間格差がみられます。その解消のためには、教員個々人の熱意だけではなく、行政が人的財政的支援をし、学校全体で読書推進に取り組める体制づくりを管理職や教員、学校図書館司書が連携協働して行い、学級文庫の設置など生徒自身にとってアクセス可能で直接見える読書推進の具体的行動が求められています。

2 読書習慣の形成と読書の質に注目したかかわりをしよう

生徒の読書をとらえる時に量だけではなく、読書をする習慣があるか、読んでみたい本があるか、忘れられない一冊をもてているかという行動の質を大事にする必要があります。

3　学校図書館をもっと有効に活用しよう

すべての学校に設置されている学校図書館が、中学高校では生徒の八割は利・活用していません。学校図書館へのアクセスを仲立ちする人や導き方が大事です。

4　青年期には、本を伝えあう活動に参加する機会をもとう

青年期には、乳幼児期・児童期の読書推進とは異なり、地域市民として生徒自身が参画し、本を伝えあう活動を準備することが効果的です。乳幼児期や児童期のように本を読んでもらう、紹介してもらうだけではなく、その発達を踏まえながらも、中高校生では自分で読んだものを他者に伝えたり、表現し対話できる機会を準備することが、どの生徒も読み手としての自己肯定感をもち地域の市民として育つためにも必要です。

1　経済格差、学校間格差が大きな国――日本

日本は戦後経済成長のもとで豊かな国になったと言われています。しかし、経済協力開発機構（ＯＥＣＤ）が出している相対貧困率においては、ＯＥＣＤ加盟国の中で二〇一二年度に第六位の貧困率の高い

国、つまり格差の大きな国になっています。二〇一三年五月にＯＥＣＤが発表した対日経済報告によれば、「日本は、勤労者世帯や子どものいる世帯で、税及び給付を考慮した後に貧困率がより高くなるＯＥＣＤで唯一の国である。さらに、相対的貧困率は働く一人親世帯で六〇パーセント程度とＯＥＣＤの中で最も高く、子どもの貧困の高い発生や世代を超えて貧困が受け継がれるといったリスクを引き起こしている。」と指摘されています。日本は「イスラエルと並び、一九八〇年代半ば以降、所得十分位の最下層が実質所得の絶対的低下を被るＯＥＣＤ諸国の二つの国のうちの一つであり、所得格差を増加させている国」とも表現されています。つまり、貧困格差が大きくなっている国というだけではなく、それに対応する国の政策においても、最も困難な状況にある子どもたちやその家庭への福祉政策が先進国の中で最も薄い国となっているのです。発達初期からの経済格差が世代間の貧困の負の連鎖を生み出す危険性を伴っていることは、国内外での貧困研究において指摘されているところです（山野、二〇〇八）。その危機状況に、日本は現在直面しているのです。

ではその家庭の経済格差を超える長期的な国の手立てとして、すべての子どもたちに平等に行われる義務教育としての公教育の成果はどうなのでしょうか。十五歳時点でのＰＩＳＡ（二〇〇九年）の調査結果からは、家庭背景として母子・父子家庭の比率はＯＥＣＤ平均よりも低いが、その生徒の成績は同じ状況の他国の家庭に比べて得点が高いことが指摘されています。けれども日本では不利な家庭背景を持つ生徒が不利な背景を持つ学校に通っている場合には、予想以上に成績が低く、その差は他の多くの国よりも大きいと指摘されています。特にこの指摘の根拠になっている「読解力データ」では、「学校間格差がほとんどのＯＥＣＤ加盟国に比べて、大きい国」と指摘されています（OECD, 2012）。

これは、公教育が家庭背景の格差を穴埋めし、どの子にも質の高い教育の機会を平等に与えること、つまり国が担うべき公教育の平等と教育の質の同時実現が、現実には起こっておらず、不利益が特定下位層に特に重くかかっていることを意味しています。この状況の中で生涯にわたる子どもの人生を豊かにしていくために、何が公教育にはできるでしょうか。短期的なテスト結果数値や順位を国や学校の面子であげることではなく、長期にわたって一人ひとりの子どもが今も、そしてこれからの自分の将来に対しても自信を持ち、豊かな人生をその人らしく送るためには何が教育に可能でしょうか。

2　中学・高校生読書の全国実態調査

私の海外の友人が、日本ではホームレスの人でも活字が読め新聞や雑誌を拾って公園で読んでいることを驚きながら話してくれたことがあります。これは戦後の日本の公教育水準の高さが支えてきた国民教養形成の姿かもしれません。読解力、読み書きリテラシーは、学校の学業成績や学力と直結するだけではありません。職業人、そして生活者として市民生活を営むために新たな知識を得たりその知識から何かを生み出し、地域の文化に触れ、生涯豊かな人生を送るための素地を形作る一つの能力と考えられます。情報技術（ＩＴ）化が迅速に進み、知識基盤社会の性格が拡大するほどに、知識を得るための方略や技能を持っていることは、幸せに生きるための一つの支柱になるでしょう。また読書は個々人に多様な世界でどのように生きるかという先達の智慧を受け渡すことができるメディアです。マスメディア時代においても

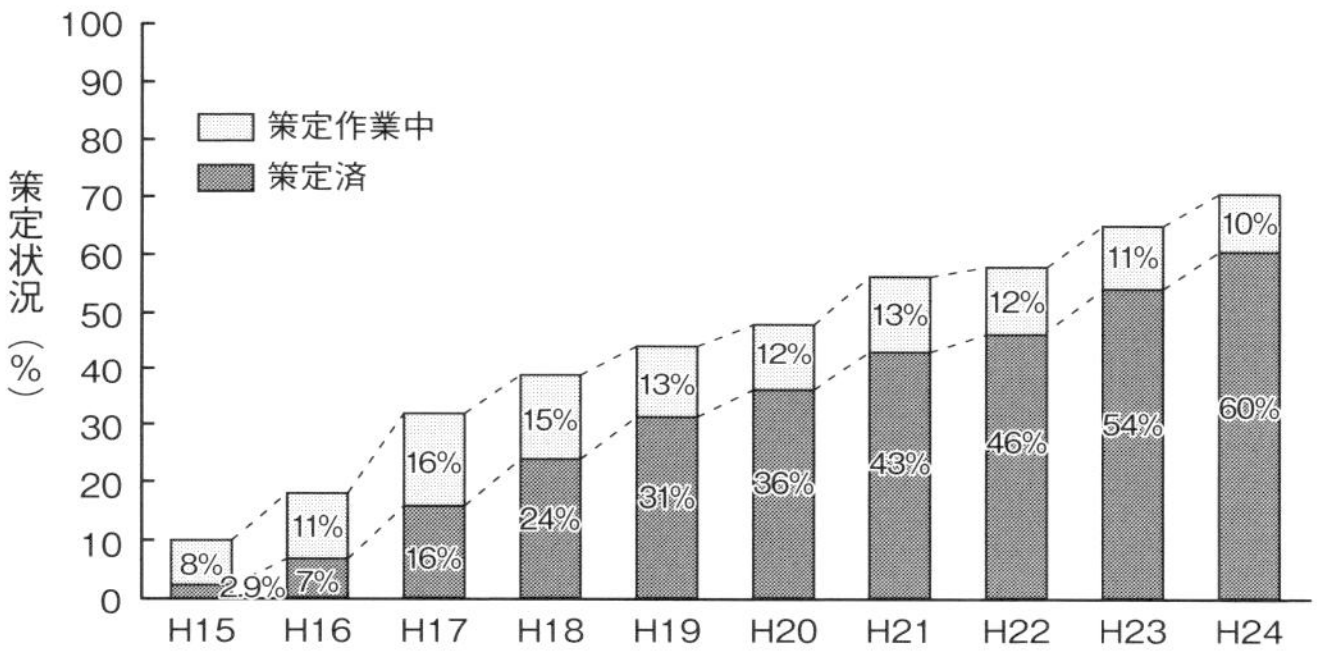

図３－１ 子ども読書活動推進計画の策定状況（文部科学省, 2013）
都道府県および市町村における子ども読書活動推進計画の策定状況に関する調査結果。

マイナーな思想や声を知り、自分の認識枠組みを変えることのできる貴重なメディアでもあります。それは書籍が電子本に変わったとしても変わらぬ働きでしょう。

日本は、PISA学習環境調査における読書への意欲得点が二〇〇〇年に比べて二〇〇九年に平均で一一ポイントと大幅に増加した国です。この原因が何かは明確に同定することはできません。しかし、二〇〇〇年に入って、子どもをめぐる読書環境が国の制度政策でも市民レベルでも大きく変わったことは明らかです。乳児に絵本を手渡すブックスタートが始まり、高校から始まった朝の読書が全国に拡大しました。また国でも二〇〇〇年が子ども読書年となり、子どもの読書活動に推進する法律が平成一三年に制定され、第一次（平成一三年）、第二次（平成二〇年）と読書推進基本計画が策定されました。また文字活字文化推進法も制定され、学習指導要領においても言語力育成等が強調されるようになりました。子どもを取り巻く教育環境や働きかけを制度的体系的に整備していくこと（図3－1参照）で、子どもの取り組みへの意欲が高まり、発達が変わっていくことは本結果からも示唆さ

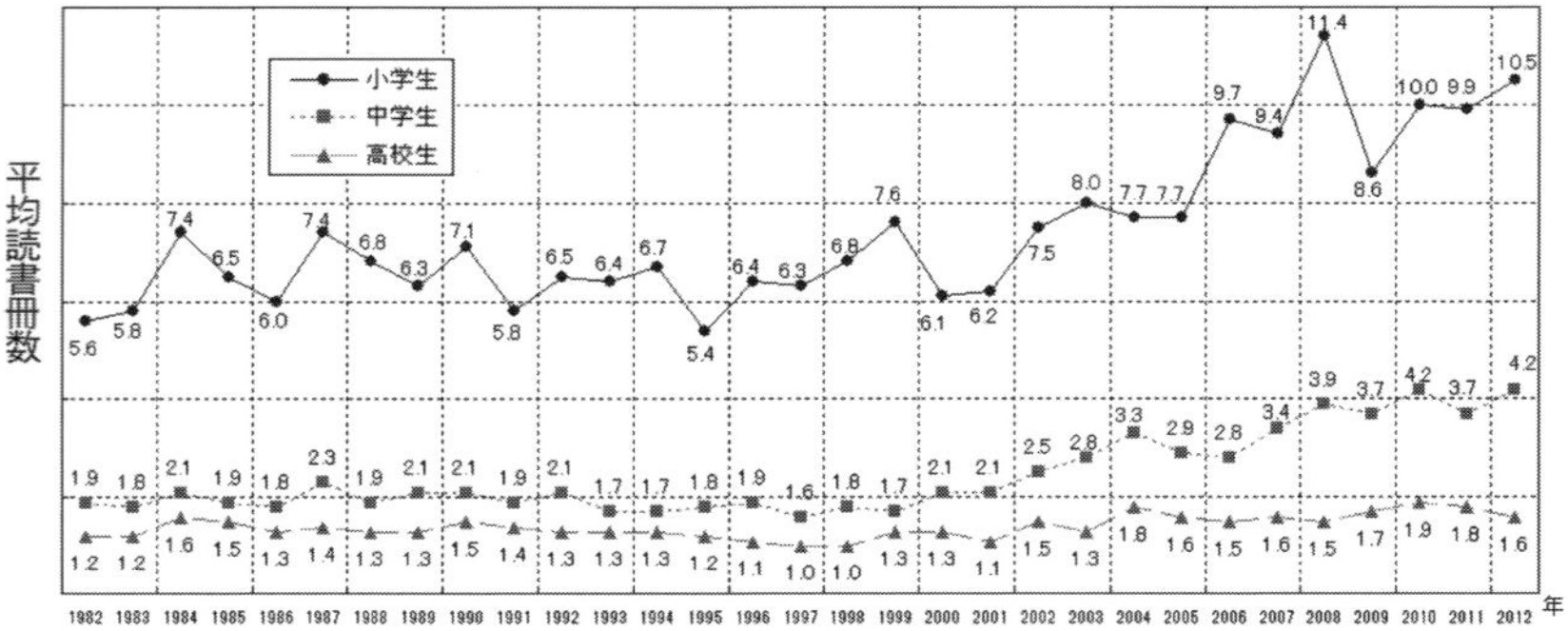

図３－２　１ヵ月間の平均読書冊数の推移
（「第58回読書調査」毎日新聞社, 2013）

れます。

乳児検診において絵本を手渡すことで絵本を通した親子のふれあいを促すブックスタートの活動に、筆者は一九九九年の立ち上げ時から関わり、十年間余り推進に関与してきました。ブックスタートが全国で広がり始まることで二〇〇〇年以降乳児絵本の出版刊行数は大幅に増加しました。乳児期からの絵本の読み聞かせは、家庭でも保育所でも今では誰もが日常的なルーチーンとして取り組むようになっています。また児童期における学校ぐるみの読書推進活動の事例は数多く報告され、司書教諭や学校図書館司書の方による学校の取り組み事例の本の出版もされています。けれども、図３－２のように、中学生、高校生の読書冊数については、小学生ほど伸びは顕著ではありません。そして中高校生の学校での読書に関しては、生徒が学業や部活動に忙しいからやむをえないと語られることが多く、実践報告例も熱心な先生の取り組みはあっても、小学校ほどその報告例も多くはないということができます。

実際に中学高校生の読書はどのような状況にあるのか、ＰＩＳＡが指摘する生徒の読解力格差の裏側にある、学校の読書推進の学校間差はどのようなものであるのか、またその影響はどの程度のものであるのかを明らかにするために、（独）国立青少年教育振興機構により「子どもの読書と人材育成に関する調査研究」（二〇一一～二〇一二年施）が企画され、筆者が座長になり大規模調査を計画実施しました。中高校生の読書活動とその影響に特化して学校単位でとらえた戦後初めての大規模調査です。協力くださったのは、中学二年生が全国三三八校一万九六五人、高校二年生が二七八校一万二三四人です。また教員は小・中・高校、計一六八七校で四二二八名（小二、〇五一、中一、一二七、高一、〇五〇）、および成人の方二〇～六〇代（各世代約一〇〇〇名、男女五〇〇名ずつ）合計五二五八名、大学生は一〇六八名です。生徒たちには学校で質問紙を配布し調査に協力いただきました。また教員、成人、大学生にはウェブ調査で調査を実施し分析しました。

本章では、この中でも中高校生の読書の実態と学校のあり方について明らかになった結果の一部を紹介したいと思います（国立青少年教育振興機構「子どもの読書と人材育成に関する調査研究」青少年WG調査報告書、学校調査WG調査報告書、二〇一三）。

まず第一にわかったことは、協力くださった対象中高校生のうち「読書が好きでない」とする生徒の比率は二〇パーセント以下であり、多くは「読書好きである」ことでした。これはOECD（二〇一二）を支持する結果です。そして第二に明らかになったことは、読まれている本の種類としては、自然科学や社会科学の本は六割以上の生徒は読んでおらず、小説や物語中心の読書を行っていることです。中学高校の時期こそ学習と関連しまた将来の専攻や専門に向けて、多様なジャンルの本を読む機会があるかといえば、そのような生徒は少ないことです。また第三に示されたことは、「好きな本や忘れられない本」が「ある」

と答えた生徒が「ない」と答えた生徒に比べ、中学高校ともに、読書冊数や時間が長く、不読率が低く、読書好意度が高いことです。中学では「好きな本や忘れられない本」の有群では不読者率六・五パーセント、無群では一六・一パーセントでした。高校では有群一二・一パーセント、無群二七・三パーセントでした。好きな本や忘れられない本との出会いの経験が、その後の子どもたちの読書経験を支える重要な要因の一つになっていることがわかります。

そして第四に指摘できるのは、全国学校図書館協議会・毎日新聞社の『読書世論調査』（毎日新聞社、二〇一三）の結果と同様に、中学生では不読者率は一四・九パーセントですが、高校生では不読者率は三八・九パーセントと高くなっていました。

では、なぜ彼らは本を読んでいないのでしょうか。これまでに行われてきた読書調査とは異なり、今回の調査では選択肢項目を筆者らのグループで独自に考え調査を行いました。その結果、第五に、本を読まない理由は、図3‐3にあるように「勉強や部活動で時間がないから」という回答率以上に、新規に設定した項目「普段から本を読まないから」と「読みたい本がなかったから」という回答率が高く、読書習慣を持っておらず、読みたい本にも出会えていない状況が見えてきました。読書は楽しいし嫌いなわけでも時間がないわけでもないが、読書習慣はなく読みたい本もまわりにはないという実態がわかります。携帯やスマフォを毎日みる習慣はあっても、本にふれる読書習慣が形成されていないのです。

英国では、読書習慣を育成するために『4には特別な意味が』という報告書が出されています。これは、八歳から一七歳の一万八千人の読書実態調査から、一ヵ月に四冊以上本を読む子どもたちが読書を楽しいと感じ、読み手としての自己効力感が高くなることを示し、一ヵ月に四冊（すなわち週一冊）の本に出会

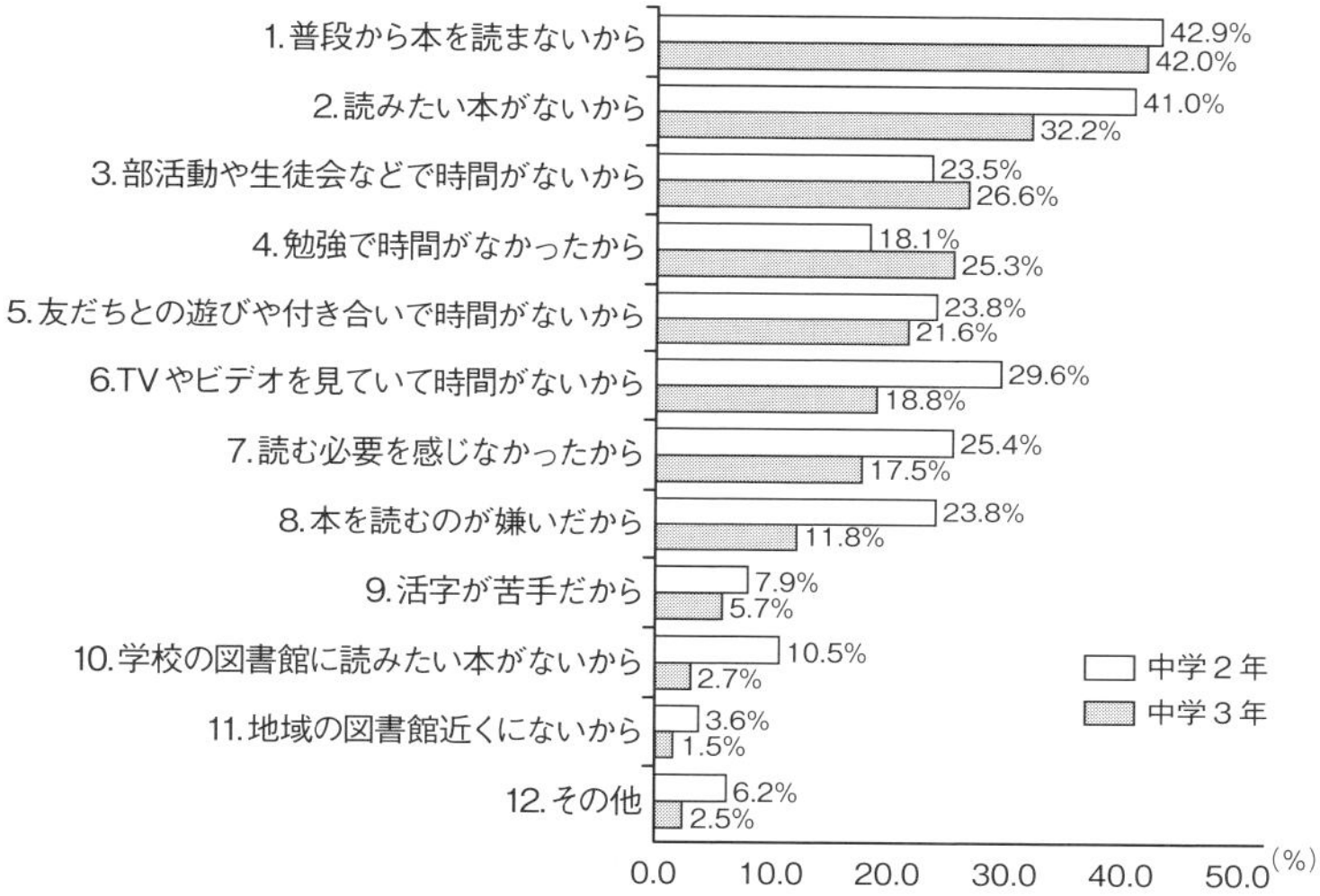

図３－３「本を読まない理由」（国立青少年教育振興機構, 2013）

うことが読書生活を育てる重要な指標になることを示しています（Clark & Poulton, 2011）。日本では、読書において読書冊数という量指標が推進の成果を示すことが多くあります。しかしまずは量よりも、読書習慣を育てる、そのために読みたい本との出会いが読み手を育てていく素地を形成するのが重要と考えられます。

　では、本と出会いの機会を子どもたちはどこで得ているのでしょうか。日本では昭和二八年に学校教育において欠くことのできない基礎的な設備として学校内に学校図書館を設置する法律、学校図書館法が制定されました。特定の思想だけではなく多様な思想について本を介して知ることができ、民主的な市民を育成することにつながると考えられてきたからです（秋田・こどもくらぶ、二〇一三）。家庭の経済格差によらず、どの生徒も本にアクセスできるもっとも身近な場所として学校図書館は意味を持っています。

その学校図書館で生徒たちは本に出会えているでしょうか。その結果として第六に明らかになったのは、中学生の七二・四パーセント、高校生の八二パーセントは調査をした月の一ヵ月に一冊も学校図書館から本を借りていないこと、公立図書館からも同様に本を借りていないという実態です。学校図書館に本を購入する費用の増額や、司書教諭や学校図書館司書の配置などが言われてきています。しかし実際には多くの学校で学校図書館を生徒は活用できていない、つまり学校図書館とのつながりをもてていない姿がうかびあがってきました。もちろん、この結果だけでは貸出しか質問をしていないので、別の形での利用をしているのかもしれません。しかし読書習慣をもたない生徒たちは、学校図書館で本にアクセス利用する機会ももてていないことが推測できます。読書推進計画の策定が自治体ではなされ、一般財源であり自治体によって格差はあっても一定の予算がつけられていても、それが生徒の学校での読書習慣や読書のための場としての学校図書館へのアクセスにはつながっていない姿がうかびあがってきました。

3　読書にかかわる学校間差

「本を読む」という言葉には「読め」という命令形はそぐわないと言われます。それは元来読書は能動的な行動であり、個人によって何をどのようにどの程度読むかは個人の自由な意思にゆだねられる、個人差が大きい活動だからです。しかし今回の調査で明らかになってきたのが、中学、高校ともに読書量や時間には個人差以上に、学校間差が大きいという結果です。実際には、生徒の読書量や時間について「学校間の散らばり具合（分散）」、「学校内の個人差などの散らばり具合（分散）」、そしてこれらの分散から計算される「級内相関」という値を算出して検討することで学校間差を検討しました。「図書館利用」の学校間差は、中学校では大で、高校では中〜大であること、中学校・高校ともに、「読書経験」には中から大の学校間差があり、特に「物語」読書量と全体としての「読書時間」にも生徒の行動として学校間差があることが見えてきました。

調査にご協力をお願いするにあたり学校をサンプリングする際には、地方自治体として読書推進に積極的な自治体と消極的な自治体を、「読書計画策定状況」（三件法）、「図書標準達成率」（0から1の連続変数）、「図書購入予算額」（連続変数：単位千円）、「司書教諭配置率」（0から1の連続変数）を指標として高・中・低自治体として選び出しました。そしてそのそれぞれにおいて学校の生徒総数の規模をその各地域ごとに均衡するようにして抽出し、回答への協力を依頼しました。こうした自治体の積極的な経費や人的支援をはじめ、何が学校にかかわって生徒への有効な支援になっているのかを調べるのが目的です。

その結果からは、上記のような自治体の計画や財源に関するマクロな指標ではなく、生徒が自分たちの学校が読書推進をよくやっていると認知している積極性認知の平均値が最もよく生徒の読書行動を予測することが見えてきました。読む子の方が学校の読書推進を高く評価するのは予想がつくことです。ですから、読む子も読まない子もどのように評価しているのかという学校全体の平均評定値を指標としました。つまり図書予算や計画策定、司書教諭の配置、図書館蔵書量などよりも、具体的に各学校でどのように読書推進行動がなされ、環境設定が行われているのかが生徒の行動には直結しており、最も大事ということが言えます。予算や施策から生徒に直接届く読書環境や行動へいかにつなげるのかという経路の必要性が見えてきます。

生徒が学校の読書推進の積極性を認知しているかどうかは九の具体的行動項目から今回は調査しました。「Q1：担任の先生による本の紹介、Q2：司書の先生による本の紹介、Q3：授業で気に入った本の発表をしあったり、紹介するポスターを作って掲示、Q4：学級文庫の設置、Q5：ブックマラソンなど読書量を競う記録、Q6：図書室での手づくりの新聞やポスターなどを使った本の紹介、Q7：PTA・ボランティアなどによる本の読み聞かせ会、Q8：授業で本や辞書・辞典などで調べたことを発表、Q9：朝の読書とは別に授業時間に、学校の図書館や教室で好きな本を選んだり読書すること」の九項目です。

特に「Q4：学級文庫の設置」では、学校間差に最も大きな違いが見られました。他にも、中学では「Q7：PTA・ボランティアなどによる本の読み聞かせ会」に学校間の違いがあり、中学・高校ともに「Q1：担任の先生による本の紹介、Q2：司書の先生による本の紹介、Q5：ブックマラソンなど読書量を競う記録」でも学校間で大きな違いが見られました。学校図書館以上に、日常目にふれる最も手近な場所である自分たちの学級の教室に本があること、またさまざまな本を紹介してもらったり自分たちで紹介する機会があること、読書する子もしない子も本に触れる機会を作り出しているということが言えます。そして活動とそれを支える環境が、学校図書館への誘いの媒介になっていくことがうかがえます。

そこでさらに、生徒と学校の管理職や図書館に関わる教員や司書の両方からの回答が得られた中学校・高校合計九九校を対象にした分析を行いました。そしてそれらの学校の中で、生徒が認知する読書推進の積極性が高い高認知群（中学校二〇校・高校一七校　計三七校）、中程度の中認知群（中学校一四校・高校一九校　計三三校）九九校の中では低い低認知群（中学校一三校・高校一六校、計二九校）の学校間で、管理職

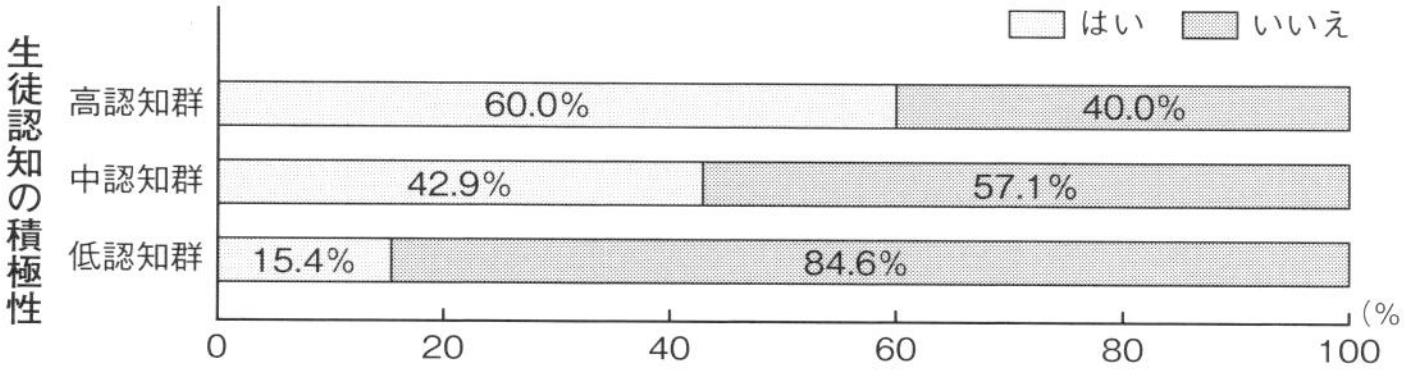

図３－４ 読書推進の積極性と学校全体での読書指導計画作成との関係：中学校（秋田ほか, 2013）

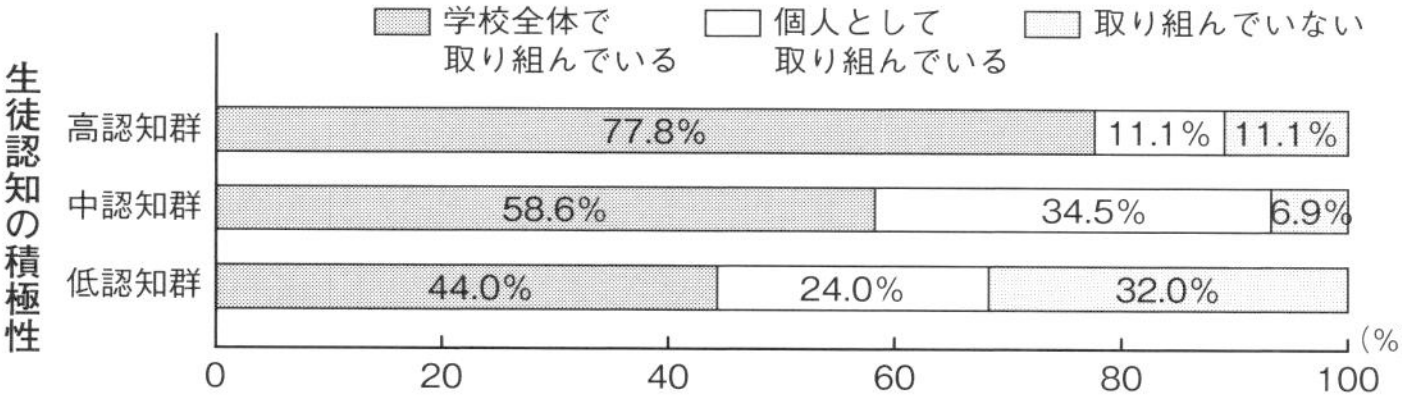

図３－５ 中学校での積極性と学級文庫の設置状況（秋田ほか, 2013）

や教師が評定した学校の読書体制や指導の相違の群間の違いを分析しました。

その結果、大きくは三点の違いが明らかになってきました。第一点は、学校の組織体制として「計画－読書推進の実施－生徒の読書実態の把握評価」のサイクルの確立が大事であり、積極性の高い学校ではこの体制ができていることです。中学・高校では、学校全体で年間読書指導計画をたてるなど、熱心な先生だけではなく学校単位の取り組みが効果を生んでいます（図３－４）。具体的環境設定として、学校図書館だけではなく、学校全体での学級文庫の設置に違いがみられました（図３－５）。また、学校図書館には図書以外にも新聞の配置がなされ、年間図書貸出冊数が把握され、業間休みに開館の比率が高いなどの特徴がみられました。図書館の蔵書や新刊購入冊数や学校図書館開館延べ時間なども分析しましたが、これらの量には群間で違いはみられませんでした。物理的な環境や時間とともに、生徒がうまく活用できるよう教育に関する専門家が計画し環境設定を行う具体的な行動の一つひとつの積み重ねが、生徒にとって目に見える、読みたいと感じられる意味ある読書環境を作り出します。そしてそれが彼らの読書意欲を高めていくことがわかります。

そして第二点は、教員同士の学校全体の体制だけではなく、中学校では、積極性高群・中群の学校の方が低群の学校より、学校司書や学年担当の先生との協働などの体制づくりに学校として取り組んでおり、ボランティアの図書館等活用比率も高いことが示されました。また調べ学習などでの図書館の活用も、学校図書館担当主任と学年担任が協働できている学校で多く実施されていました。高校ではこのようなことに取り組む学校の実数自体が少ないために違いは見られませんでした。この結果からは、忙しい教員だけではなく、学校図書館司書やボランティアなどと協力して生徒への人的支援体制を生み出し、教員自身も学校図書館利活用や読書に関する専門的知識を得ることで、生徒の活動も豊かになるであろうことが示唆されます。読書や学校図書館に関する知識や情報は多岐にわたります。二十一世紀型学力を培う探究型の学習のためには学校図書館などを有効に活用できることが求められます。分散された知識を協働しネットワーク化する機会を生徒に関わる大人がコミュニティとして作り出すことが、生徒にとって豊かな読書機会を提供することになると言えるでしょう。

また第三に、中学生・高校生に対して、読書量だけではなく、未来志向尺度や市民性意識尺度などとの関連に関する分析も行いました。中学生や高校生の市民性意識や将来展望などの未来志向と関連の深い読書推進の具体的行動としてあがってきた項目は、「学校図書館司書や教員から本の紹介をしてもらう」だけではありませんでした。「自分たちで気に入った本を紹介したりそのポスター等を作成して紹介したり、ボランティアで読み聞かせ会をして地域に出かけていったり授業で本で調べたことを発表する」など、本を読む、知るだけではなく、自分で本を読んだことをさらに人に伝えあう活動が積極的な推進行動として認知され有効に機能しているという結果でした。

読書行動を促すには、大人側が面白い本を紹介することが有効と考えられがちです。しかし、中学生や高校生になれば、自分たち自身が他者に伝える、年下の人等に読み聞かせる活動に関与すること、そのことを狙いに本の内容を自分の言葉や絵で表現し他者に伝える活動が彼らにとって必然的な意味を持つということが推察できます。これは、乳幼児期や児童期の読書指導とは異なる点かもしれません。中学生や高校生が学校読書の中心を自ら担い、地域市民として学校や地域の読書コミュニティの一員として読書に関する活動に参画し活動を担うこと（秋田・庄司、二〇〇五）によって、真正な読書生活に向かう道筋を作り出すことができるとも言えるでしょう。

4　心が育つ環境としての読書環境

本章では、心が育つ環境の一つとして、読書に焦点をあて、中学生・高校生の読書実態と学校間差の諸相を示してきました。私たちの調査研究の中では、本章で取り上げたことだけではなく、中学生や高校生の意欲や未来志向、市民性、論理性、自己肯定感等にも読書が関わりあっていること、また成人になってからも子どもの頃（就学前から中高校生まで）の読書、特に子どもの頃に読書活動が多いことや、「好きな本」や「忘れられない本」があることが成人の読書行動とかかわり、またさらにはわが子への読み聞かせなど世代を超えた読書の連鎖を作ること、成人期の自信や自己肯定感、市民性、将来展望などとも読書は関係があり、それが年収以上に説明力があること、子育て等に忙しい二〇代、三〇代より四〇代、五〇代以降に読書と心理的な影響関係が見えてくることも示唆される結果などの、さまざまな知見が得られました。

読書は、学校教育の視点から読解力、学力テスト等との関係で短期的効果のみが強調されがちです。しかし、読書は私たち一人ひとりの未来展望を形成し、そして次の世代へと文化を受け継ぐ働きや力を培っていると言えます。読書は学校教育の中でもとかく軽視されがちです。また国や自治体行政でも、社会教育と学校教育に分断され、公立図書館と学校図書館の連携も必ずしもまだ円滑に連携ができていると言える地域ばかりではありません。しかし目の前の子どもたちにとっても目に見える、学校図書館と生徒をつなぐ媒介としての人（学校図書館司書等）の配置や学校全体の読書へのビジョン、専門家のための研修や見識を得る機会の提供、そして中高校生が市民として活動できる場を学校外の人も含め、大人が共に形成していくことが求められていると思います。

家庭背景による「格差なく」、本が苦手で読めない子も本と出会う機会を落としこぼす「落差なく」、そして乳幼児期や児童期には読書は大事だが、中学高校になったら勉強という学校種による「段差なく」、読書の発達の連続性が保障できる政策や大人の支えが中学生高校生に必要です。電子メディア時代への転換期に直面し、知識基盤社会において、すべての人が生涯の人生を豊かに生きるための読書環境を、内なる第二の自我が芽生える青年期にこそ、彼らの生活を豊かにするメディア環境としての読書環境の充実が求められているのではないでしょうか。そしてそのために今すぐにでもできることは、行政にも学校にも家庭にも、そして大人一人ひとりにもあると思います。

【参考書】

秋田喜代美・黒木秀子（編）（二〇〇六）『本を通して絆をつむぐ――児童期の暮らしを創る読書環境』北大路書房

秋田喜代美（監修）・稲葉勝茂（二〇一三）『本屋さんのすべてがわかる本』全四巻、ミネルヴァ書房

秋田喜代美（監修）・こどもくらぶ（二〇一二）『図書館のすべてがわかる本』全四巻、岩崎書店

4　子ども〝心の回復力〟を育てる

仁平義明

本章の提言

1 「強い心を育てる」政策から「心の回復力を育てる」政策への転換を

日本の政府が二〇〇二年以降政策目標にしてきた「人間力の育成」は「強い心を育てる」ことを目指していたことを認識して、世界の趨勢である、いわば弱者の「心の回復力を育てる」ことの重要性を再認識し、政策目標の一つに加える必要があります。

2 「心の回復力」研究への研究費の集中的投入と、長期研究の支援制度の確立を

心の回復力の問題には、心理学の歴史でも類例がないほど集中的な研究がなされました。それは各国の政府の研究費の投入があってはじめて可能になることでした。日本でも、心の回復力研究の立ち遅れを取り戻すためには、研究費の政策的な投入を考えるべきでしょう。特に、心の回復力研究には不可欠な長期追跡研究を可能にする研究費の支援制度を確立する必要があります。これは現在の科学研究費補助金等で最長の五年程度ではなく、十年あるいは数十年以上にわたる長期研究の支援制度です。

3「心の回復力」を育てるプログラムの確立を

虐待やいじめなど、強い持続的なストレスを経験した子どもたちのために、二次予防、三次予防のためのプログラムを確立する必要があります。そのためには政治、教育、臨床、研究、社会、そして家庭すべての協力が必要になります。

1 世界が重視した「心の回復力」（リジリエンシー）

「暴力や養育放棄あるいは虐待を経験した子どもたちが、その苦しみの連鎖から抜け出し心ゆたかな大人に成長し、よい親になっていくのをみたとき、私たちは不思議に思わないではいられない。あの子たちは、いったいどうしてこんなふうになれたのだろう？」

（ハウザー、アレン、&ゴールデン著『ナラティヴから読み解くリジリエンス ― 危機的状況から回復した「67分の9」の少年少女の物語』第1章「リジリエンスの謎」から）

同じ疑問が、別な本にも書かれています。

「なぜ、極度の貧困や親の精神障害という家庭環境を一部の子どもたちは克服できるのか、それが問題である」

（ワーナー&スミス著『Vulnerable but Invincible: A Longitudinal Study of Resilient Children and Youth』1982 カバー）

アメリカの二人の心理学者エミー・ワーナーとルース・スミスは、一九五〇年代から三〇年間にわたって、当時は貧困だったハワイのカウアイ島で長期追跡研究を行いました。心の回復（リジリエンス）について、世界で初めての大規模な長期追跡研究です。本は、その結果をまとめたものです。題は『弱き者、されど打ち負かされざる者 ―― 心の回復力を持った子どもたちと青年たちの追跡研究』と訳すことができるでしょう。

極度の貧困や親の精神疾患、離婚など強いストレッサーのもとに育った「ハイリスク」群の子どもたちは、三分の二が一〇歳までにメンタルヘルス上の問題や非行などの問題を起こしていました。しかし、ハイリスク群のうちの「一部の子どもたち」つまり、ハイリスク群の三分の一は、一八歳のときには社会的な能力と自信をもった、思いやりもある人間に育っていたのです。なぜ？

心の回復力の問題がとりあげられるようになってきたのは、虐待、貧困、暴力などの逆境にあっても精神的に健康に成長する子どもたちがいる、なぜだろうか、という疑問を多くの心理、精神科、ケースワーク、教育などさまざまな臨床現場の人たちが持ったことにありました。

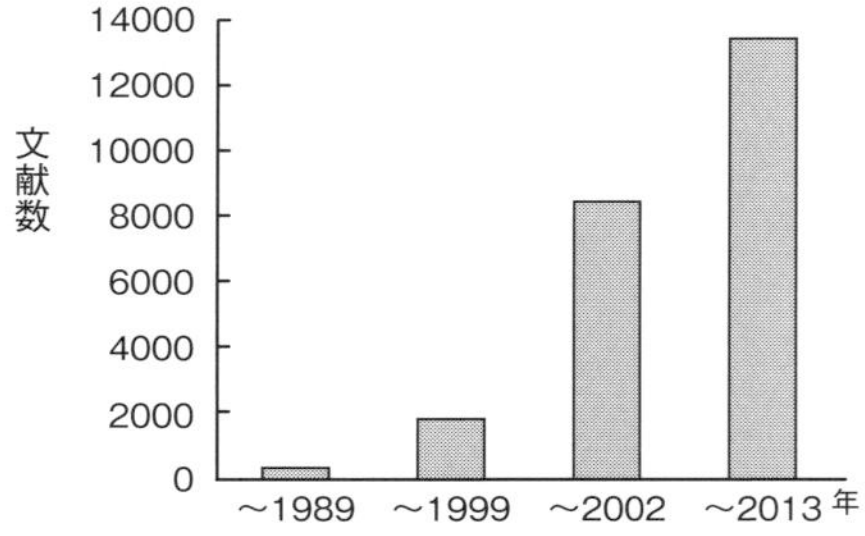

図４－１ 世界のリジリエンス（リジリエンシー）研究文献の累積数（PsycINFO）

リジリエンス（リジリエンシー）をキイワードにした研究は、心理学の歴史でも類例がないほど多数のものが短期間に発表され続けている（心理学の国際文献データベース PsycINFO の検索結果）。

親による虐待が次の世代の虐待を招く「虐待の連鎖」が起こりやすいことが警告され続けています。それなのに、虐待、母親が精神疾患になるなどの持続的な強いストレスがあっても、精神的に健康に育っている子どもがいる、こんなひどい状況ではいろいろ問題が起こってもおかしくないのに。という疑問に、この研究は根ざしています。

その子たちが持っていると思われる「心の回復力」「復元力」という特性あるいは能力を意味するものとして提案されたのが、リジリエンシーという概念でした。

この言葉は本来、物理の概念です。物体が圧力を受けて変形しても元に戻れる柔軟性、弾力性、あるいは船が傾いても倒れないで元に戻ることができる復元力を意味することばです。

心理学や教育においては、リジリエンシーという表現は、心の回復の〝力〟、つまり〝能力や特性〟という意味で使い、同じようなリジリエンスの方は、心の回復の〝過程や結果としての状態〟を指す使い分けがされます。リジリエンスを両方の意味で使うこともありますが、ここでは、使い分けをすることにします。

心の回復力が、特に重視されるようになったのは、一九九〇年代以降でした。心理学文献の国際的データベース「サイクインフォ」に収録されているリジリエンス（リジリエンシー）をキイワードとする文献は、一九八〇年代までは合計二六四件にすぎなかったのが、二〇一三年現在で約一万一七〇〇件。その九八パーセントが一九九〇年以降のもの、二〇〇〇年以降に限っても八六パーセント以上です。二〇一〇年以降の四年に満たない間でも、約五〇〇〇件にのぼります。心理学の歴史でこれほど多くの研究が短期的に集中して発表され、世界中で重視されたテーマは、他に例がありません。海外の政府が国家予算を投入して心の回復力を重視してきたことの現れです。

心の回復は、子どもの生まれつきの特徴や形成された能力だけで達成できるものでもありません。ですから心の回復力は、子どもの力と子どもをとりまく環境の支援が一体になってつくられる合成的な力だと言えます。

2 〝心の強さ〟（ハーディネス）重視の時代の終わり

一九九〇年以前は、ハーディネスつまり、心の強さ・頑強さが重視された時代でした。

ハーディネスという概念は、シカゴ大学のスザンヌ・コバサ（Kobasa, 1979）によって提唱されたものです。

彼女は、公務員の男性管理職を対象にして「ストレスがあっても病気になりにくい人々」について研究をしました。けっこうストレスの高いのが管理職です。そのうちからコバサが特に選び出したのは、「ストレス」度がふつうの管理職よりも高いのに、ふつうより軽い病気にしかならなかった人たち、つまりストレスの影響をあまり受けない人間でした。

コバサは、その人たちは「ハーディネス」、つまり心の頑健さ・強さを持っていると考えたのです。彼女は、ハーディネスが高い人には、いくつかの特徴があることを明らかにしました。中でも大きな違いは、「ストレスをストレスとして感じない」傾向があることでした。ハーディネスを測定する尺度には、「自分は強い人間だ」のような項目がしばしばみられます。

ハーディネスという考え方は、このような背景をもった考え方でした。いわば、「強者」中の「強者」の研究です。これに対してリジリエンシーという考え方は、ワーナーとスミスの本の題に象徴されているように「弱者」の心の回復力です。両者のスタートにあったのは、まったく逆の発想でした。

ハーディネス研究は、先述の文献データベース「サイクインフォ」でも、一九九〇年代の十年間は四二一件あったのが、二〇一〇年以後は一三四件と、心の回復力の研究とはまったく対照的に急速に減少していきます。

他方、日本の政府は二〇〇〇年以降も、「人間力」の推進というかたちで、どちらかといえば「強い心」の育成を積極的に推し進めてきました。二〇〇二年八月、文部科学省は遠山敦子文部科学大臣名で『人間力戦略ビジョン —— 新しい時代を切り拓くたくましい日本人の育成~画一から自立と創造へ』を発表しました。ここでいう人間力がどんな力を意味しているかは、ビジョンの「四つの目標」と「六つの施策」

に端的に現れています。

「四つの目標」に掲げられたのは、次の四つです（太字は筆者が付加）。

1　自ら考え行動する**たくましい**日本人
2　「知」の世紀をリードする**トップレベルの人材**の育成
3　心豊かな文化と社会を継承・創造する日本人
4　国際社会を生きる教養ある日本人

「六つの施策」は、次のものでした。

1　確かな学力の育成～国民の教育水準は**競争力の基盤**～
2　豊かな心の育成～倫理観、公共心と思いやりの心～
3　**トップレベルの頭脳**、多様な人材の育成～**世界をリードする人材**～
4　「知」の**世紀をリードする**大学改革～**競争的環境**の中で個性輝く大学づくり～
5　感動と充実
（子供の体力向上の推進と世界で活躍する**トップレベルの競技者**の育成）を含む
6　新しい時代を生きる日本人

「たくましい、トップレベル、世界をリードする、競争力」のある人間の育成です。

それを受けて二〇〇四年、経済財政諮問会議は、競争力ワーキング・グループ第四回会議に「人間力の強化について」という資料を提出しました。また、厚生労働省は、翌年二〇〇五年に「若者の人間力を高める国民運動」をうたいます。

これらは、当時の世界の「弱者」の心の回復力重視の趨勢とは逆方向の、いわば「強者」育成の発想でした。しかし、資源に乏しい日本が世界で生きていく技術力を維持発展させるためには競争力のある人材育成をめざさないわけにはいかない事情を考えれば、当然の危機意識の現れだと言えます。事実、現在の日本の貿易収支は赤字になっています。

それでも、人間力育成の政策は、「強者」の競争力を育てるものであると同時に、あるいはそのセイフティ・ネットとして、「弱者」の心の回復力を育てるものを併せて考える必要があります。

3　心の回復は容易ではない

逆境にあった子どもの心の回復が起こったかどうかは、ワーナーやスミスたちの追跡研究のように、長期的に追跡してみないとわかりません。一年後に精神的に健康になったようにみえても、大人になったときに問題が顕在化しないとは限らないからです。

また、精神的に健康に育つことができたかどうかは、単に精神科的な症状がないことだけではなく、社会的・職業的に健康であり、幸せな家庭を築けたかなど多面的にみる必要もあります。心の回復について、世界では多くの研究が蓄積されています。貴重なのは、質問紙を組み合わせて相関関係を求めるだけの「楽な」研究ではなくて、何年も何十年も、心の回復の過程をたどって因果関係を明らかにする苦労の多い研究です。政策的に心の回復研究を支援しようとするときに重要なのは、こうした地道で息の長い研究に重点的に資源を投入することでしょう。

アメリカのマグローンたちは、虐待とかネグレクトを受けた六歳の子どもたちの二一年後、平均二七歳から二八歳くらいになるまで追跡した研究を行っています（McGloin & Widom, 2001）。この追跡研究では、社会的・精神的な八項目のうち六項目をクリアできていれば「心の回復」が見られたと判断しました。

第一は、過去五年間に三回以上職を変えていないなど職業上の適応ができていること。二つ目は、ホームレスにはなっていないこと。三つ目は、ハイスクール卒業以上という学校適応ができていたこと。四つ目は、週に二回以上の社会的活動をしていること。仕事人間あるいは家庭人間だけはない社会的適応です。五つ目は、薬物やアルコール依存を起こしていないこと。六つ目は精神疾患になったことがないこと、七つ目は、犯罪による逮捕歴がないこと。八つ目は、たとえば配偶者などに対する暴力行為がないこと、全部クリアできないと心の健康が回復されたと考えるのではなく、八項目のうち六項目ぐらいでいいという、甘い基準です。

甘い基準といっても、六歳時点で虐待を受けた子どもたちが二一年後この基準をクリアできた割合は、わずか二二パーセントです。心の回復というといかにもバラ色の話のように思えるかもしれませんが、現実には非常に難しいものです。それほど親の虐待の影響は大きいということなのかもしれません。

最初にあげたハウザーたちの研究では、危機的状況から回復できた少年少女は「67分の9」、つまり一三パーセント、ワーナーとスミスの長期追跡では三分の一でした。それだけに、逆境にある子どもの心の回復には、並々ならぬ支援が必要になります。

4　心の回復力を持つ者の特徴

さまざまな研究から心の回復力があった人の特徴が明らかになってきていますが、それらはおよそ一〇の特徴にまとめることができます（仁平、二〇〇二）。この特徴は、信念、能力、スキル（技能）、そして態度という要素から成り立っています。

①自分を信頼して、あきらめないで自分が努力をすれば、問題は解決し成功できると信じる（自己信頼）。
②つらい時期があっても、未来は必ず今より良くなると思っている（未来志向・楽観主義）。
③自分にはこの世に存在する意味があり、人生には何か意味があると思い、自分を大事にする（自尊心・自己の存在の意味の認識）。
④少々の欠点や失敗があることをみとめながらも、自分を愛せる（自己受容）。
⑤人間というものは本質的には良いものだと思う（肯定的人間観）。

⑥自分を見守ってくれる人は必ずいると信じ、必要なときには人の助言や助けを求めることができる（他者の信頼と利用）。

⑦困難な状況や危機にあっても、事態をある程度客観的にみることができる（平静さ）。

⑧困難な状況を解決するために必要な情報を求める（情報収集）。

⑨必要なときには、危険を冒すことができる（リスクテーキング）。

⑩自分の人生は、自分独自なもので、自分自身の意思でたち向かう必要もあることを知っている、最後は自分が決めなければならないことを知っている（実存的孤独）。

問題は、こうした特徴が何によって生まれるかです。

それぞれの特徴を育てるために、どのようなことが必要かについて、これまで多くの研究があります。たとえば、自尊心を育てるためには、親からの関心など自分は人から関心を持たれていることを感じて育つのが重要であること、関心は具体的に親のどのような言動に反映されるのか、無関心が自尊心を育てる上では最悪の対応であること、などが明らかにされてきました（仁平、二〇〇二）。

また、「⑥自分を見守ってくれる人は必ずいると信じ、必要なときには人の助言や助けを求めることができる（他者の信頼と利用）」という信念と能力に関係していることですが、心の回復研究で最も一貫して見出された事実は、心の回復ができた子どもには「メンター」がいたことでした。

「メンター」は、社会的に未成熟な段階にある青少年に対して、関心を寄せ、見守り、そして指導をしてくれる役割の年長者です。

オサリヴァンは、親がアルコール依存だったために強いストレスを受け続けた子どもの心の回復について研究しました（O'Sullivan, 1991）。そこで心の回復が起こるかどうかが分かれる最も重要な要因は、メンターがいたかどうかでした。

なぜメンターがいてくれることが効果があるのでしょうか。オサリヴァンは、三つの点をあげています。第一は、アルコール依存でも虐待でも、親以外の誰かほかの人が自分のことを心配してくれていることは〝つらい経験を和らげてくれる〟。第二に、虐待をする親とは本当に親密な感情のつながりを持つことはできないが、代わりにメンターと〝つながる〟感覚をもつことができる。第三には、酷い親を見てあんなふうにはならないほうがいいと思っても、どうなったらいいのかわからないときに、メンターが大人というのはこういうもの、親というのはこういうものという「健康な役割モデル」を提供してくれる。これがオサリヴァンの説明です。

他の多くの研究者たちも、同じことを明らかにしています。アロノヴィッツは、望まない妊娠、不登校、触法などのリスクを経験した青年たちの心の回復過程について調査しました（Aronowitz, 2005）。その結果、青年たちが心の回復を達成できたのには、自分を心配してくれる、有能で責任をもってみてくれる成人の誰かとの結びつきがあったと感じていたことが共通していたと報告しています。

〝そのリスクを経験した後、あなたが問題を切り抜けるためには、何が助けになりましたか？〟という質問には、必ず、メンターとなる人物がいて、①その人が自分のモデルになり、また自分を見ていてくれることで、自分は有能感を持てた、②その人のコーチングによって、自分の将来はどうせだめだろうという見方を打破して、自分の将来がもしかして好転するかもしれないという予期を持つことができた、その結果、〝未来を考えること〟ができるようになった、という答えが返ってきたという報告でした。

メンターの役割の中核は、自分を心配して見ていてくれる人がいる、あなたはけっしてひとりではないというメッセージを伝え、自分はひとりではないという感覚を与えることにあるといってもよいかもしれません。

5　もう一つの心の回復物語

四人の少年の物語があります。『スタンド・バイ・ミー』。同じ名前のベン・E・キングによる一九六一年の歌をそのまま題名にした、日本でもおなじみの映画です。歌は、どんなときもぼくは大丈夫、君がそばにいてくれるから、とうたいます。原作は、スティーヴン・キングの『死体』(The Body, 1982)。一九八六年公開のコロンビア映画。この映画は、少年たちの「一夏の友情物語」がテーマのロードムービーだという位置づけが、よくされます。しかし、これはまさに心の回復をテーマにした物語です。

それぞれ問題を抱えた一二歳の少年四人が登場します。

一人目は主人公のゴーディ。彼は、優秀でフットボールのヒーローだった兄、地域の誇り、親の誇りだった兄が死んだため、両親からは愛されない子ども、関心をもたれない子ども、映画では父親に〝お前が代わればよかった〟と言われる(原作では、自分が自分をそう思う)子どもでした。

二人目は、同年齢ながら主人公のメンターでもあるクリス。彼自身の家庭は貧困で生活保護を受け、父親による虐待、犯罪者そして不良の兄たちというくつもの悪条件を持っています。それなのに、彼はゴーディにこう言います。「お前んちの両親が無関心すぎて見守ってやれないってのなら、たぶん、おれがそうすべきなんだろな」（山田順子訳）。これはメンターそのものの発言です。さらに、彼は、年上のワル集団の理不尽な要求、侮蔑に対して、家から持ち出した拳銃でワル集団に対抗してゴーディたちの尊厳を守る役割をします（映画では、拳銃をかまえてみんなの尊厳を守るのは主人公のゴーディの役割に変わっていました）。

三人目のテディは、難聴、視力の弱さという問題に加えて、アルコール依存の父親による虐待を受けていました。

四人目の太っちょのヴァーンは、臆病で知的能力が高くないためか進級できず、いじめを受けている少年でした。

この物語は、「強く長く続くストレス」のうち、虐待、親の愛の欠如、親のアルコール依存、貧困、問題のある家族、いじめ、身体の障害や問題、そして「メンターの存在」と、リジリエンス研究のテーマのオン・パレードです。

心の回復研究で大部分の対象者が心の回復には至ることができなかったのと同じように、この『スタンド・バイ・ミー』も、全員のハッピー・エンドにはなっていません。

クリスは、家庭環境からは到底無理だと考えられた大学に努力して進学し、法科大学院に進みます（映画では彼は弁護士になっていました）。しかし、彼は偶然に入った店でケンカの仲裁をしようとし、刺されて死亡。テディは、留年した後、卒業。グループで飲酒運転をし、電柱に激突、死亡。ヴァーンは、後にスラム街のアパートで酔って火事で焼死。そして主人公のゴーディだけがクリスと一緒に大学を卒業後、作家となり、三人の子どもたちに愛情を持つ父親として幸福な家庭を築きます。彼は、自分が受けた「子どもへの愛の喪失」という負の連鎖を断ち切ったことになります。文字通りのサバイバー、生き残りは四人中彼一人でした。多くの心の回復研究の対象者では、せいぜい数人に一人しか、心の回復を達成できないのと同じような割合です。

6 「心の回復」は人間社会の信念であり希望である

それなのに、なぜ、心の回復の問題については、心理学の歴史でもかつてないほど多くの研究が行われたのでしょうか?

あなたはけっしてひとりではない、誰かがいてくれる、というメッセージを与えることが重要だということ、あるいはメンターの存在によって傷ついた心が回復するということは、リジリエンス研究によってはじめて見出されたものではありません。それは古来、人間の歴史の中では、教育においても、医療においても、親子関係においても、宗教においても、ずっと語られ続けていたことだからです。

また、発達の早い時期にマイナスがあればそれで人間の精神的健康が決定されてしまうわけではなく、後の時期の何かによって回復できる、間に合わないことはない、というリジリエンスの考え方は、社会が持つ信念であり、未来への希望であったとも言えます。

キリスト教の教会の説教でしばしば語られる「足跡（footprints）」という詩があります。元の詩の表現も、作者だとされる名前も必ずしも同じではなかったりして、いわば詠み人知らずの趣のある詩です。そのうちの一つの詩を訳してみましょう。詩は、いままさに死の床にあり、死の孤独とたたかっている人が見た夢、という設定になっています。

「足跡」

私は夢を見た。
主と一緒に　渚を歩いている。
暗い空に、私の人生の様々な場面が
走馬灯のように駆け巡る。
どの場面でも、砂の上に　足跡は二人。
私の足跡の隣には
主の足跡が寄り添っている。

生の最後の瞬間、振り返ると、
足跡は　一人だけになっている。
そういえば、これまでも　たまに

足跡が一人になっていたことがある。
そんなときは、きまって、
私がどうしようもなく辛くかなしい
ときだった。
主よ、わかりません。なぜ、私を
ひとりになさったのですか？

主は、やさしく囁かれた。
わが子よ、愛するわが子よ。
わたしは、おまえを一度だって
ひとりにしたことはない。
これまでも、これからもずっと。
足跡が　ひとりしかないとき、
わたしは　おまえを抱いて歩んでいたのだ。

「これからも」つまり、死後も一人にしないということは、宗教が死の孤独への恐怖を何よりも和らげるメッセージになります。この詩は、なぜ、メンターの重要性を強調するリジリエンス研究がこれほどまで研究の世界、また社会に受け入れられていったか、その理由を示唆しています。

日本で四国のお遍路も、「同行二人」、つまり弘法大師も一緒だと書いたものをたずさえています。

あらためて心の回復とは何だったかを考えてみると、それは研究から見出された事実や現象にとどまらないことが実感されます。身体には、たとえば遺伝子の変異ならその修復機構が備わっているのと同じように、心の回復のしくみは、傷ついた心のために、個人の心と社会の双方に備わっている修復機構であり、また、回復が可能だという個人と社会との信念、あるいは希望だったとも言えるのではないでしょうか。研究は、心の回復力を持った人間には、「未来・自己・他者・人間というものへの信頼」という特徴が備わっていることを示していました。その意味で、私たちの社会そのものが、未来への希望を失わない回復力を持った存在だと言えます。

だからこそ、心の回復が容易ではないことを知りながらも、これほど多くの研究の努力を世界は続けてきたのでしょう。

心の回復のためのプログラムは、これまで数多くのものが提唱されてきました。それは虐待、貧困など問題に特化したプログラムや一般的な、いわば青少年健全育成運動にも似たプログラムまでさまざまです。メンターの問題にしても、アメリカでさかんに行われてきた「ビッグ・ブラザー、ビッグ・シスター（おにいさん・おねえさん）運動」のような人工的なメンター・プログラムではなく、自然発生的なメンターにほんとうの効果があることも確認されています（Zimmerman et al., 2002）。

わが国でも、虐待やいじめなど、強い持続的なストレスを経験した子どもたちのために、二次予防（早期介入）、三次予防（当事者のケアと再発防止）のプログラムを確立する必要があります。

心の回復力といっても、すべての子どもはどんな逆境からも健康な心を回復できる力がある、といった安易なバラ色の話ではありません。そのためのプログラムをつくるのは、子どもをとりまく教育環境、社会、政治、そのすべてが全力をあげて協力してはじめて可能になる、困難な道です。

【参考書】

仁平義明（二〇〇二）『ほんとうのお父さんのための15章 ― 父と子の発達心理学』ブレーン出版（第11章「心の〝回復力〟を育てる」）
ハウザー、アレン＆ゴールデン／仁平説子・仁平義明（訳）（二〇一一）『ナラティヴから読み解くリジリエンス ― 危機的状況から回復した「67分の9」の少年少女の物語』北大路書房
仁平義明（二〇〇九）「人間力育成のパラダイム・シフト ― ハーディネス（心の頑強さ）からリジリエンシー（心の回復力）へ」岡堂哲雄編『心理臨床フロンティア ― 倫理の再構築に向けて』現代のエスプリ創刊50０号、至文堂、一九四‐二〇五頁

5 集団現象としてのいじめの効果的な予防とケアを

戸田有一

本章の提言

1 いじめの傍観者を変える予防教育実践を

学校でのいじめは、加害者と被害者だけの問題ではなく、傍観者なども含む集団現象です。いじめをエスカレートさせないために、傍観者が事態を変えていけるための実践を。

2 いじめへの早期介入とケアを

いじめの初期はわかりにくく、深刻化すると被害者が隠すようになります。だからこそ、初期段階での気づきと対応が大事です。また、いじめ被害者が後に大事件を起こさないように、事後のケアにも留意しなければなりません。

3 ネット問題への総合的対策を

ネットいじめだけではなく、ネット依存やネットでの非行などの問題とあわせて、総合的な対策を行っていく必要があります。

1　いじめ問題への社会の基本認識

(1) いじめ問題は単なる学校問題ではない

いじめは一九八〇年代から日本各地の学校で問題になっている、というのが一般的認識かと思います。しかし実は、それよりも前から、日本でも福祉の充実した北欧諸国でも、おとな社会でも問題になっています。いじめは、少なくとも「日本特有の現象」ではなく、人間のあり方に根差した攻撃の一形態です。もちろん、国などによる若干の違いはあります。発生（存在）域と最大風速の違いによって、ローカルな呼称が「台風」「ハリケーン」「サイクロン」等と異なる現象がすべて熱帯低気圧であるように、「いじめ」「bullying」「ワンタ（韓国）」などと呼ばれる現象はすべて、関係内の継続的攻撃です。

この関係内で継続する攻撃の問題は、家庭でも学校でも職場でも、どこでも起こりうる問題です。ただし、生じる関係や場の違いによってその様相にも違いがあるので、虐待、いじめ、体罰、パワハラ、セクハラなどと呼称が異なるわけです。さらに、民俗学の立場から、中学生のホームレスへの異様な関心と攻撃性に関して論じた論考もあるように、誰に向かうかの違いはあるものの、攻撃性は暴走する可能性があるという前提にたって、さまざまな対策が必要です。

いじめ問題は、近年の学校だけが起こしている問題なのではなく、人間集団における攻撃性の誤用問題であり、社会全体であらゆる場での人権を尊重する中で解決していくべき問題です。

（2）いじめへの社会的関心の波

日本国内では、いじめに関しての社会的関心の波があります。その流行は、報道の中にも教育委員会の研修内容にも見られますが、いじめ研究にも流行現象があります。波がくると教育委員会の研修内容にもいじめ対策が増えますが、しばらくすると減ってしまいます。そして、悲劇が繰り返されます。ただし、大きな社会的関心の波を起こした事件の発生場所は異なっています。一九八六年のいじめ自殺事件が起きたのは東京都でした。一九九四年は愛知県。二〇〇五年から翌年にかけては北海道と福岡県。ごく最近では二〇一一年の滋賀県でのいじめ自殺が後に社会問題化しました。そして、北海道のいじめ自殺が小六女子であった以外は、いじめによって命を絶ったのはすべて中二男子でした。

研究者も、いじめ研究を流行のようにやったりやめたりしていては、もういけないのです。いかにコンスタントに研究するのかということが課題の一つです。同様に、メディアや世の中の関心の持ち方も、「のど元過ぎれば熱さ忘れる」であってはいけないのです。

（3）いじめと過熱報道の問題

しかも日本は、いじめに関して過熱報道する社会です。その集合的な過熱報道そのものが、教育関係者や一部の人たちにとっては一方向の継続的な攻撃という形になっています。一人ひとりは正義感や善意で報道しているものの、それが集合してメディアスクラムとなった時にはいじめの構造と一緒です。いじめっ子の中にも「こいつを何とかしてやろう」という「善意」があります。そのような関わりにイライラ感や高圧さが伴い、エスカレートして何人もの「善意」が集合したときに、時に結果的に暴力になっています。本当にいじめを止めたいのであれば、そろそろいじめ報道のあり方を考え直すべきだと思います。特に、一部の映像メディアや週刊誌の報道は、行き過ぎではないでしょうか。

そういう報道に触発されてか、事件が起きた学校には全国から匿名での罵倒の電話が殺到します。そこにあるのは、いじめの責任追及をする全国の「正義の味方」による集合的な非難です。その行為が、結果的にいじめに酷似しています。

また、世界保健機関が二〇〇〇年に出した「自殺を予防する自殺事例報道のあり方」についての勧告をいまだに遵守していないメディアも見られます。自殺の方法を大々的に報道することはもちろん、過度に同情的に扱うことで「自殺すれば、大々的に報道される」「自殺すれば、わかってもらえる」という考えを広げてしまっていないでしょうか。日本では「自死を自己表現の手段として理解してしまう」という問題については、以前より、スチュアート・ピッケンやモーリス・パンゲなどの日本通の研究者も指摘してきました。自死の前に、自己表現の手段が必要なのです。

(4) 丁寧な報道姿勢から学ぶ

もちろん、それとは逆に、事件に至る経緯を丁寧に取材して、連載や書籍に残している新聞記者などの姿勢からは学ぶべきです。先述した東京都のいじめ事件のルポ『葬式ごっこ』(朝日新聞社会部著・東京出版)や、そのときの中学生の八年後の声を聴き取った『「葬式ごっこ」―八年後の証言』(豊田充著・風雅書房)、愛知県でのいじめ事件に関する『総力取材「いじめ」事件』(毎日新聞社会部編・毎日新聞社)などです。最近も続編が出ています。読売新聞の教育ルネサンス班も、教育問題の連載記事で、私たちが考え続ける契機をつくっています。

また、「学校に関わる事件報道の目的は、大衆心理を代弁したつもりで関係者を断罪することではなく、またどこかで起きるかもしれない同種の問題への対処を促すことです」と、ある地方紙の若手記者が凛々しく語ってくれました。この記者は、政治的権力者などの疑惑を追及する姿勢と、学校や家庭や子どもに対する姿勢を区別しているようでした。

2　いじめの傍観者を変える実践を

(1) いじめは集団現象

いじめの本質は「意図的・継続的な力の乱用」であると以前より指摘されていましたが、カナダの研究者が「関係性の問題」としていじめをとらえるなどして、認識が大きく変わってきました。実は、そもそも日本でのいじめ定義にはこの観点がはいっていました。

森田・清永（一九八六）のいじめ定義では「同一集団内の相互作用過程において優位に立つ一方が、意識的に、あるいは集合的に、他方にたいして精神的・身体的苦痛をあたえることである」としています。もちろん、社会的排除が心理的ダメージを与えるのは、たとえ希薄であっても仲間集団のつながりが前提になってのことですが、多くの定義は仲間のなかでいじめが起きる可能性を無視しているわけではないものの、森田・清永の定義ではこの点を当初から明示していたわけです。この「同一集団内の相互作用過程において」という観点は重要で、見知らぬ人からの攻撃であれば繰り返されてもいじめとは呼ばず、警察などに通報することになるでしょう。また、森田らの著書の「教室の病い」という副題にも、いじめは一定の関係性のある集団の問題であるということが端的に言明されています。そして、その病んだ集団のあり方としてのいじめ場面の構造を「四層構造」として示しています（図5-1）。これは、いじめの場面

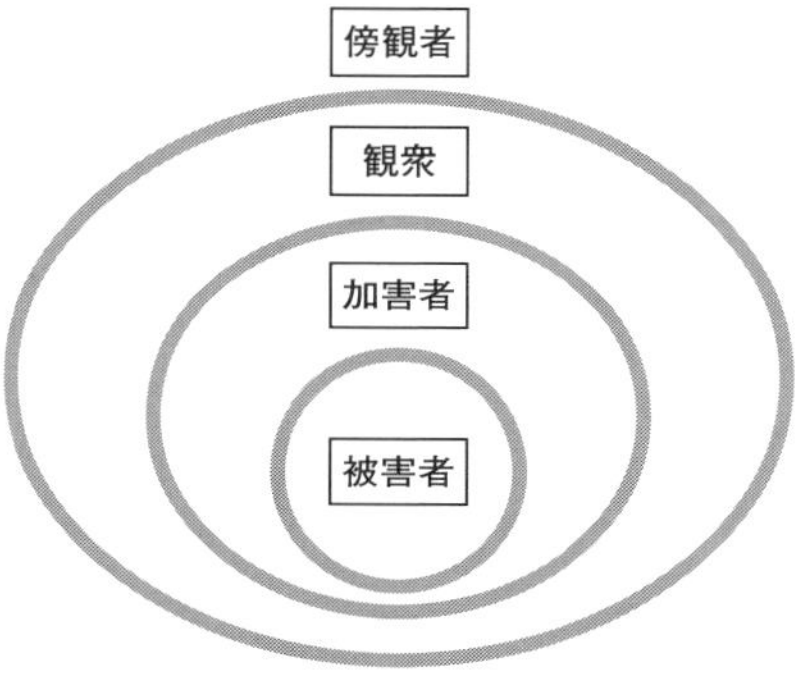

図5－1 いじめの四層構造（森田・清永, 1986）

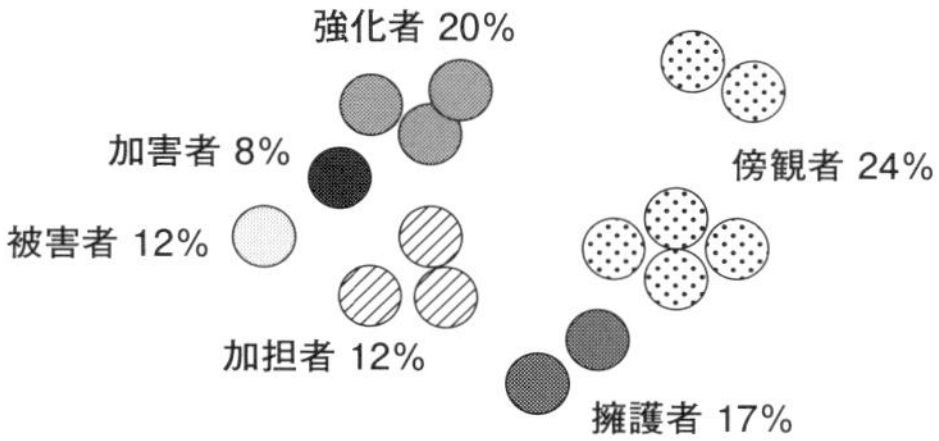

図5－2 いじめの参加役割（Salmivalli et al., 1996）

は、被害者と加害者だけで成り立っているのではなく、いじめをはやしたてる観衆や見て見ぬふりの傍観者も含めて成り立っていることを示しています。

同様に、フィンランドの研究者たちも、個々の子たちにもいじめ生起の要因があるけれども、クラスの状況も要因になっていると指摘しています。いじめ場面にかかわる子どもたちの役割については「参加役割」というモデルを用いています（図５－２）。このモデルでは、いじめが行われている場は加害者と被害者だけで成り立っているとするのではなく、いじめの中心者と一緒になっていじめをする加担者、いじめを見て笑ったり囃し立てたりする強化者、いじめ場面に関わろうとしない傍観者、被害者の側にたつ擁護者の四つの役割もあるとします。このような集団現象としていじめを認識すると、いじめ加害者や被害者に問題があるとして済むものではなく、この状況を変えるには周囲の人々がどう動くのかが重要になります。

（２）いじめの動機と傍観者の重要性

いじめをする動機については、いじめっ子が家庭でなんらかの問題を抱えているとか自尊感情が低いとかだけでは、他の問題行動ではなくいじめに向かう理由は説明できません。抱えた問題や自尊感情の低さを補える力・支配・特権を仲間の中で得る手段として、いじめを用いているのです。そうならば、特定の状況下でその子なりに適応的に行動しようとしているのだと考えられます。生き方をもがいている結果なのです。そのような子どものいじめ加害をおとなが変えようとしても、往々にして効果は期待できません。

なぜなら、いじめっ子は見ている仲間からの暗黙の肯定とか賞賛を得続けているからです。

私が教員養成課程の学生のいじめ体験に関して調べたところ、いじめが「先生から支持されている」と思ってやっていたという回答は皆無だったのに対し、約六割が「友だちから支持されている」と思っていたと回答していました。いじめへの同調現象は、大多数の黙っている人たちがいじめを支持しているといじめる側が思いこむことによって加速するのではないでしょうか。つまり、いじめる側が「自分たちのしていることは、おとなから見れば許されないかもしれないが、自分（たち）は、このことをよしとする大多数のなかにいるのだ」という、いわば多数派幻想も持ち合わせているという仮説です。ですから、いじめる側を多数派にしないことと多数派幻想を持たせないことが、集団現象としてのいじめをエスカレートさせないために重要になります。

（3）傍観者たちを変える

いじめの本質を「教室の病い」ととらえる諸研究から言えることは、いじめを減らすためには、いじめられやすい子の何かを変える必要は必ずしもないということです。そして、いじめる側の行動も、仲間のあり方と無関係に直接的に変えられるものではありません。個々の子どもがいじめはいけないと学んだとしても、クラスの中にいじめを肯定する強い同調圧力があれば、被害者を守る行動にはならないからです。しかし、クラス集団がいじめを面白がらないのであれば、いじめる側は行動の対価を失い、結果的にいじめる気が失せていきます。特に、クラスの中で人気があるなど、社会的な地位の高い子が被害者を守る側にまわれば、その社会的役割モデルが他の子にも影響を与えていくと考えられます。

いじめっ子が「自分はみんなを代表して、こいつをこらしめている」という誤った認識を持たないようにするには、「静かな多数者」の声を匿名やペンネームで紙上などに出していくことも一つの方法です。たとえば、黙っている大多数の子の「いじめはいや」という声を匿名で集めて学級や学年の便りに掲載し、いじめ行為が多数派に支持されていないことを示すのです。このことで、行為をおとなの論理で禁止するだけではなく、いじめを正当化する根拠を子どもたちのことばで崩していくことになります。また、いじめられる側にとっては被害者責任論が辛いのですが、少数でもいじめ否定グループが存在するとわかるだけで、救いになる可能性があります。

いじめ場面の近くに、先生がいつもいることは難しいでしょう。しかし、多くの場合、近くにほかの子がいます。その子たちのすることが「傍観か、寄り添いか」で、事態が異なります。

いじめ自殺があった学校で事後にアンケート調査を行ったら出てくる目撃証言が、なぜ事前に集められないのでしょうか。そこには、子どもたちの声を聴き、対処する仕組みが欠けているのではないでしょうか。

3　いじめへの早期介入と予後のケア

（1）いじめのわかりにくさ

大学生といじめの話をしたときに、「自分が子どもの頃に受けていたことがいじめであったと、今になって気づいた」と報告してくれることも少なくありません。いじめは、当事者である子どもたちにとってはわかりにくいのです。わかりにくさには理由があります。人によっていじめの定義が違い、けんかとの区別がつきにくく、多くのいじめは小さく始まるからです。

まず、一四ヵ国のいじめに類する言葉を比較した研究でも、各国の言葉には微妙なニュアンスの違いがみられます。同じ言語を使用している人の間でも、立場が違えばいじめの定義にズレが存在します。たとえば、実践者と保護者のあいだでも、ある子のしたことがいじめであったのかどうかが議論になってしまい、解決に向けての共同を阻害することもあります。子どもとおとなの間でもいじめの定義にズレがあります。また、けんかといじめの区別も簡単ではありません。攻撃が一方向の場合がいじめで、双方向の場合にはけんかなのですが、いじめの被害と加害が入れ替わる場合や、いじめ被害側に見かけだけの反撃をさせる場合には、けんかとの判別は困難です。ですから、いじめ対策は、けんかやいざこざ対策とあわせて実施すると効果的ではないかと思われます。そして、初期段階のいじめはふざけと区別がつきません。

けれども、区別がつかないまま放置することによって、いつのまにか深刻化し、おとなの見えないところで行われるようになっていきます。

さらに、場合によっては、自分がやられていることを被害者が必死に隠す場合もあります。その段階では、いじめを見つけて対処するのはとても難しくなります。いじめ自殺が起きてから「なぜ、気づかなかったのか」と詰問することは簡単です。しかし、初期のいじめはわかりにくく、深刻化したいじめが隠された場合、気づくのは決して簡単なことではないのです。

(2) いじめのプロセス・モデル

先述した四層構造も参加役割モデルも、いじめが一定程度進行した状態を図式化したものです。いじめは熱帯低気圧のように発生・発達するものであり、いじめの初発期から進行するプロセスがあると考えられます。中井(一九九七)は、自身がいじめられた経験をもとに、いじめ被害の過程を生々しく、かつ、分析的に描出しています。それをまとめると左記のようになります。

孤立化:誰かがマークされたことを周知させる標的化に続き、いじめられる側がいかにいじめられることに値するかのPR作戦がなされる。

無力化:この段階で暴力を集中的にふるうことと、「告げ口」への制裁、内心の反抗への制裁などにより、被害者を「進んで、自発的に隷従」させ、加害者は快い権力を感じる。無力化が完成すれば、後は、

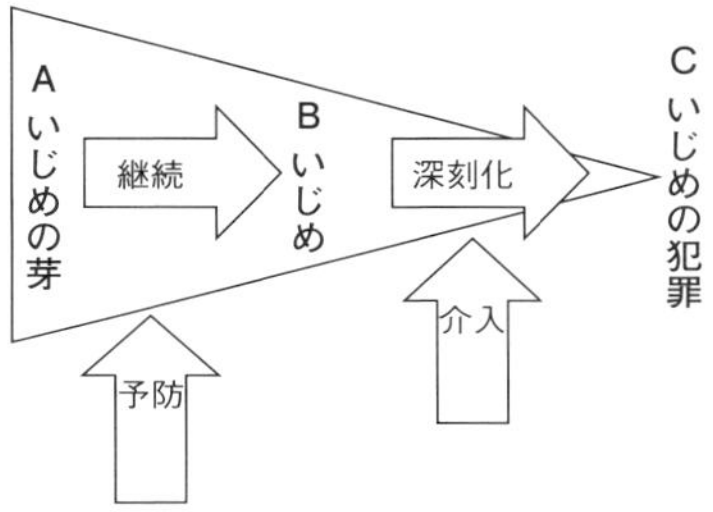

図５－３ いじめのプロセス・モデル（戸田・ストロマイヤ・スピール, 2008）

暴力を使うというおどしで屈服させることができる。

透明化：この段階では、被害者は、次第に自分の誇りを自分で掘り崩してゆく。そして、一部は傍観者の共謀によって、そこにあるいじめが「見えない」。加害の予見不可能性の演出や、ときに加害側に立たせることによる純粋被害者という立場の剥奪、搾取された金品の浪費や廃棄などにより、被害者はさらに自己卑下に陥り、加害者との関係から逃げられなくなる。このような心理操作により、被害者を囲む壁は透明であるが、しかし、眼に見える鉄条網よりも強固である。

これらの知見を参考にして、私は共同研究者とともに、いじめに関するモデルを仮説として提示しています（図５－３）。今まで、逮捕者が出るような深刻なケースも「犯罪」と呼ばずに「いじめ」と呼んできたことは、日本社会がいじめに対応するために不適切であったのではないかと思われます。少数の研究者はこのような区分の必要性を早くから指摘していましたが、恐喝や傷害などで逮捕される事例は「いじめ犯罪」と呼ぶべきでしょう。一方で、いじめる側の集団化やいじめられる側の無力化が起きていないような段階のものを「いじめ」と呼ぶことで定義のすれ違いに陥らないように、初期段階は「いじめの芽」とでも呼ぶべきでしょう。しかし、いじめの芽といじめの境界線があいまいであり、だからこそ、その境界について、ビデオ教材などを用いて子どもたちと議論することに意味があると思われます。

また、学校の目標を「いじめの無い学校」とすると、アンケート調査でのいじめの加害や被害の回答が続くだけで有名無実になっていく可能性があります。そして、この場合「いじめ」の定義があいまいなままです。そこで、「いじめの芽」が「いじめ」にエスカレートしない学校、そして「いじめ犯罪」が生じえないことを目標にする方が効果的なのではないかと思われます。

(3) いじめにおける集団性と頻度の随伴性

いじめにおける攻撃の一方向性の背景にあると考えられるのは、いじめる側の力の強さや人数の多さですが、そのうち人数の問題について日本とドイツ語圏に住む、日本では小学校四年生から中学校三年生に該当する年齢の子どもたち一三〇五名の回答を、共同研究者と調べて分析しました。

攻撃に関する質問は、「いじめ」などの用語ではなく具体的な行動について尋ねる尺度を踏まえて作成しました。攻撃の繰り返しに関しては、ここでは、ある一定期間における頻度で尋ねています。「約週一回」「ほぼ毎日」を「頻度が高い」ケースとし、「一、二回」「ときどき」を低いケースとしました。また、いじめる側の人数の問題に関しては、「大勢で」「一人や大勢」の場合に「集団」、「一人で」「(その人が)誰かと」は「一人か二人」としました。この頻度と集団性の二つをクロス集計してみたところ、表5-1aとbのようになりました。

表5－1 関係性攻撃の被害の頻度と集団性に関する集計結果

		加害者の側の人数 一人か二人	集団
頻度	低い	117 80.7%	28 19.3%
	高い	17 51.5%	16 48.5%

(a) ドイツ語圏での頻度と集団化（関係性攻撃の被害）

		加害者の側の人数 一人か二人	集団
頻度	低い	133 78.2%	37 21.8%
	高い	4 18.2%	18 81.8%

(b) 日本での頻度と集団化（関係性攻撃の被害）

ドイツ語圏でも日本でも、頻度が低い場合には八割程度は一人か二人による攻撃です。ところが、頻度が高い場合には、集団による攻撃がドイツ語圏では半分程ですが、日本では八割になります。これは、ドイツ語圏に比べて日本での関係性攻撃は、継続した場合により集団化していることを示しているのではないでしょうか。

これは、前節で紹介したいじめの四層構造あるいは参加役割のあり方が、いじめのプロセスのなかで形成されてくることを示唆しており、いじめの構造と過程が不可分であることを意味していますので、いじめの状況を判断したり、実践の効果を考えたりするためにも、単に、いじめ加害者や被害者の数を数えるのではなく、クラス単位での集計を工夫する必要があります（詳しくは、戸田、二〇一三）。

（4）いじめ、体罰、虐待等の総合的な防止を

先に述べたように、諸外国では、家庭内暴力や子どもの虐待、学校でのいじめ、職場でのいじめ、恋人間のいじめ、そして家庭内へと続く連鎖の中でいじめを考え、一連の研究を行っています。そこに、いじめなどの関係内の継続的攻撃の世代間連鎖を断ち切りたいという願いがあります。ロンドンの少年の二四年間の追跡調査（インタビューと検査）によれば、一四歳のときのいじめ加害者は一八歳のときも三二歳のときもいじめの加害側である傾向があるそうです。つまり、世代内での継続です。さらに、一四歳のときのいじめ加害者が三二歳になったときに、いじめっ子の親になっている傾向があるといいます。これは、いじめをする傾向性が、世代を超えているということです。教育や福祉による介入がもしも無かったら、このいじめ加害傾向の世代内及び世代間の一貫性はもっと強く現れるのかもしれません。

子どもと保護者の両方に質問紙調査をした研究もあります。小五の児童と保護者に、いじめ、マルトリートメント（不適切な養育）、ＤＶ（ドメスティック・バイオレンス：親密な関係にあるパートナーからの暴力）などについて尋ねています。子どもの報告での「親の放任」「マルトリートメント」「ＤＶ」が子どものいじめ加害と関連していました。また、同じく子ども報告による「家族の相互批判」「マルトリートメント」が子どものいじめ被害と関連していました。子ども報告の「マルトリートメント」が、子どものいじめ加害・被害のいずれにも関連していることが着目されます。

さらに、保護者ではなく、学校のスタッフによる虐待、つまり体罰等といじめの関連を探った研究も

あります。イスラエルの三二四校の七～一一歳の児童一万六〇〇〇人強に調査を行っているもので、直近一ヵ月間のスタッフによる情緒的マルトリートメント（心を傷つける関わり）は三割強、身体的マルトリートメント（身体を傷つける関わり）は二割強でした。その比率がいじめにおける立場で異なっており、被加害者（被害も加害もある子）、加害者、被害者、その他の順で高いというもので、体罰等といじめも無関係ではないのです。

いじめも虐待も、近しい関係の中での不幸な事態です。よって、その関係そのものの質を変える予防や介入を行うか、あるいは、特定の関係によって生活の質が規定されてしまわないように、多様な関係性の中で子どもたちが生きられるように環境を整える必要があります。しかし、不幸なことに、その多様な関係の中で（つまり、家庭でもクラスでも部活動でも）、同様に被害側になってしまう子がいます。いじめ被害者、虐待被害者というように研究の中では別々の存在でも、それが同じ個人である可能性があるというわけです。フィンケルホーらはそのような被害を「多重被害」と呼んでいます。

このような研究を踏まえると、いじめ防止のために虐待や体罰も同時に防止していくことで、被害の連鎖や重複を少しでも抑止できると考えられます。

（5）いじめ被害の予後の重要性

二〇一〇年、日本のいじめの実情と対策について、私はフィンランドの先生方にお話をさせていただく機会がありましたが、講演後に真っ先に出てきた質問は次のようなものでした。

「日本の子どもは、いじめられて自殺をする時に誰かを巻き添えにしますか」

つまり、「日本のいじめの最悪のケースはいじめ被害者の自殺のようだけれど、フィンランドでは、いじめの被害者が学校で銃乱射をしたあと最後に自殺した。そういう、いじめていた子たち、あるいは学校への恨みをはらして死ぬというケースは、日本の場合はどうなのか」という質問です。私の認識では、そこで言及された二〇〇八年のカウハヨキの職業訓練学校での銃乱射事件のような事例は、日本ではまだ起きていません。私が知らないだけかもしれませんが。しかし、少なくとも、日本社会ではフィンランドやアメリカのような学校銃乱射事件は、今まで、起きていないわけです。銃器に対する規制等、社会のリスクが比較的コントロールできているおかげと思います。

一九九九年にアメリカのコロンバイン高校で起こった銃乱射事件に関する報告を読みますと、犯人がかつて受けたいじめは、叩いたり殴ったりという暴力的なものではなく、長期間、言葉で傷つけるものでした。アメリカの学校ではフットボールの選手やチアリーダーがスクールカースト（学校内の人気序列）の上位にあって、そこから厳然たる序列があるそうです。その下位にあって馬鹿にされたりしたことへの復讐という形で、大勢を殺して最後に自殺するという悲劇です。コロンバイン高校の事件はよく知られていますが、多くの銃乱射事件を分析した論文によれば、その約半分が仲間によるいじめに対する復讐だそうです。日本はここまではいっていませんが、これからも起きないかどうか心配です。

いじめには、予防も介入実践も大事ですが、アフターケアも大事です。高校段階ではそれまでの年齢に比べていじめは多くはないのですが、小学校や中学校の段階でいじめ被害を受けていた子たちが、自尊心が回復した時にその恨みをはらすということをするかどうか、という問題です。高校生年齢以降に、いじめの被害者をどうケアするか、考える必要があります。この方たちのケアをしっかりしないと、たとえば、その人が銃を持てる仕事（警察官や自衛官など）についた時にその銃をどう使うのかということを、私たちは考えなければいけません。

4 ネット問題への総合的対策を

（1）ネットいじめとネット問題

インターネットの普及に伴い、子どもが直面する問題の質や広がりにも変化が出てきています。それに伴いネットいじめ研究が急激に増加し、従来のいじめ研究のあり方まで問い返しています。対策プログラムに関しても、ネットいじめは学級や学校レベルの対応を超えている部分があり、警察やネット接続業者の協力が不可欠です。

ネットいじめについては、それが、学校という場やそこでの人間関係の中で起こる従来型のいじめと重複するのかどうかで、対応の方針も変わってきます。ほぼ重複するのであれば従来型の対策の拡張でよいかもしれませんが、あまり重複しないのであれば、予防・発見・介入のすべてのあり方に新たな工夫が求められます。いじめ研究の少ないフランスで七〇〇名を越す中・高校生にいじめについて半構造化面接を行った調査では、従来型いじめとネットいじめの重なりが少ないことを示しています。少なくとも、ネットいじめが従来型のいじめと完全に重なっていない以上、対策も従来のままではいけないと考えられます。ネットいじめの特徴としては、匿名性と無境界性と群集化があげられます。正確にはネット環境は匿名ではありませんが、ネットいじめはいじめる側が匿名であると思うことによる道徳不活性（道徳的な判断の適用をはずす心理的な機能）を背景に、学校という枠を超えて短時間でエスカレートする特性をもち、そのために対処も従来型のいじめと異ならざるをえません。この匿名性信念に関しては、匿名と思えることで攻撃性が高まる問題に気づかせる実践が日本国内で試みられています。一方、ある程度個人情報を伏せられることは相談をする際に有用な場合もあり、ネット掲示板での相談実践においてもその特性が活かされています。

最近では、ネットいじめ被害と青年期の三つの問題（抑うつ症状・薬物使用・ネット不適切使用）の関連を探る研究もなされています。平均約一五歳の約八五〇名が、半年間隔の二時点で質問紙に回答した結果を検討した結果、ネットいじめ被害が後の抑うつ症状やネットの不適切使用をある程度予測していました。また、抑うつ症状と薬物使用が後のネットいじめ被害をある程度予測していました。いじめ問題では、被加害者の状況がよくありませんが、この調査でも同様の結果が示されています。近年は、攻撃性と抑うつの研究を別々に行うのではなく、両者に何らかの関係があることが想定されており、いじめの加害、被害、傍観のいずれも、抑うつと無縁ではないことが示されています。

これらの実証的研究の成果をふまえて、顕在化した個々の問題に対症療法的に対応するのではなく、多くの問題が関連していることを前提とし、個々の顕在化事例に対処しつつも予防的な手法で対応しなくてはいけないでしょう。

（2）欧州のＮＰＯなどによるネットいじめ対策に学ぶ

欧州では従来から、イギリスでいじめや虐待から子どもたちを守るChildLineが創設されるなど、慈善団体の活動が目立ちます。スウェーデンのＮＰＯ法人であるfriendsも、いじめについて子どもたちと一緒に考えるための短いビデオ作品を数多く制作するなどしています。

ネットいじめ対策についても、さまざまな機関が、子ども向けの親しみやすくわかりやすいホームページに、ゲームで学べるコンテンツやアニメなどを取りそろえています。たとえば、イギリスのDigitalMEは、Safeというプログラムを運用しています。これは、子どもたちがソーシャルネットワークを用いる際のスキルや自信や安全への意識を高めるための実際的な活動を提供するものです。学校で教師が使える無料の教材も提供しています。同じくイギリスのBeatbullying.orgは、サイバーメンター（ネット上での助言者）という実践を支援しています。同じサイバーメンターの名称でネット上での学習支援の取り組みも存在しますが、こちらは、facebookやツイッターなどでいじめにあった子のネット上のピア・サポートです。自分自身もかつてソーシャルネットワーク上でいじめられた経験をもつ子などがトレーニングを受けて、ネットいじめ被害者などの相談にあたり、重い事例はカウンセラーにつないでいます。ただし、いじめ被害経験者に相談活動をさせることにはリスクもあり、専門家による支えがあると推察されます。

日本でも、チャイルドラインの活動が広がってきましたし、さまざまな団体のいじめ防止の努力が見られます。しかし、欧米諸国に比べると、まだまだではないでしょうか。ＮＰＯ団体等を資金面やボランティア活動でもっと支えることが必要であると思います。

おわりに

まず、本論で述べてきたことから、特に強調したいことを箇条書きで示します。

・いじめ対策を支える総合的な予防教育が必要である。
・いじめだけではなく虐待や体罰を同時に防止していくことで、被害の連鎖や重複を少しでも抑止できると考えられる。
・被加害者（被害と加害の立場の二面性に苦しむ者）や多重被害者（被害の多重性に苦しむ者）に手厚いケアが求められる。
・ネットいじめは従来型のいじめと完全に重なってはいないので、対策も従来のままではいけない。
・日本でも、ＮＰＯ団体などのいじめ対策活動のいっそうの拡充が望まれる。

子どもの間のつながりとその中での問題は、特にネットを使うようになってから、さらにおとなに見えにくくなっています。また、そもそもネットについては、おとなよりも子どもが熟達しています。そのような中で、いつまでもおとな主導の対策ばかりでは、すべてが後手にまわります。子どもたちと協働しての取り組みの広がりが期待されます。

欧州の研究者は、いじめ対策を、単に学校での問題への対応としてではなく、子どもたちがやがて平和な世の中を創造してゆくための基礎として実践しています。そのため、学校でのいじめが沈静化したように見えても対策をゆるめません。スペインやポルトガルなどの研究者は特に、共生（コンヴィヴェンシア）という合言葉で研究を推進しています。私たちも、その志を共有したいと思います。

【参考書】

山崎勝之・戸田有一・渡辺弥生（編著）（二〇一三）『世界の学校予防教育――心身の健康と適応を守る各国の取り組み』金子書房

土屋基規・Ｐ Ｋ スミス・添田久美子・折出健二（編著）（二〇〇五）『いじめととりくんだ国々――日本と世界の学校におけるいじめへの対応と施策』ミネルヴァ書房

6 個性に合わせた発達環境設定を!

金沢創・山口真美

本章の提言

1 教室の視聴覚環境からノイズを除去しよう

ＡＳＤ（自閉症スペクトラム障害）児は動いているもの、変化するものを理解することにたいへんな労力がかかり、ノイズから信号を取り出すことが苦手です。変化ができるだけ少ない視聴覚教材を選ぶ、文字、絵、以外のものの情報は、できるだけ避けるなどの配慮が必要です。また、個々のＡＳＤ児にとって、認知処理がどのような特徴をもっているのかについても、慎重な判断が求められます。

2 知覚過敏の視点から給食を考えよう

ＡＳＤ児は味覚に関して極端に知覚が偏っているが故に、特定の食べ物を好んだり、特定の味覚を嫌ったりすることが起こりえます。食べ物といえば栄養の面のみが目につきがちですが、感覚の発達という側面も忘れてはならないでしょう。給食を食育教育の一環としてとらえ、心身面での健全な発達をサポートする体制を整えるべきです。

3　ＡＳＤ児という他者の主観世界を想像する力をもとう

ＡＳＤ児は、見えている世界、聞こえている世界、感じている世界が、定型児とはまったく違います。教育者はこのことをよく認識し、ＡＳＤ児という他者の主観世界を想像する力をもつことが求められます。

1　発達とは ―― 定型と非定型の発達

発達とは時間軸に沿った能力の変化です。たとえば言葉をしゃべる能力について考えてみましょう。言葉を話すことができるためには、まずは母親が話す言語音を、環境にある様々な雑音の中から切り出す能力が必要となります。まったく騒音のない環境は、ありえないのですから。また、物体と音（たとえば「イヌ」と「ワンワン」）とを結び付けて、物体を見ればその音を、また音を聞けば物体を、それぞれ連想する能力も必要となります。さらには、発話を実際に使いこなし、コミュニケーションする能力も必要となってくるでしょう。こうした下位の能力を総合した結果として、言語の発達という一つの能力が定義されます。

どの程度の発話能力があるかは、いま説明した下位の能力の総合で決定されますが、いつどの程度の能力を獲得するかは、子どもたちの集団を観察すれば、その平均値を求めることができます。たとえば、通常、乳児は一歳ごろになれば母語と外国語に対して明確に異なった処理をするようになりますし、二歳半から三歳ごろにかけて発話能力をスタートさせます。こうした発達段階を、横軸が年齢、縦軸が能力であるグラフにしてみたとき、各年齢の子どもたちの平均値を結んだグラフが、いわゆる「定型発達（typically developing）」の様子ということになります。

さて、定型の反対の意に「非定型発達（atypically developing）」という言葉があります。現代においては、発達障害グループのことをしばしばこの用語を使って指すことがあります。「非定型」は「発達障害」を指す最新の用語というわけです。しかし、この用語は単に置き換えによって成立している語ではありません。そこには、発達の多数派に対する少数者として、発達障害を捉えていこうとする統計的な視点が見え隠れしています。

「発達障害」は何かが損なわれているといった状態を指すイメージの語ですが、「定型発達」、「非定型発達」といえば、これは集団を観察し統計的処理をした後に、もっとも多い典型的なグループのことを定型発達、そしてその典型的な発達からずれた少数の集団を「非定型発達」と呼ぶのです。一番のポイントは、能力などの中身を考えるのではなく、分類した後に数を数えることで、客観的に少数派を定義しようとする態度です。

実は、アメリカ精神医学会の精神疾患の診断基準集である「ＤＳＭ－Ⅳ」にも、その考え方は共有されています。というのも、ＤＳＭの正式名称は diagnosis and statistical manuals of mental disorders で、その名称の中に、「statistical（統計）」の一語が入っているからです。ここには、いかなる精神疾患も、基本的には「多数」に対する「少数」として定義されうるし、されるべきであるとする決意のようなものが感じられます。現実の観察と計測がすべての基礎にあるとの観点こそが、まずは発達障害を考える上でも重要なのです。平均とともに、非定形発達の分散の広がりも、考慮すべきところです。予測のつかない発達をするところが、非定形発達の特徴の一つです。

二〇一三年の時点において、発達障害児の理解は前世紀のものとは比べ物にならないぐらいに発展しています。自閉症児という言葉は、その広がりと多様性から、どちらかといえば自閉症スペクトラム障害（Autistic Spectrum Disorders; ＡＳＤという略語も用いる）と言い換えられていますし、広汎性発達障害という主に病院で用いられるキーワードも、新しい診断基準では用いられなくなります。こうした新しい診断基準は、二〇一三年五月に公表されたＤＳＭ－５に裏付けられています。

2　新しい自閉症の捉え方

こうした発達障害観の変化により、近年、より正確に発達障害児についてとらえることができるようになってきました。たとえば、旧来、自閉症児は「心の理論」に代表されるような、他者との社会的な能力の欠如がその障害の中核であるとされてきました。他者の心の動きを推測する能力の欠如がそれです。たしかにＤＳＭ－５に診断基準が改訂されている現代でも、結果としての自閉症スペクトラム障害の診断基準の中核には、言語能力やコミュニケーション能力があげられています。しかしながら、その基準の中に「知覚過敏」などの用語が取り上げられるなど、近年では、より知覚・認知的な側面が重視されるようになってきています。たとえば、ＡＳＤ児の子どもたちを対象に、顔刺激に対する視線パターンを調べてみると、単純に「目を見ない」とか「顔を見ない」といった社会的能力の欠如というよりも、部分と全体の統合の問題や注意の制御といった、知覚や認知の側面が重視されるようになってきています。あるいは、視覚や聴覚だけでなく、味覚といった感覚についても、知覚の偏りを指摘することで、ＡＳＤ児の食べ物へのこだわりや好き嫌いについて説明することでもできるでしょう。

この結果、ＡＳＤ児への対応についても、友達を含めた対人関係について注意を払うことよりも、彼ら・彼女らの主観的認識世界を考慮した配慮が必要になってきます。たとえば学校場面で、対人関係の調整が必要な場面にのみ注意を払うのではなく、日常の行事において、先生がどのようなやり方で指示を与えるべきなのか、授業では視聴覚的な教材をどのような対象に注意してどのような方法で呈示すべきなのか、を考えるべきだということになります。本稿では、主にこの点に注目し、まずは自閉症児の知覚認知の特徴について解説していきます。さらに、これらの知覚認知の特徴から、どのような視聴覚環境を整えることが彼らにとって自然であるのかを考察します。

3　自閉症児・者は見ている世界が違う？

発達障害、特に自閉症の最大の特徴は、社会性の障害であると考えられてきました。事実、その診断基準集であるDSM－Ⅳでは、自閉性障害およびアスペルガー障害の診断基準は、ごく簡単に述べれば、（1）社会性の障害、（2）コミュニケーションの障害、（3）興味および行動制限（限定された興味）、となっており、三つのうち前の二つがなんらかの意味での対人関係に関わる能力です。また、よく知られているように、いわゆる「心の理論」課題に代表される一連の研究も、自閉症児のイメージを強化し続けてきたと言えるでしょう。「他者の信念」を推定する能力が、モジュール（相対的に独立した脳機能）として自閉症児には欠けているのではないか、と主張するバロン＝コーエンらのかつての仮説が、教科書の中で繰り返されることで、自閉症の一般的なイメージを強固なものにしています。

しかし近年、脳科学あるいは認知発達神経科学の発展により、さまざまな実験データが積み重ねられることで、自閉症における知覚・認知の側面が重視されるようになってきました。ここでは、そもそも自閉症児／者は、世界の見方や注目する場所が違うのではないか、との考え方が強調されます。

たとえば図6－1をご覧ください。これは、映画の一場面をASD児と定型発達児に見せ、その眼球運動の軌跡を表したクリンらの実験結果です（Klin et al., 2002）。白色（上の三本）が定型発達児、灰色（下の二本）がASD児の結果となっています。一目瞭然ですが、定型児は会話を行っている二者の目に注目

図６－１ ASD 児と定型発達児の眼球運動の軌跡（Klin et al., 2002）

し、視線はその間を行ったり来たりしていています。一方、ＡＳＤ児では、二者の口を行ったり来たりしているのがわかるでしょう。会話場面において、面積も大きくまた動きも大きい部分が口であることを考えると、ＡＳＤ児の眼球運動は合理的なものとも言えるかもしれません。近年は、ここまで限定されたものではなく、ＡＳＤ児はもっと画面全体に存在する注意を引きうるようなさまざまな刺激に注目していることが知られていますが、いずれにせよ、定型児とＡＳＤ児は、他者の信念を推定するような社会的な能力をうんぬんする以前に、そもそも人間の「見方」が異なっている証拠の一つが、この眼球運動の実験結果であることは間違いありません。

４　弱い中枢性の統合――神経学的な側面

こうしたＡＳＤ児の認知特徴を表すキャッチフレーズの一つに、弱い中枢統合（weak central coherence）という説がありま す（Frith, 1989; Happé & Frith, 2006）。このキーワードは、自閉症研究の認知を長年研究してきたロンドン大学のフリスによって80年代にすでに提唱されていたものでですが、近年の脳科学的な研究の進展により、にわかに注目されるようになってきました。

この用語にはいくつかの異なるニュアンスが含まれています。一つは、神経科学的な処理様式に関わるものであり、もう一つは現実の環境に登場する刺激に関わるものです。

神経科学的な処理について言えば、中枢（central）と抹消（peripheral）という視点が重要となってきます。視覚の網膜や聴覚の蝸牛などの入力に近い部分と、筋肉やそれを動かす運動野などの出力に近い部分を抹消系とまとめることができます。一方、入力された情報からノイズ（雑音）を取り除き、どのようにカテゴリーにまとめていくのか、その過程を中枢的な過程と捉えることができるでしょう。この点は、出力についても同じで、体を実際に動かす系に近い部分に対し、どのような運動をどのような順序で実行するのかという中枢の系を考えることができます。

こうして中枢と抹消という二つのシステムを考えてみるとき、ASD児は中枢の統合が弱く、すべての系が抹消のような働きをしているのではないか、ととらえるのが弱い中枢統合の一つの捉え方です。つまり、ASD児は、入力される情報のうち、何がノイズで何がシグナルであるのか、その処理ができないのではないかとの立場に立つのです。実際、ASD児の多くが、ノイズが多いような聴覚的環境に極端に弱く、皆が大きな声をあげて遊んでいる広場を避けて端のほうで耳をふさいでいるような光景は、ASD児を紹介するビデオなどでよくみられるものです。たとえば聴覚システムにしぼって言えば、私たちが聞きたい声や音に注目するとき、その音と関係のないノイズを取り除くような無意識のフィルターが働いているのですが、このノイズ・キャンセリングフィルターが働かないことがASD児の脳の特徴なのかもしれないのです。

5　弱い中枢性の統合――環境の側面

もう一つ、弱い中枢統合という用語が含意するものとして、環境に対する刺激への注目の仕方というものがあります。

ＡＳＤ児は、ある場面を見せられたとき、通常は誰も注目しないような物体や部分に、局所的に注目するようなことがあります。たとえば人と人が会話しているような場面を考えてみましょう。通常であれば、発話している人がどこを向いているか、またその発話を聞いている人が発話者のほうを向いているのか、といった点が注目されることでしょう。しかしＡＳＤ児は、たとえば先のクリンらの実験結果のように、口に注目するかもしれないし、もっと関係ない、たとえば発話している人のアクセサリーや身に着けているものに注目するかもしれません。あるいは、さらに関係ない、背後にある壁だとか、外であれば雲に注目しているかもしれません。

つまり、通常、場面を理解するためには、今目の前のどこに注目すべきであるのか、その優先順位というものが存在し、その場所というものは概ね決まっています。その一点に向かって、注意を統合する能力こそが、場面を理解するためには必要なのです。

一方、ＡＳＤ児は、この「統合能力」が弱いため、いわば注意が拡散します。注目すべき優先順位がついておらず、場当たり的に注目する場所が選ばれていくことになり、それがたまたま発話している人の顔周辺に行けば、会話場面のある程度の理解は進むのかもしれませんが、背後の雲や壁に注目している限りは、私たちが意図するところの「場面理解」はいっこうに進まない、ということになるでしょう。

逆に言えばＡＳＤ児は、壁の色や模様のパターンに詳しくなっていったり、あるいは雲の形にひたすら注目するようになっていったりするかもしれません。この状態こそが、ＤＳＭでいうところの「限定された興味」ということになるのでしょう。

6　自閉症児が得意なこと

弱い中枢統合に代表されるＡＳＤ児の認知特徴は、たしかに発達的にはさまざまな「偏り」を生むかもしれません。しかし場合によっては、定型発達児よりもＡＳＤ児のほうが、世界がよく見えているということも起こり得ます。通常の観察だけではわかりにくいですが、心理学的な実験課題を実施することで、その認知的な情報処理様式が明らかになります。こうした事例をまずは二つほど紹介してみましょう。一つは視覚探索課題における結合探索、もう一つは埋め込み図形課題です。

通常、視覚探索課題では、形や色などの一つの知覚次元について、一つだけ違う特徴をもつ図形（ターゲット刺激）が、数多くの刺激図形（ディストラクター）の中に配置されます。たとえば、一〇個の黒色で塗りつぶされた円の中から、一個の赤色で塗りつぶされた円を探し出すような課題です。当然ですが、

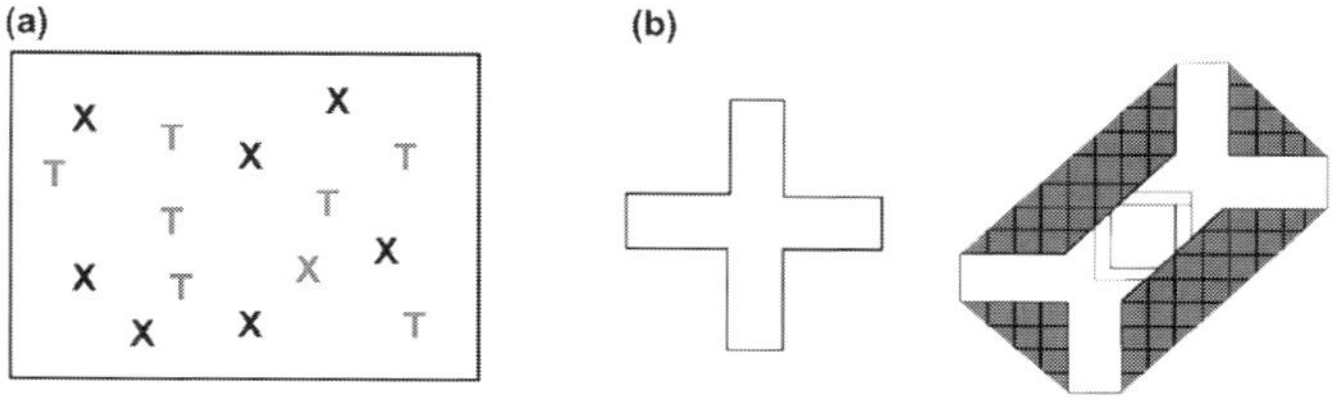

図６－２ 結合探索課題の例（Behrmann et al., 2006より一部改変）
左側（a）では､「赤いＸ」（上図では灰色）がターゲット刺激になっている。（b）では、左側の十字が右側の図形の中に埋め込まれている。

この場合赤色の円はすぐに発見できます。このように「すぐ発見できる」刺激は容易に発見できるため、「ポップアウトする」と言われたりもします。しかし、たとえば「色」と「形」のように二つ以上の属性が組み合わさると、途端に発見が困難になることが知られており、このような複数の属性が「結合」された視覚探索課題を、「結合探索課題」と呼びます。たとえば、「赤いXを探してください」というような課題です。この場合、「赤」もしくは「X」単独であれば、発見は容易ですが、「赤いX」という二つの属性が組み合わさったものは、発見に時間がかかることになります。

しかし、ASD児は、通常は時間がかかるはずのこの「結合探索課題」が得意であることが知られています。もちろん、特徴が単独のものよりは時間がかかるのですが、コントロール群である定型発達児に比べれば、より短い時間で目標となる「赤いX」を発見できるのです。おそらく、通常の認知メカニズムでは、複数の特徴を系列的に処理してしまうため時間がかかるのですが、ASD児では、他の刺激属性を無視して色もしくは形の属性に専念できるため、目標刺激の発見が速いのではないかと考えられています。

もう一つ、ASD児が得意としているものに、埋め込み図形課題と呼ばれているものがあります（図６－２参照）。この課題では、図形の全体的特徴に注目すると、局所的な形が発見されにくくなります。全体的な統合がむしろ弱いが故に、ＡＳＤ児においては図形課題の発見が容易であることが知られています（Behrmann et al., 2006）。

7　背側系と腹側系のトレードオフ

最後に、これらＡＳＤ児の認知の特徴を、より脳科学的な処理レベルで明確に示した実験を紹介して、ＡＳＤ児の脳の発達について考察することにしましょう。

ペリカーノら（Pellicano et al., 2005）は、ＡＳＤ児の認知における背側系と腹側系のトレードオフ（二律背反）の関係を検討する目的で、幼児向けの埋め込み図形課題と、ランダムドットを用いた運動視の課題の成績を比較し、この二つの課題の成績がＡＳＤ児ではトレードオフの関係にあることを示しました。

後頭葉から側頭葉へと至る経路は、腹側経路（dorsal stream）と呼ばれ、視覚情報のうち形の認知などの静的（static）な情報処理に関連していることが知られています。一方、後頭葉から頭頂葉へと至る視覚経路は、空間や身体の制御に関連した運動視に関連していることが知られています（Atkinson 2002; Goodale & Milner, 1992）。

埋め込み図形課題と運動視課題を、ＡＳＤ児とコントロール群である定型発達児で比較したところ、埋め込み図形課題の反応時間についてＡＳＤ児は平均二・七秒だったのに対し、コントロールの定型発達群では平均七・一秒もかかりました。また、運動視課題の閾値を、右もしくは左に固まって動く「シグナル」となるドットの割合を、ランダムに配置される「ノイズ」のドットとの比で操作し、右もしくは左に動いて見える閾値の「シグナル」の割合を測定したところ、ASD児では平均二〇パーセントであったのに対し、定型発達児ではその半分の一〇パーセントですんだのでした。

実験の結果、埋め込み図形課題が極端に早く発見できるASD児は、運動視課題の閾値が極端に悪いという、背側系と腹側系のトレードオフの関係が示されたのです。

このことは脳の発達を考えてみると、納得がいきます。つまり、仮に背側系の発達が悪い場合、視覚情報処理は腹側系に偏って処理されることになる、と考えるのです。たとえば動いている情報やランダムなノイズが人よりも処理しにくいという認知を考えてみましょう。こうした子どもたちは、止まっているものの、変化が少ないものにより注目するように発達が進むことでしょう。いわば、止まっている視覚パターンから何かを発見しようとする課題を、人よりも繰り返し過剰にトレーニングしたような状態になります。その結果、埋め込み図形課題の成績が、比較する定型群よりもよくなるということが起こりえます。あるいは、ニューロンやシナプスといったハードウェアの面でも同様のことが起こっている可能性がありまず。つまり、脳全体の発達の「リソース」が、背側系には使用されないため、腹側系に過剰につぎ込まれて、結果として腹側系により完成されたネットワークが形成された、と考えられるのです。

こうした説明は、現段階では仮説の域を出ませんが、たとえば自閉症、学習障害、ウィリアムズ症候群など、多様な発達障害において、一貫して背側系のほうが障害されやすいとする「背側系脆弱仮説(dorsal stream vulnerability)」(Braddick et al. 2003)という考え方があることは指摘しておきたいと思います。

提言１　教室の視聴覚環境からノイズを除去しよう

さて、以上の知見から、私たちは発達障害児、特にＡＳＤ児の教室などでの認知環境について、どのような提言ができるでしょうか。

まず重要なことは、ＡＳＤ児は動いているもの、変化するものを理解することにたいへんな労力がかかるという点を指摘しておく必要があります。たとえば、先のペリカーノらの運動視課題にみられるように、ＡＳＤ児はノイズから信号を取り出すことが苦手です。この点は、データを字義通りに解釈すれば出てくる対策と言えるでしょう。

たとえば教室において視聴覚教材を用いる場合、変化ができるだけ少ないものを選ぶべきである、ということです。動画を用いるにしても、伝えたい要因（シグナル）のみが時空間的に変化しているならかまわないのですが、それ以外の要因（雑音などのノイズ）もダイナミックな情報を含んでいるとなると、その素材は最悪のものとなるでしょう。私たちは、自分にとって明確に見えているものであれば、当然、ＡＳＤ児にもその素材が見えていると思いがちですが、こうした思い込みを排除せねばなりません。

さらに弱い中枢統合の観点から言うならば、注目してほしい文字や絵以外の情報は、できるだけ避けるような工夫が必要となるでしょう。定型児であれば簡単に無視できるような、「日付」、「名前」、「場所」や、「下記の問題に答えなさい」といった指示に関する文字情報なども、ＡＳＤ児にとっては、注目すべき情報と同等の価値をもった情報となってしまう可能性があります。これは従来の教育場面でもよく言われていることですが、たとえばプリントを配るにしても、枠や番号などの余計な情報を一切省くといった配慮が求められることがあります。こうした配慮には、データに基づいた認知心理学的な根拠があるという点を忘れてはならないでしょう。この観点から、教室という環境そのものにも配慮が必要かもしれません。たとえば黒板の端に書いてある授業とは関係ない文字、壁に貼ってある標語、時計などの設備なども、余計なものであって、極力整理する必要があるのかもしれません。

ただし、何が個々のＡＳＤ児にとって中枢統合を乱す要因であるのかは、大きな個人差があるという点は、付け加えておかねばなりません。弱い中枢統合とは、ある意味でフィルターが存在せず、抹消レベルの情報が直接中枢に到達している状態であると考えられます。そうしたとき、個々のＡＳＤ児にとって、どのような情報が中枢に到達しているかは、ほとんどランダムに決まっている可能性があるからです。壁に貼ってある文字が気になるかもしれませんし、外の犬の鳴き声が気になるかもしれません。あるいは時計の音が気になるかもしれませんし、秒針の動きが処理を乱す要因かもしれません。右記のペリカーノらのデータは、その一例を平均的にとらえたものであって、個々のＡＳＤ児にとって、認知処理がどのような特徴をもっているのかについては、慎重な判断が要求されます。

提言２　食育への提言 ―― 知覚過敏の視点から給食を考えよう

中枢統合の視点から知覚過敏を考えるとき、ＡＳＤ児を含めた定型・非定型の発達過程における食育への提言も可能となってきます。ハリス（Harris, 1997）によれば、ＡＳＤ児の食物の好みは保守派が多く、限られた少ない食べ物で十分なカロリーを摂取する傾向が強いようです。つまり、ＡＳＤ児は味覚に関して極端に知覚が偏っているが故に、特定の食べ物のみを好んだり、特定の味覚を嫌ったりすることが起こりうるかもしれません。味覚も知覚の一つですから、その発達過程には、知覚発達の知見が貢献できることでしょう。教室での食事、つまり給食というものを考え直すことを提言したいと思います。

これまで学校給食は、管理栄養士を中心に栄養とコストの面のみを重視してその献立が考えられてきました。たしかに身体的な発達を考えるのであれば、栄養の要件は重要です。食べ物といえば身体的な面のみが目につきますが、先に触れたように、感覚の発達という側面も忘れてはならないでしょう。管理栄養士のプログラムには、その資格の目的から、栄養という観点のみが重視されていますが、ここに発達心理学的な知識を加えることは、発達障害を含めた定型・非定型の発達と教育を考える上で、今後考慮すべきことと考えます。つまり、給食そのものも食育教育の一環としてとらえ、児童の心身面での健全な発達をサポートする体制を整えるべきと考えるのです。偏食の強い児童については、何に過敏なのか、家庭で適切な食の経験が行われていたか、確認する必要があるでしょう。

提言3　ASD児という他者の主観世界を想像する力をもとう

こうして、「知覚」をキーワードに発達障害児の教育を考えてみると、重要なことはこれら具体的な知覚・認知スタイル、すなわち「口に注目しやすい」「動きが見えにくい」「必要な箇所を注目できない」「ノイズに弱い」といった個々の特徴ではなく、その背後にあるメカニズムへの理解と、より一般的な異なる知覚・認知世界への配慮であると言えるでしょう。つまり、そもそも見えている世界、感じている世界が、私たちとはまったく違う人たちがいる、という事実の了解が重要なのです。

私たちはしばしば、他者の見えている世界が異なっている可能性に気がつきません。「百聞は一見に如かず」といった言葉にもあるように、見えているものは、そのまま誰にとっても明白に一つの事実を指し示すと思い込んでいます。しかし、これはまったくの思い込みです。多くの認知心理学・知覚心理学の実験が示すように、知覚情報として目に映っているからといって、その情報のすべてがそのまま認識されているわけではないのです。知覚世界とは、目に映っているものがすべてのもので成り立っているわけではなく、不必要なものはすでに削られ、選択されたものによって構成されているのです。

一般には、「どの情報を除外するのか」というフィルター機能は、ほぼ人々の間で共有されているので、見えている世界が人によって異なるということは頻繁には起こりえないのです。目立つものがあればそこを注目するだろうし、人が話をしていれば、その人に注目が集まります。

しかし、このフィルター機能が定型児に比べると著しく異なっているASD児の場合は、この限りではありません。場合によっては、フィルターが存在しない場合もあります。そうした場合は教室の中のすべての音、他の生徒の教科書をめくる音もひそひそ声も、時計の音も、教室の外のざわめきも、通りを走る車の音さえも、先生の声と同じように届くのです。こうした子どもたちは、私たちが目にしている世界とは、全く異なった世界を見ているのかもしれません。つまり、見えているということは、目をあければ簡単に成立するのではなく、何らかの処理の積み重ねの結果として成立する危ういものであるという認識が重要となってきます。

もし、他人が見ている世界が自分たちのものと異なるものであるかもしれないという立場に立つならば、私たちは、何かを伝える際に必要な謙虚さを求められることとなります。

一般に、他者に正確に何かを伝えることは、コミュニケーション論からいってもたいへん困難な作業であるということが知られています（金沢、一九九九、二〇〇三）。ＡＳＤ児は、基本的にはこの「コミュニケーションの不可能性」をより際立たせる存在です。つまり、何か同じものを見たとしても、それをどうとらえるかは人によって異なるのです。ましてや、私たちとはまったく違うものを見ている他者へのコミュニケーションには、「見る」ということさえも前提としないアクロバティックなコミュニケーションと想像をこえるコミュニケーションの壁が存在するのです。

これは象牙の塔の中の哲学の問題ではなく、教室場面での実践的な課題です。そして、決まりきった答えのない課題でもあります。だからこそ、教室をデザインする人、教科書を編集する人、その教科書を使って授業をする人、すべての人が、正解のないこの課題の前に謙虚でなければなりません。

では、具体的にどうすればよいのでしょうか？　たとえば前記の具体的な知覚属性の認知に関する実験データを、まずは頭に入れておく必要があるでしょう。また、われわれ基礎研究に携わる者も、さらなるデータの蓄積が必要かもしれません。そのうえで、本当に必要なのは「他者の知覚世界を想像する能力」ということになるのかもしれません。その想像力を養うには、たとえば近年取り上げられるようになってきた、当事者研究というものが役に立つのかもしれません。ＡＳＤである自らの知覚世界について、詳細に報告する言葉をもった特別な人たちの当事者として語られる言葉は、想像力の鍛錬にはずいぶんと助けになるでしょう。まずは、音、光、動き、色、形、空間といった知覚属性について扱った実験データを勉強すること。そのうえで、教室のみならず、そのデザインの現場において、ＡＳＤ児という他者の主観世界を想像する力をもつこと。この応用問題への取り組みが必要であるとの提言をもって、本稿を閉じることとしたいと思います。

【参考書】

アトキンソン．J／金沢創・山口真美（監訳）／高岡昌子・仲渡江美・小沼裕子・阿部五月・田中規子（訳）（二〇〇五）『視覚脳が生まれる――乳児の視覚と脳科学』北大路書房
金沢創（一九九九）『他者の心は存在するか』金子書房
金沢創（二〇〇三）『他人の心を知るということ』角川書店
山口真美・金沢創（二〇〇八）『赤ちゃんの視覚と心の発達』東京大学出版会

7 事件や事故、虐待などが疑われるときの子どもへの面接

——司法面接と多機関連携

仲真紀子

本章の提言

1 子どもの被害者、目撃者には司法面接を行う

事件や事故、虐待などが疑われる事案では、目撃者や被害者から正確な情報を聴取することが重要です。しかし、被害者・目撃者が子どもである場合、話を聞くことは容易ではありません。子どもは大人に比べ言語や記憶の能力が低く、出来事の記憶や報告がうまくできません。暗示や誘導により記憶が汚染されやすいという特性もあります。そのため、欧米、オセアニア、近年では日本でも「司法面接」と呼ばれる面接法が用いられるようになりました。司法面接は、子どもの精神的負担を減らし、証拠的価値の高い情報を得ることを目指す面接法です。子どもと接することの多い専門家、特に司法や福祉の現場で面接・事情聴取をする専門家は、この技法を身につける必要があります。

2　機関連携で聴取回数を減らし、情報を共有する

子どもの被害者・目撃者は、親や教師、警察官、検察官などから繰り返し聴取を求められることが一般的です。その結果、記憶が汚染され、証言の信用性が低下したり、辛い体験を何度も思い出して精神的な二次被害が起きることもあります。これを防ぐには、福祉・司法等の専門家が連携し、原則として一回司法面接を行い、情報を共有することが重要です。

・家庭、幼稚園、学校などで疑われる事案を見つけたら、「誰が」「どうした」程度の情報を把握するにとどめ、速やかに児童相談所か警察に通告しましょう。

・児童相談所職員や警察官は、検事、医者、心理臨床家などに声をかけ、「司法面接」を組織・計画しましょう。

・検察官が面接者となり、児相、警察、医療がチームとして情報を共有します。そうすることで、精神的二次被害を最小限にし、早期に信用性の高い供述を得ることができます。

3　家庭・教育現場でできること――子どもの報告力を高める

子どもの話す力を日々の生活で育むことも重要です。体験を記憶し、どのように報告するかには、日々のコミュニケーションのあり方が大きく関わっていることが諸研究により示されています。毎日の生活のなかで、大人は子どもの報告に耳を傾ける努力をしましょう。そうすることで、子どもの話す力は高まり、大人は子どもの関心、活動、環境、対人関係を理解し、安全を確認することができます。

1　子どもから話を聞くのは難しい

（1）相談件数と事件件数のギャップ

毎年、年度が替わり数ヵ月すると、厚生労働省のホームページに児童虐待件数が掲載されます。二二年度はおよそ五万六千件、二三年度は五万九千件、二四年度は六万六千件で、この年の死亡事例数は九九人でした。右肩上がりの数字に虐待の増加を憂う声も聞きます。しかし、これは「より多く発見・対応がなされるようになった」と考えた方がよいかもしれません。ここ十年、件数が増加しているのは、平成一二年に児童虐待防止法が制定され、民意が上がったことを反映していると思われます。最近は心理的虐待の件数が増加していますが、これは二〇年にＤＶ防止法（配偶者暴力防止法）が施行され、ＤＶ事案に巻き込まれた子どもの被害が心理的虐待として扱われるようになったためだと考えられます。虐待は、見つける目がないと見つかりません。

しかし、警察庁の報告を見てみますと、事件件数は二二年度は三五〇件、二三年度は三八〇件、二四年度は四七〇件です。児童相談所と警察では、寄せられる相談・事件が異なり、比較的軽い事案は児童相談所、重い事案は警察で扱われているのかもしれません。しかし、そうだとしても、事件数が相談件数の一パーセントにも満たないことにギャップも感じます。

どうして、このようなギャップがあるのでしょうか。

子どもに危害となることであっても軽微であると判断され、あるいは該当する罪名がないために「事件」とはならないこともあるでしょう。子どもの前で性行為を行う、子どもにポルノを見せるなどは、英国では犯罪として扱われますが、日本では「福祉条例違反」にもならない場合があります。また、家庭内での保護者以外の人によるわいせつ行為は、性虐待ではなく「保護者によるネグレクト」としてしか扱われないこともあります。加えて、性にかかわる事案の場合、恥ずかしさや家族が壊れてしまうなどの不安から、公けになることを恐れ、告発や告訴が行われないこともあります。また、子どもが訴えようとしても、告訴能力がないとみなされる事案もあります。代わりに保護者が告訴すればよいのですが、子の安全よりも加害者との生活を選択したり、子が分離されて施設入所となることを恐れて取り下げる場合もあります。

こういった理由のため、「事件」になる数は少ないのかもしれません。しかし、これらの障壁を乗り越えて事件としての対応を訴える子どもがいたとしても、さらなる障害があります。それは子どもからの話が適切に聴取できないという問題です。

(2) 記憶の変遷と精神的負担

過去の判例などを見ますと、子どもの供述の信用性が否定された事例が散見されます。そういった事案における大きな問題は、出来事の聴取です。

ある事案では、強制わいせつを受けたとされる幼児の供述「今朝来たおじちゃん」が、母親の言葉（「それなら昨日だったよ」）の影響を受けて「昨日きたおじちゃん」に変わってしまいました。別の事案では、強制わいせつを受けたとされる児童が、友人との会話のなかで「子どもを追いかける外国人がいる」という話を聞き、「外国人から被害を受けた」と考えるようになりました。これらの事案では、子どもが被害を受けたということ自体は認められましたが、被告人を犯人とすることへの合理性はないと判断されました。

どちらの事案でも、子どもは親や教師、警察官、検察官から何度も報告を求められ、裁判所でも証言しました。しかし結局は、繰り返される聴取の過程で記憶の汚染・変遷が生じ、「あなたの供述は信用性がない」ということになってしまいました。誤った被告人が有罪にならずによかった、ということはありません。しかし、子どもへの被害には法的対応はなされず、真の加害者は放置です。

記憶の汚染・変遷に加え、聴取の過程で子どもが背負う精神的負担も無視できません。事件が重いと、何度も事情聴取をしなければなりません。「何度聞いても話が変わらない」というのが、信用性の指標として使われることもあります。しかし、最初は協力的で処罰意識もある子どもが、何度も詳細な供述を求められるうちに、精神的・身体的不調を訴えるようになったり、「なぜ被害者がここまで聞かれないといけないのか」と手続きに否定的になったり、その挙げ句、訴追をあきらめることも少なくありません。何度も話を聞かれることによる苦痛は、心理学の研究によっても示されています。

2 司法面接

イギリスやアメリカでは、こういった問題が一九八〇年代後半頃から認識されるようになってきました。そして、心理学者や法学者が中心となり、被害者・目撃者に精神的負担をかけることなく、より正確な情報を引き出すための面接法の開発が進められてきました。こういった面接法を総称して「司法面接」と言います。司法面接の目的は、(1)「正確な情報を得ること」と、(2)「子どもの精神的負担を軽減すること」です。

(1) 正確な情報を得る

第一の目標、正確な情報を得るには、できるだけ早い時期に、誘導や暗示のかからない面接を行い、録音・録画などの客観的な方法で記録を残すことが重要です。もしも、以下のような面接が行われたら、子どもの供述はどうなってしまうでしょう(架空の事例であり、面は面接者、子は被害を訴えている子どもを指します)。読者の皆さんは、この面接のどこが悪いか指摘できるでしょうか。

面接者は子どもが面接室に入ってくるなり、こう問いかけました。

面：ハナコちゃん、こんにちは。ハナコちゃん、おじさんから叩かれたって聞いたけど、ほんと？
子：・・・
面：おじさん、ハナコちゃんを叩いたりしたの？
子：・・・
面：お話ししてくれないと、大変なことになっちゃうよ。おじさんのこと、お母さんに何か話したんでしょう。話してくれないと、助けてあげられないわ。
子：・・・お手々。
面：そうか、お手々叩いたのね。どうやって叩いたの？ バーンってやったの？
子：・・・
面：グー、それともパーで叩いたの？ 痛かったでしょう？ イヤだったね。話してくれれば、もうだいじょうぶだからね。やっぱり叩かれたんだね。
子：うん。

まず、多くの情報が面接者の口から出ていることが問題です。子どもは「お手々」と「うん」と述べたにすぎません。また、面接者は「おじさんが叩く」という仮説に固執し、「叩いたりしたの？」「バーンってやったの？」「グー、それともパーで」と何度も選択式の質問をしました。こういった「はい／いいえ」「A／B」で答える質問は、回答の幅が狭いため「クローズド質問」と呼ばれます。クローズド質問は「叩く」「バーン」など、質問に含まれる情報が記憶を汚染することが知られています。さらに、この面接者は「お話ししてくれないと、大変なことになっちゃうよ」「話してくれないと助けてあげられないわ」などの圧力をかけ、「やっぱり叩かれたんだね」と、肯定を誘発するような誘導質問をしています。このような面接では、信用性の高い供述は得られません。

（2）よりよい面接

このような面接に代わる「司法面接」の手続きを紹介します。司法面接は、各地でさまざまなバージョンが作られていますが、概ね次のような手順で行われます。

導入：まずは、挨拶をし、面接での約束事を示します。たとえば「本当のことを話してください」「質問がわからなかったらわからないと言ってください」「質問の答えを知らなかったら知らないと言ってください」「私が間違ったことを言ったら、間違ってるよと教えてください」などです。そして「私（面接者）は、何があったかわかりません。あったことをなんでも全部話してください」と言います。大人は全部知っている、子どもが話せるかどうか「確認」しているだけだ、と思っている子どもがいるからです。

ラポール（安心できる関係性）の構築：次に、子どもが安心して話せるように、事件とは関係のない話を少しします。たとえば「何をするのが好きですか?」と尋ね、趣味などについて話してもらいます。

思い出して話す練習：子どもが話せるようになってきたら、事件とは関係のない出来事を「思い出して話す」練習をしてもらいます。一般に、記憶は「体験の記憶」（いつ、どこで、何を、どうした、どう感じた等）と「知識」（言葉の意味や事物、人物、世界に関するさまざまな知識）に分けることができます。たとえば、「今朝は、パンを食べて、牛乳を呑んだ」は体験の記憶ですが「朝ご飯はいつもパンと牛乳だ」は知識です。事件や事故の報告では、特定の日時場所で起きた、一度限りの体験を思い出して、話してもらわなければなりません。しかし、知識と体験を区別して、そのときに起きたことだけを話してもらうのは、なかなか大変なことです（皆さんも、「いつも食べる朝ご飯」について語る方が、特定の朝ご飯の体験を思い出すよりも簡単だと思われるのではないでしょうか）。

そこで、体験の記憶を思い出してもらうのだということを子どもに理解し練習してもらうために、卑近な話しやすい出来事について報告を求めます。たとえば「今朝起きてここにくるまでにあったことを、どんなことでも最初から最後まで全部お話ししてください」と言い、子どもに話してもらいます。「うーんと、朝起きて、顔洗って、歯をみがこうと思ったんだけど、歯みがき粉がなくて、・・・」などと報告できればよいのです。このような練習を行えば、子どもにもこれから何をどのように話せばよいかがよりよく理解できます。

本題：このようにして話す準備が整ったならば、本題の報告を求めます。本題に入るときは「今日は何をお話しに来ましたか」「何がありましたか」などと、中立的に、オープンに尋ねます。そして、「うん」「うん」「そして？」「それからどうなった」などとあいづちを入れながら、子どもにできるだけたくさん、語ってもらいます。このような自発的な語りを「自由報告」と呼びます。次の例を見てください（これも架空の面接です）。

面：ハナコちゃん、何があったか話してください。
子：・・・
面：お家でお母さんに何か話したと聞いたけど、何があったか、最初から最後まで全部、お話ししてください。
子：・・・お手々。
面：お手々。お手々のこと、もっとお話しして。
子：・・・おじちゃん。
面：うん。
子：おじちゃんが、お手々で、ばーんって。
面：うん。
子：ばーんってしたからイヤだった。
面：うん、じゃ、バーンってしたときのこと、最初から最後まで全部お話しして。
子：あのね、くるまに乗ろうとしたときね、・・・

オープン質問には、いくつかの種類があります。「何がありましたか」「何があったかお話ししてください」といった質問を「誘いかけ」と呼びます。これは広く情報を収集する方法です。子どもが話したことを手掛かりとし、「『おじちゃん』って言ったけど、おじちゃんのことをもっと話して」と拡張する質問を「手掛かり質問」と言います。子どもが話した出来事を区切り、「～してから～するまでの間にあったことを、全部話して」など、時間を区切って情報を得る方法を「時間分割」と言います。そして、「そのあとは？」「それから何があった？」などと促すこともオープン質問です。オープン質問は、他の質問に比べ、正確な情報を、より多く引き出すことが、多くの研究により示されています。

質問、そして終結：このようにして自発的に語ってもらった後、必要であれば、ＷＨ質問（いつ、どこ、だれ等）やクローズド質問でさらなる情報を収集し、面接を終結します。終結では、子どもに感謝し、質問や希望を受け、さらに話したくなったらどうするかを伝えます。これらの全過程は録音・録画します。

（3）面接プロトコル

実験室やフィールドでの実証研究が多くなされている面接法として、ＮＩＣＨＤプロトコル（プロトコルとは手順書の意味）をあげることができます。心理学者のラムらが、当時所属していたアメリカ国立子ども研究人間発達研究所（ＮＩＣＨＤ）で作成した面接法で、面接における具体的な発話が示されていることが特徴です。そのため、初心者でもプロトコルに沿って面接を行えば、ある程度適切な面接を行うことができます。

この面接法は学術誌「子どもの虐待とネグレクト誌」(*Journal of Child Abuse and Neglect*)の論文の付録に掲載されており、各国の研究者が翻訳して使用しています(Lamb et al., 2007)。十数ページにわたるものですが、構造は単純で、本章の付録に示されるようなかたちになります。プロトコルの日本語版およびガイドラインは、http://nichdprotocol.com/the-nichd-protocol/からダウンロードできます。

筆者らは二〇〇八年より、この面接法を用いて児童相談所職員、警察官、検察官、弁護士、家裁調査官等の専門家に対し、研修を行ってきました。研修は二日間で、年三回程度実施しています(詳細はhttp://child.let.hokudai.ac.jp/)。効果測定により、研修を受けることでオープン質問の使用が増えること、被面接者からより多くの情報が得られるようになることなどが確認されています(仲、二〇一一)。

(4) 精神的な負担を軽減する

さて、司法面接の第二の目標は、精神的負担を軽減することです。そのためには面接を繰り返さないことが重要です。

繰り返し面接が行われることが多い場所の一つは、家庭や学校です。「疑いだけでは通告できない、確認してから」として、親や教員が、あれこれ聞いてしまいます。また、担任、校長、養護教諭、カウンセラーというように、異なる立場の人が何度も聞くこともあります。しかし、「確認」のために面接を繰り返すと、先に述べた「悪い面接」になってしまいがちです。家庭や学校では、「誰が」「どうした」程度の、疑いのある情報が得られたならば、児童相談所・警察に通告しましょう。虐待防止法は「児童虐待が行わ

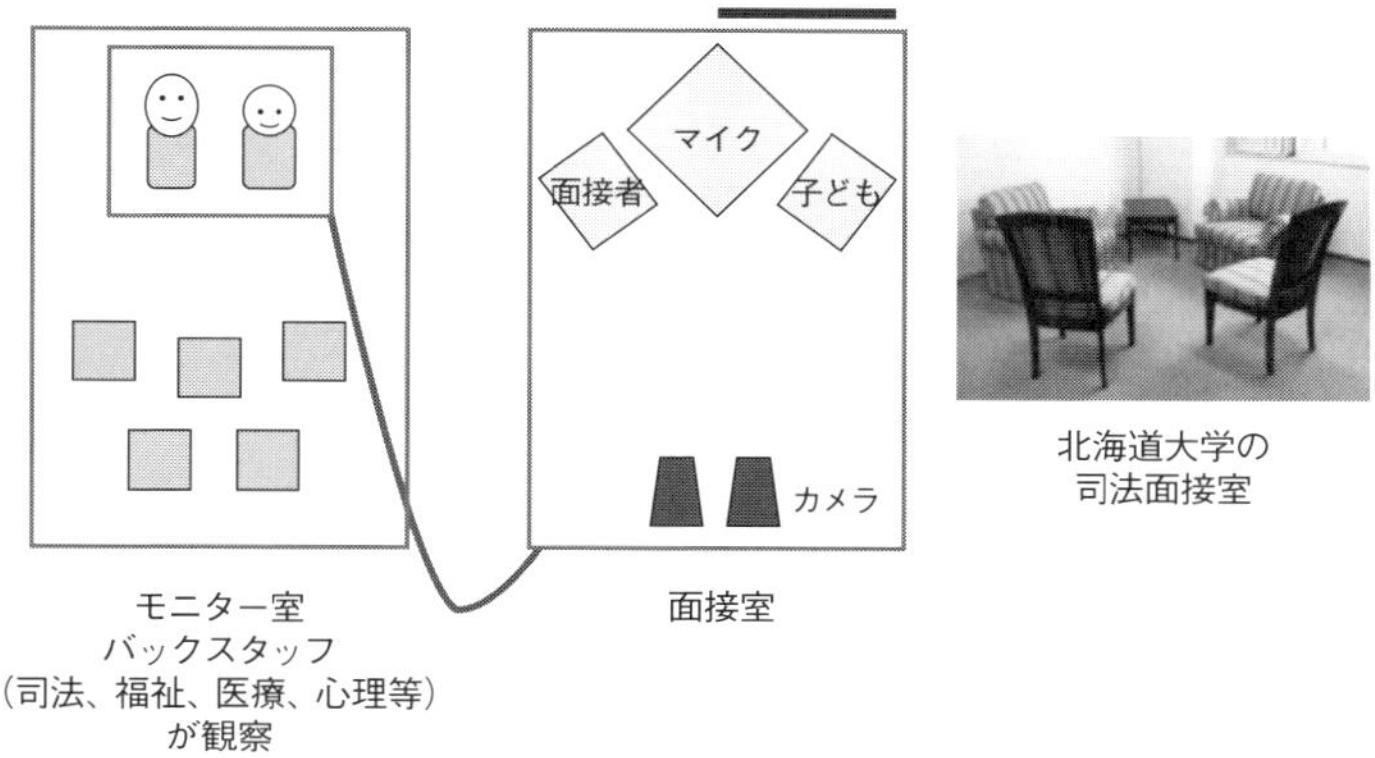

図７－１ 面接室の構成

れている疑いがあるときは」専門機関が調査することが可能だとしています（児童虐待の防止等に関する法律：第九条の三）。「疑い」だけで通告してよいのです。

次に、繰り返し面接が行われる場所は、専門機関です。通告を受けた児童相談所で、相談員が聞きます。警察に連絡し、警察官が聞きます。医療機関を訪れ、また面接が行われます。事案によっては、カウンセラーや弁護士が面接をすることもあります。そして、告発となれば検事が聴取します。それぞれの面接は一度では終わらず、二度、三度となることが少なくありません。裁判までに、専門機関だけでも十回などということになります。

こういった面接の繰り返しを防ぐには、司法、福祉、医療などの専門機関が連携をとることです。まず、連絡をとり合いながら、収集すべき情報を明確にします。事件の構成要件となる情報だけでなく、医療や福祉的な観点からも必要な情報があれば、できるだけ一回で集めるように計画します（特に疑われる事件の内容についてはそうです）。面接はプロトコルに沿って、できるだけオープン質問で組み立てます。足りない情報を得るためのWH質問やクローズド質問も慎重に計画します。なお、面接に使える時間は、経験的に、五分×年齢程度だと言われています。五歳児では二五分、一〇歳児では五〇分程度です。核となる情報はこの時間内で聴取するよう焦点を絞る必要があります。

図7-1は「司法面接室」を示しています。面接は録画機材のある部屋で、研修を受けた面接者が一対一で行います。この様子は録音録画され、オンラインで別室のモニターに送られます。そこではチームの他の専門家（背後にいるのでバックスタッフと言います）が、面接の過程を観察します。面接者は面接終了間際にモニター室に行き、バックスタッフとともに、さらなる質問がないか、聞き落としがないか確認します。その後残りの面接を行い、面接を終了します。

3 具体的な面接

現在、日本で司法面接の研修を受けた人は児童相談所の職員を中心に、およそ千人です（仲、二〇一二）。二〇一三年度、司法面接を実施している児童相談所は約二〇〇のうち六五ヵ所であり、実施した事案では子どもの保護率が有意に高くなっていました（山本、二〇一一）。

しかし、司法面接の成果を裁判に用いるには障壁もあります。伝聞法則（法廷外での供述は証拠にならない）のために、児童相談所の職員が行う司法面接は、子どもの供述証拠とはなりにくいのです。警察官か、より強力なのは検察官による聴取でなければ、法定外の供述は証拠にはなりません（これを特信状況と言います）。

そこで、性がかかわる事案や、刑事的な手続きが必要となる可能性のある事案では、次のような手続きをとることを、強く提案します。

・家庭・教育現場等：保護者や職員が「疑い」をもったならば、「だれが」「どうした」程度の情報を得るにとどめ、児童相談所か警察の窓口に通告しましょう。子どもから報告を受けた日時場所、子どもがどういう状況で何を言ったか、それに対し大人はどう反応したのかを、正確に書き留めておきましょう。

・児童相談所・警察：通告を受けた児童相談所、警察は、性がかかわる事案、刑事手続きが必要となる可能性のある事案では、司法面接を組織・計画しましょう。声をかける専門家とその役割は、以下の通りです。

・検察官または警察官：面接者となります。検察官が行う面接は、法廷での証拠にもっとも近い位置にあります。通常の事案では、被害者は、児童相談所→警察→検察と繰り返し面接を受けますが、最初から検察官が面接を行えば、早い時期に少ない回数で、証拠的価値の高い情報が得られます。

・児童相談所：相談所の職員はバックスタッフになります。経緯、家庭環境、子どもの生活や状態や一時保護中の様子、能力や特性（心理検査の結果等）を、面接のために提供します。そして司法面接が終了したら、その結果を受けて福祉的な対応を行います。

・警察：警察官もバックスタッフになります。警察もすでに得た捜査情報を面接のために提供し、また、司法面接の結果を受けて補強証拠を収集したり、参考人や被疑者への聴取を行うなどの捜査活動を行います。

・その他：これらに加え、治療に必要な情報を得るために、小児科医が入ったり、精神的な治療や支援のために臨床心理士や精神科医がバックスタッフに加わる場合もあります。

なお、バックスタッフは意志決定や子どもの処遇、措置に携わる人たちですので、生活を共にする非加害親や、教師、施設職員などが入ることは原則としてありません。

司法面接の結果は面接者、バックスタッフが共有し、それぞれの場における活動や処遇のために用います。情報の共有はその後の機関連携にも役立ちます。

4　家庭・教育現場でつちかう子どもの力

最後に、家庭や教育の場でできる重要な安全対策について提案します。

司法面接では、子どもが自発的にたくさん話すよう、ラポールを築き、思い出して話す練習をして動機づけます。

しかし、このような練習はいざ面接という場面だけで行うよりも、日常的に行うことが重要です。子どもが出来事をどう記憶し報告するかには、日常生活における大人と子どもの会話スタイルが大きな役割を果たしていることが知られています。子どもに「いつ」「どこで」「だれが」とWH質問だけを繰り返したり、クローズド質問ばかりの会話を行うよりも、「それからどうなった?」「もっと詳しく話して」とストーリーラインを重視し、子どもの報告を拡張する会話のほうが、出来事を記憶する力も、報告する力も豊かになります。話を聞いてもらえるという体験が、「これはちゃんと覚えておこう」「わかりやすく説明しよう」という意欲を高めます。子どもに話をしてもらうことは、生活を楽しくするだけでなく、子どもの安全を守ることにつながる重要な活動だと言えるでしょう。

【付録】NICHDプロトコルにもとづく司法面接の最小限の手続き（仲、二〇一一より）

【導入】

一　今日は〔　〕年〔　〕月〔　〕日で、時刻は〔　〕時〔　〕分です。私は○さん【被面接者】に、〔　〕【場所】で面接をします（ここまでは、面接開始前に録画しておく）。

あいさつ：こんにちは、私の名前は〔　〕です。私の仕事は子どもからお話を聞くことです。この会話は録画します。私がお話を忘れないように、後で見ればわかるようにするためです。他の人が見ることもありますが、○さんに迷惑がかかることはありません。

二　面接での約束事：面接を始める前にお約束があります。

①本当のこと：今日は、本当のことだけを話すのがとても大切です。本当にあったことだけを話してくださ

い。
②分からない：もしも私の質問が分からなかったら、『分からない』と言ってください。
③知らない：もしも私の質問の答えを知らなかったら、『知らない』と言ってください。
④間違い：もしも私が間違ったことを言ったら、間違ってるよと言ってください。
⑤その場にいない：私はその場にいなかったので、何があったか分かりません。どんなことでも、あったことを話してください。

三　ラポール：○さんのことをもう少し知りたいので聞きます。○さんは何をするのが好きですか。

四　出来事を思い出す練習：それでは前のことを思い出して話す練習をしましょう。今日あったことを話してください。今日、朝起きてからここに来るまでにあったことを全部話してください。

【自由報告】

五　それでは、こんどは○さんがどうして／ここにいるか／ここに来たか／、話してください。
（出てこなかったら次のように言う）
①○さんが［いつ、どこで］、［お医者さん、先生、児相の先生、その他の専門家］に話をしたと聞いています。何があったか話してください。
②○さんの［　］【体の場所】に［跡、傷、あざ］があるけれど［あると聞いたけれど］、［跡・傷・あざ］

ができたときのことを、全部話してください。

【質問】

六　それは一回だけですか、それとも一回よりも多かったですか？　⇓「はい」ならば、それでは／一番最後について／一番最初について／一番よく覚えているときについて／話してください。

七　オープン質問

①何があったか全部話してください。

②〇してから△までのことを、全部話してください。

③さっき〇〇って言っていたけれど、そのことをもっと話してください。

④それから？　そして？　あとは？

⑤エコーイング（子どもの言葉を繰り返すのみ）

⑥ふん、ふん

八　WH質問（いつ、どこで、だれが等）

九　休憩（面接者はバックスタッフと追加質問について相談）

十　クローズド質問

十一　確認のための質問
①その人は何か言いましたか／他に誰かいましたか。
②このことを知っている人は他に誰かいますか／その人はどうしてこのことを知っていますか。
③～されたことはありますか（子どもから問題となっていることが自発的に出てこない場合、確認のために尋ねる。被疑者の名前は入れずに質問する）。

【終結】
十二　たくさんのことを話してくれました。助けてくれて、どうもありがとう。
①知っておいた方がよいこと：他に、私が知っておいた方がよいことは、ありますか。
②話しておきたいこと：他に、◯さんが私に話しておきたいことは、ありますか。
③質問：◯さんからは、何か質問はありますか。
④連絡先：また何か話したくなったら、この電話番号に電話をかけてください。
十三　今は［時、分］です。これで面接を終わります。

【参考書】

アルドリッジ、M＆ウッド、J／仲真紀子・斎藤憲一郎・脇中洋（訳）（二〇〇四）『子どもの面接法――司法場面における子どものケア・ガイド』北大路書房

英国内務省（編）／仲真紀子・田中周子（訳）（二〇〇七）『子どもへの司法面接――ビデオ録画面接ガイドライン』誠信書房

仲真紀子（二〇一二）「子どもの証言と面接法」日本心理学会（編）／根ヶ山光一・仲真紀子（責任編集）『発達科学ハンドブック4　発達の基盤――身体、認知、情動』新曜社 Pp.284-296.

仲真紀子（二〇一一）『法と倫理の心理学――心理学の知識を裁判に活かす：目撃証言・記憶の回復・子どもの証言』培風館

日本学術会議（二〇一一）「科学的根拠にもとづく事情聴取・取調べの高度化」心理学・教育学委員会　法と心理学分科会 http://www.scj.go.jp/ja/info/

8 早期英語教育導入の前に考えなければならないこと

今井むつみ

本章の提言

1 外国語習得敏感期神話の誤りを理解しよう

早期英語教育推進の背後には三つの誤った思い込みがあります。（1）言語（母語）の学習には敏感期がある。したがって外国語学習にも敏感期があり、その年齢を超えると外国語の学習は難しくなる。（2）小さいころから学べば英語は誰でも楽に学べる。（3）英語の習得の第一目標はきれいな発音。これらの思い込みは誤りです。言語の習得の仕組みと、母語と外国語の習得の仕方の違いを理解した上で、早期英語教育の是非を判断する必要があります。

2 英語力で必要なのは発音ではなく表現力であることを理解しよう

TOEICで高得点をとれる英語力ではなく、自在に運用できる英語力に必要なのは、文法や語彙の暗記でも、"r"と"ℓ"の聞き分けでもなく、的確な表現能力です。そのために大事なことは暗記能力ではなく、言語に対する感性と発見力、学習力です。

3 言語に対する感性を育む土台は母語のことば力にある

外国語学習には、母語でのしっかりしたことば力、特に言語に対する感性が欠かせません。母語のことば力は認知と思考の発達の礎になります。算数の学力もことば力が最重要です。英語教育を中途半端にする前に、母語のことば力をどのようにサポートできるか考えましょう。

1 外国語習得敏感期神話

今、世間には「外国語習得敏感期神話」が広く流布しています。母語は大きくなってからでは習得が難しいことはよく知られています。ジニーという少女は虐待され、誰にも話しかけてもらえず部屋に閉じ込められていました。一三歳で救出された後に、専門家のチームが彼女に言語（英語）を教えようと必死の努力をしたにもかかわらず、ジニーは結局、言語の習得ができませんでした。いくつかの単語は覚えたものの、単語を組み合わせて自由に新しい文をつくっていくようになることはできなかったのです。それと同じように、外国語も小さいうちにはじめないと、ネイティヴ話者のように流暢に話すことができるようにならないというのが外国語習得敏感期神話です。しかしそれはほんとうなのでしょうか。

実は、この神話にはよく考えてみるとはっきりしないことが多くあります。たとえば、「小さいうち」

というのは正確にはいつなのでしょうか？　小さいうちに始めさえすれば、誰でも、どのような環境にあっても、ネイティヴ話者と同じようにその言語を習得できるのでしょうか？　大人になってからでは、ほんとうに外国語を習得することができないのでしょうか？

（1）外国語学習の目標は何か？

外国語、特に英語ができたらよいな、と多くの人は考えます。しかし、そういう人たちみなが「英語ができる」とはどういうことなのか、きちんとイメージを持っているわけではなく、教育現場や教育政策を担う人たちのなかでもきちんと定まってないように思います。日本語でも、外国語でも、言語の能力が高い人というのはどういう人でしょうか？　日本人は誰でも、五歳くらいになれば日本語を流暢に話すことができます。発音はネイティヴの発音で、日本語を学び始めたばかりの外国人は「おお、すごい、自分もこんなにペラペラと話せればよいな」と思うでしょう。ですが、五歳児と大人の「日本語力」には、ことばの運用力に大きな差があります。五歳児は大人に比べ語彙が少なく、社会、経済、文化のことなどを話すことはできません。読む力も書く力も、表現力も劣ります。

ことば力は、ただ「ネイティヴの発音で流暢に話す」ことではなく、ことばを使って表現をしていく「表現力」を含まなければなりません。「表現力」のなかにはもちろん「思考力」も「知識」も含まれます。きちんとした思考がなければ、よい表現はできません。知識を育て、思考力を培い、表現力を磨くためには、もちろん、「読む力」も大事です。私たちは読書を通じて先人、同時代人の考えに触れ、理解し、それを自分のものにします。同時に語彙を増やしていきます。

では、私たちは英語教育の目標をどこに置くべきなのでしょうか？　国語（日本語）教育の目標は明確で、「よい発音で流暢に話すこと」ではなく、小学校から高校を通じて読解力と表現力が教育目標の柱になります。英語教育に関して、そのような明確な目標が見えません。英語を私たちは何のために、どこを目標にして教育するのでしょうか。国際社会で活躍しようと思えば、もちろん「英語ネイティヴ話者のような発音で流暢に日常会話ができる」レベルでは通用しません。では、英語教育は国民全員が、日本語と同じようなレベルの読解力と表現力を英語でも身につけることを目標にするべきなのでしょうか？　このことは、英語を小学校から義務教育化する、しないということを議論する以前に、政策レベル、教育現場レベルではっきりとさせておかなければならないことです。英語教育の目標が定まらなければ、どのような教育をすべきか、ということは議論できないはずです。

（2）外国語の敏感期はほんとうにあるのか

外国語には敏感期がある、ということは、多くの人に信じられていることのように思います。言語習得に敏感期があるという考えは、もともとエリク・レネバーグという神経科学者によって提唱されました（Lennerberg, 1967）。彼は脳の外傷を原因とする言語機能の喪失や回復のパターンが年齢と関係していることに注目しました。幼い子どもの時に脳の一部に大きな外傷をおって言語機能が一時的に失われても、いずれ言語機能が回復することがある。しかし、思春期を過ぎてから同じ場所に外傷をおった場合、回復をしない。このことから、思春期までは左半球で主に行われる言語機能を右半球でも代替できるが、それ以降はそれが不可能になり、その時期が言語学習の臨界期であると主張しました。

しかし、子どもの言語習得の観点からは、ある特定の年齢で言語習得の敏感期が来る、というのははなはだ不思議議な考えなのです。言語はリズム、音、文法、単語、語用法など、多数の構成要素からできています。子どもは母語を学ぶとき、これらの要素を最初から一度に並行して学ぶようなことはしません。言語のリズムはお母さんの子宮にいるときから学び始めます。赤ちゃんがこの世に誕生してからまずするのは音の学習です。赤ちゃんは自分が学んでいく言語で、単語をつくる音の単位を探し、さらに聞こえてくる声を単語に区切っていくための手がかりを探して、聞こえてくる声を単語に区切っていくことを学習します。単語の意味の学習はその後です。子どもが母語を学習する時に、言語のさまざまな要素を順序立てて少しずつ学習していくのに、それを全部ひとまとめにして「思春期が敏感期」というのは、考えにくいと思います。また、仮に母語の学習において、音や文法などの側面で敏感期があるとしても、外国語の学習でも同じことを言えるかどうかについて、科学者の間では結論は出ていません。レネバーグ自身、言語の敏感期は母語に限り、外国語については母語の学習のときに育てた言語能力が転用される、と述べています。

（3）音の学習の敏感期

日本人は英語の〝r〟と〝ℓ〟の聞き分けができないというのは有名な話です。しかし、日本人の赤ちゃんは、生後一〇ヵ月くらいまでは〝r〟と〝ℓ〟が聞き分けられ、その後聞き分け能力が衰えていって一歳の誕生日頃には聞き分けられなくなることが分かっています。これは日本人の〝r〟と〝ℓ〟の聞き分けに限ったことではありません。赤ちゃんは、どの言語を母語にしていても、世界中の言語のどこかで対比される音があれば、その聞き分けができると言われています（Werker & Tee, 1984）。

なぜこのようなことが起こるのでしょうか？　生まれたばかりの赤ちゃんは、どのような言語の環境でも適応できるように、世界の言語で使われるどのような音の対比でも区別できる聞き分け能力を持って生まれてきます。しかし、自分の言語で必要のない音の区別に注意を向けることは無駄なことです。その分の注意は、母語にとって必要な他のことに向けたほうがよいわけです。母語の学習をより効率的にすすめるために、母語に不必要なものへの注意は捨てていくのです。

英語と日本語の両方を聞いて育つバイリンガルの赤ちゃんはもちろん〝r〟と〝ℓ〟を聞き分ける能力は保つことができます。しかし、日本語だけを聞く環境の赤ちゃんは、母語に必要としない〝r〟と〝ℓ〟の音の区別への注意をしなくなり、聞き分けをしなくなります。つまり一歳の誕生日を迎えるころが、音に関する敏感期となるわけです。

（4）文法の習得には臨界期があるのか

文法の習得には敏感期があるのでしょうか？　ある年齢までに外国語の学習を始めないとその外国語の文法はきちんと学べないのでしょうか？

アメリカのジャクリーン＝ジョンソンとエリッザ＝ニューポートという二人の研究者は、この問題を実験によって調査しました（Johnson & Newport, 1989）。アメリカに住み、英語を第二言語として生活をしているアジア系の人たちの英語の文法能力が、英語の学習をいつはじめたのかということと関係しているのかどうかを調べたのです。

この実験には、中国語か韓国語を母語とする、イリノイ大学の学生と教員四六人が参加しました。実験参加者たちはアメリカに移住してから十年以上たち、英語で日常生活を行うばかりか、英語で研究をし、講義をし、論文を書いている、教育水準の高い、そして知的能力も申し分のない人たちばかりです。この人たちがアメリカに移住した年齢はまちまちで、三歳で移ってきた人もいれば39歳で移住した人もいました。またネイティヴの英語話者がそのテストをどのくらいできるのかを調べるため、二三人の英語ネイティヴの大学生も実験に参加しました。

ニューポートたちは、文法のどのような要素が臨界期とより深く関係するのかを調べるために、三人称単数現在の規則、可算・不可算名詞や単数・複数の文法規則、冠詞に関する規則、語順など、一二種類の文法規則を別々に分析できるようにテストを準備しました。調査協力者はこれらの規則のいずれかを含む二〇〇以上の英語の文を録音したものを聴かされ、それぞれについて文法的に正しいか誤っているかを判断することが求められました。ＴＯＥＩＣやＴＯＥＦＬなどテストは全体的な時間制限はありますが、一問一問を瞬間的に解くことは要求しません。それに対して、このテストでは、一つひとつの問題が次々と提示され、その場ですぐに判断をしなければなりませんでした。つまり、考える暇なく瞬間的に文法の判断をすることが求められるテストだったのです。

この調査の結果、英語を学習していた年数ではなく、英語圏に移住して英語を学習し始めた年齢が文法の習熟度に大きく関係することがわかりました。文法の一二項目を合計して総合成績を見た場合、ネイティヴグループと三歳から七歳までに英語圏に移住した人たちはほとんど満点でしたが、それ以降の年齢で移住した人たちは、移住年齢が高くなればなるほどスコアが下がっていくことがわかりました。これらの結果は、外国語の学習において、文法をネイティヴと同じレベルで習得するためには、思春期どころか、五〜七歳で英語環境に移住しなければならないということを示唆しているように思われます。

(5) どういう文法がむずかしいのか

やはり英語の文法をネイティヴなみに習得するには七歳までに英語を始めなければならない、という結論に急ぐ前に、もう少し考えてみましょう。結果を詳しく見てみると、アメリカに移住した年齢が高いほど最終的な習熟度が減衰するという傾向は文法規則によってばらつきがあり、すべての規則で同じように見られたわけではありませんでした。移住年齢によってもっとも差があったのは冠詞の使い方、動詞における数の一致や複数形化、時制に関する形態素の変化などに関するものでした。それに対して、語順や現在進行形などに関しては、どの移住年齢群もほとんど誤りがありませんでした。

年齢が遅くなってから移住した人が手こずった文法規則は語順や関係節のつくりかたなどの、文全体の構造に関わるものではなく、動詞や名詞の語尾、名詞に付随する冠詞など、局所的な部分の規則でした。文を読む、話す、書くときに、ネイティヴでない人はもとより、ネイティヴスピーカーでもほとんどこのようなところ（つまり単語の細かな形態）には意識を向けません。意識的な注意は単語の意味や文全体の意味を理解するために、単語や文の中で意味に関わる文の構造に向けなければならないからです。しかし、ネイティヴスピーカーは、無意識の注意は向けているので、文を聞いて、冠詞や複数形の語尾や時制が間違っているとすぐに気づきます。一方、ノン・ネイティヴの人は、文全体の意味にかかわらない部分になかなか無意識の注意を向けられないのです。

なぜ英語のネイティヴ話者は何も考えなくても文の大きな構造に関わらない細かい文法規則に無意識の注意を向けることができて、英語圏への移住時期が遅れたノンネイティヴの人たちは、細かい文法規則に無意識の注意が向けられないのでしょうか。これはそもそも、ネイティヴ話者が幼少時に文法規則を学ぶ学び方と、母語を確立した後に英語を第二言語として学ぶときの学び方がまったく違うからです。可算・不可算文法を例に説明しましょう。

2 文法的形態の学習 ―― ネイティヴの子どもと外国語学習者の違い

(1) 規則を知っていることと運用できることは違う

日本人のみならず、アジア言語の話者にとって可算・不可算文法はもっとも運用が難しい文法規則の一つです。先ほどのニューポートの実験でも、アメリカに移住した時期が遅かった人たちは、可算・不可算文法に関する問題の成績は五〇パーセント程度でした。これは〇か×かを答える問題なので、結局まったく当てずっぽうに答えていたのとかわらない正答率です。可算・不可算文法は英語を勉強し始めた人がまっさきに習う、もっとも基本的な文法項目の一つです。規則自体は単純で、名詞を可算名詞と不可算名詞に分け、可算名詞は、その名詞が一つの対象を指す時には〝*a*〟、複数のときには名詞語尾に〝*s*〟がつく、不可算名詞のときには、何もつかず、数えるときは *piece, glass, portion* など、数える単位を明示する、というものです。このきまり自体を覚えることは難しくありません。

難しいのは可算・不可算文法を運用することです。可算・不可算文法を自分が英語を使う時に運用するということは、すべての名詞についてそれが可算名詞なのか不可算名詞なのか、瞬間的に判断できることが前提となります。これは思うほど簡単なことではありません。

イヌや自動車やコップが可算名詞で、水やミルク、砂が不可算名詞なのは納得できます。しかし、私たち日本語母語話者にとって、判断に迷うケースはたくさんあります。たとえば、*rice* は実際には不可算名詞ですが、私たちにとって、米は一粒一粒数えるもので、可算名詞のような気がします。さらに混乱するのは、キャベツ、レタス、ブロッコリ、カリフラワー、卵などの名詞です。オックスフォード学習者事典を引いてみると、キャベツ、レタスは可算、不可算両方、とあり、ブロッコリ、カリフラワーは不可算名詞、卵は可算名詞と書かれています。しかし私たちの感覚からすると、これらはすべて数えられる感じがします。抽象名詞は目に見えないのでみな同じように不可算名詞、あるいは可算名詞になるかと思いきや、名詞によって可算、不可算が決まっています。「よいアイディアをたくさん思いついた」と言うので、idea が可算名詞であることには納得できます。しかし、同じように「たくさんの証拠がある」と言うから、*evidence* も可算名詞だと思いがちですが、こちらは不可算名詞で、どんな文脈でも *evidences* のように可算複数形で使われることはありません。英語ノン・ネイティヴの私たちには、このように英語の可算・不可算文法において、どういう時にその名詞は可算で、どういう時に不可算になるか、ということを「理屈」として考えると理屈に合わないことが多々ある気がします。このノンネイティヴにとっては不条理な理屈のもとで、名詞を言うたびにそれが数えられるのか、数えられないかを瞬間的に判断するのは非常に困難に思われます。

(2) ネイティヴはどのように可算・不可算文法を習得するのか

では英語ネイティヴの人たちは、どのように可算・不可算文法を習得するのでしょうか? 英語母語の子どもは、可算、不可算文法の意味よりまず、名詞が現れる形の違いに気づきます。あるときには単語は *a dog, a cup* などのように〝*a*〟の後に現れます。同じ単語が〝*a*〟なしで現れる時には *dogs, cups* のように単語の最後に〝*s*〟がつきます。しかし、このパターンをとらない単語もあります。このような単語は〝*a*〟と一緒に現れることもないし、語尾に〝*s*〟がつくこともありません。英語を母語とする赤ちゃんは、このような可算名詞と不可算名詞の形態の違いに最初に気づきます。その時に、すぐにはその意味は考えません。違いに気がついたら、名詞を聞くたびにそれがどちらの形で現れるのかに注意を向け、その形を記憶にとどめるのです。つまり、赤ちゃんは、意味を考える以前に名詞の現れる形に注意を向け、形ごと名詞を記憶します。名詞を可算・不可算の形態ごと覚えて記憶に貯めていくうちに、子どもは形態が意味と関係があることに気づきます。単語の前に〝a〟がつく単語は、堅固で、いつも決まった形を持ち、その形がモノの機能を決めている場合が多い、単語の前の〝a〟や語尾の〝s〟と一緒に現れない単語は、液体だったりジェル状だったりして、決まった形を持たないものが多い、というようなことに気づくのです。もともと、可算・不可算の意味を覚える前に、一つ一つの名詞について、それが可算なのか、不可算を記憶しているので、後から考える必要がないのです。

(3) 外国語学習者は、なぜ可算・不可算文法の運用ができないのか

英語ネイティヴの子どもの場合と異なり、ノンネイティヴの英語学習者は、最初に文法の定義を教えられます。つまり、名詞の形態から自分で意味を抽出するのではなく、文法の抽象的な意味を最初から教えられるのです。日本語、韓国語、中国語などのアジアの言語では、そもそも名詞を可算、不可算に分類する文法はありません。そのため、英語の名詞を聞いた時、あるいは読んだ時に、名詞が可算名詞か、不可算名詞かを名詞と一緒に覚えるために名詞の文法形態に自動的に注意を向けるという習慣を持ちません。名詞の意味にばかり注意が行き、可算、不可算の形態には注意を向けないので、名詞が現れる形態は、いくらその名詞を聞いても読んでも記憶されないのです。したがって、名詞の意味を覚えるのとは別に、後からその名詞が可算名詞なのか、不可算名詞なのかを、教えられた可算、不可算の定義から自分で推測するしかありません。このとき、名詞が指す対象が数えられるか、数えられないか、という判断は自分の感覚で決めるしかないわけですが、自分の感覚は日本語での感覚なので、英語話者の感覚とはずれてしまっ

ているわけです。

英語ネイティヴの人たちが可算・不可算文法を自在に運用できるのは、文法の理屈ではなく、それぞれの名詞の形を体で覚えているからです。ニューポートたちの調査で、可算・不可算文法の成績が英語ネイティヴ話者と同じレベルだったのは移住年齢が五歳くらいまで、という結果が報告されています。このくらいの年齢ですと、文法を学校で教えられるのではなく、あれこれ理屈を考えずに名詞の形態を覚えることができるからでしょう。

3　英語を習得するとはどういうことか

（1）赤ちゃんのときから始めればネイティヴのようになれる？

こう考えると、ますます英語を小さいうちに始めなければならないように思えます。人は〇〇のためにＸＸが必要だ、と聞くと、ＸＸをすれば自動的に〇〇ができる、と思うクセがあります。しかし、よく考えると、これは正しくないですね。赤ちゃんのときから英語を始めれば、どのような環境でも、どのようなやり方でも、音の聞き分けや文法が英語ネイティヴのようになれるか、というと、そうではありません。外国語の音の聞き分けを赤ちゃんに訓練できることはわかっています。しかし、ＤＶＤなどのメディアの視聴では効果がなく、母語話者と対面で一緒に遊びながらではないと、外国語の音の学習はできないことが報告されています（Kuhl, Tsao, Liu, 2003）。

可算・不可算文法に関しても、五歳までに英語のレッスンを始めれば体で覚えられるわけではありません。ニューポートたちの調査協力者は五歳でアメリカに移住した人たちで、移住後はずっと英語に触れ、英語を使って生活した人たちです。言語を習得することは楽器の演奏やスポーツと同じで、その言語に長時間、継続的に触れ、しかも自分でその言語を使っていかないと、その言語を自由に運用できるようにはならないのです。英語を母語とする子どもと同じように、たくさんのインプットがあり、しかも生活の中で自らが英語を継続的に使う環境が必要です。ＤＶＤやｉＰｏｄなどで浴びるように英語を聴いても、「話す・書く」という、英語を「使う」ことをしなければ、発音についてですら、学習効果は非常に小さいことは覚えておくべきでしょう。（ゼロとは言いませんが、「浴びるように」聴くためには一日何時間も使わなければならないので、少しの時間では努力に見合った効果はないでしょう。）

ネイティヴ話者とのインターラクションがある状況でも、週数時間の「楽しい歌やお遊び」ではとても体で覚えるところまでいけません。ネイティヴと同じような音の聞き分けと無意識にできる文法の運用力を身につけることをめざすのなら、赤ちゃんのときからバイリンガルの家庭のように、英語母語話者と多くの時間を過ごし、子どもが生活の中で英語を使わざるを得ない状況をつくることが必要でしょう。日本に住むほとんどの日本人にとって、これは現実味のない選択です。

（２）日常言語とリテラシーは違う

ここまでは、日常レベルの言語能力についての話でした。日常レベルの言語能力は、母語話者によるたくさんのインプットがあれば、誰でも自然と身につけることができます。しかし冒頭で述べたように、母語話者のように音が聞き分けられ、きれいな発音で文法の間違いがなく流暢に話ができても、英語圏の学校で優秀な学業成績を修められるわけではありませんし、卒業後に国際社会で活躍できるわけでもありません。日常言語運用能力と、学力で必要な言語能力、社会で必要とされる言語能力は明らかに違います。

親の仕事の都合で海外に住み、海外の学校で教育を受ける子どもはたくさんいます。そのときに問題になるのが、子どもの言語と学力の問題です。子どもは家で母語を話し、学校ではその国の言語を使うことになるから自然とバイリンガルになれる、と思うかもしれません。しかし、これはそんなに簡単な問題ではありません。

二〇一三年八月七日づけの日経メディカル　オンライン（http://medical.nikkeibp.co.jp/）に、アメリカで麻酔医として活躍されている岡野龍介さんという方が「日本語が下手な日本人」という記事を寄稿し、お子さんの日本語力と英語力について書いておられます。以下一部を引用します。

それまで私は、日本語を母国語とする日本人の両親に育てられている子どもが英語の国アメリカで育てば、当然のごとく日本語と英語のバイリンガルに育つと思っていました。ところが、渡米前にテレビの番組で、「子どもをバイリンガルに育てるのは意外に困難で、下手をするとどちらの言語も不完全な『ハーフリンガル』になってしまう危険性さえある」と耳にしたのです。それでも「そんなこともあるのか。まあ、うちは大丈夫だろう」と、当時は高をくくっていました。

さて、アメリカ生活も五年目に入った二〇〇八年頃、ついに大変なことに気づきました。以前から薄々感じてはいたのですが、子どもたちの日本語がおかしいのです。長男は小学校三年生、次男は小学校一年生だというのに、どちらの話す日本語も日本の幼稚園児レベルに思われます。正確に測定したわけではありませんが、語彙は著しく不足し、「てにをは」の使い方も不正確。少しでも複雑なことを伝えようとすると、言いよどんで口ごもる。その上、知らない日本語の単語は英単語に置き換えて話すので、こんな具合になっていました。

「パパ、outside で basket ball 遊んでいい?」

「道に歩いてたら、転んで、頭にたんこぶがついて、足に血が出た!」

毎週土曜日に欠かさず通わせていたインディアナ日本語補習校の宿題は、問題文の意味が分からなくて解けないことがよくあり、漢字の読み書きを一生懸命やらせても、使う機会がないので片っ端から忘れていってしまいます。漢字があまり得意ではないと、日本語の本を読むのが苦痛になり、読書から遠ざかってますます日本語の発達が遅れるという悪循環です。息子たちの拙い日本語を聞き慣れてしまった頃、赴任したばかりの日本人家族の小学生が話すやけに流暢な日本語に驚いてしまったこともありました。

では、英語の方はペラペラになったのかというと、現地校の行事などでは、小鳥の群れのようにぺちゃくちゃとおしゃべりする同級生の中で、わが子はどちらかというと物静かに見えました。そこで、授業や同級生の英語がちゃんと分かっているのかと尋ねると、「ほとんど分かっているけれど、時々分からないこともある。同級生のように上手には英語を話せない」という返事。そういえば現地校の宿題をする際、よく「問題文の意味が分からない」と言って私に質問に来ます。英語の成績も何だか平均以下。学校でのテストも問題の意味が分からなくて時間切れになったことがあると言います。

このような問題は、ずっと前から指摘されています。市川力さん（市川、二〇〇四）は、アメリカの日本人のための補習校で海外に駐在する日本人の子どもを教えていて、記事のケースとまったく同じような問題を何人もの子どもで目の当たりにし、「英語を子どもに教えるな！」という本を書かれています。

冒頭に述べたように、英語を子どもに学ばせる目的と目標は何なのかを考える必要があります。子どもが英語を学ぶ目標を、ネイティヴと同じ発音で文法的な正しい文をネイティヴのように流暢に話すということにおくなら、英語圏に乳児期から移住するか、英語ネイティヴと一緒に家で生活すれば目標は達成できるでしょう。しかし、そうすれば、国際レベルで仕事をするのに必要な英語のリテラシーが身に付くということではありません。下手をすると母語である日本語の読み書きも、外国語の英語の読み書きもどちらも中途半端になってしまい、岡野さんのいう「ハーフリンガル」になってしまうリスクを負うということをぜひ知っておいてください。これは特に、母語が確立していない幼児にはより深刻な問題となります。

（3）大人になってからでは英語は学習できないか？

今度は、仕事で国際的に活躍するための英語力は何かということを考えてみましょう。母語が確立した後で英語を学び始めた場合、〝r〟と〝ℓ〟のような、母語にはない音の聞き分けはたしかに難しくなります。しかし、〝r〟と〝ℓ〟の区別ができることは、英語を仕事で通用するレベルで使いこなすために必須なのでしょうか？

私自身の経験をお話ししましょう。私は、英語の勉強を中学で始め、高校卒業まで、英語ネイティヴと接することはありませんでした。二十代後半でアメリカの大学院に進み、六年間アメリカで暮らしました。その当時も、今でも、〝r〟と〝ℓ〟の聞き分けも言い分けもできません。しかし、そのために、人の話が理解できなかったということはほとんどありません。

人は、聞き取りをするとき、単語一つひとつの音よりも文脈を優先します。単語を聞く前に、すでに次にどのような単語が来るかを予想しています。単語の一部にノイズを入れて聞き取れなくしても、その単語が文脈にあっていれば、部分的に聞き取れなかったことも気づかないほどです。つまり、話の中で出てくる単語がほとんどわかり、全体的な文脈が理解できていれば、ある特定の単語が〝ℓ〟か〝r〟かで、その単語がどの単語かわからないということはまずありません。聞き取りがむずかしいのは、むしろ、話しているテーマについて知識がなく、知らない単語が多く出てくるときです。こう考えると、〝r〟と〝ℓ〟の聞き分けを赤ちゃんのときに訓練しても、英語の聞き取りにはそれほど役にたたず、むしろ語彙の学習をしたほうが聞き取りには役に立つように思えます。

可算・不可算文法の問題は、今でも苦労しています。前に述べたように、子どもは意味を考えずに名詞が現れる形態に注目するので、必ず名詞を可算・不可算の形態ごと覚えるように注意のシステムができています。可算・不可算文法をもたない日本語を母語とする私は、そのような自動的な注意システムを持っていません。理屈では名詞の形態に注目しなければならないことがわかっていても、実際に英語を聴くとき、読むときは、内容を追うことに精いっぱいで、とてもそこにまで注意を向けることができません。ある程度大きくなってから外国語の学習を始めた場合、語の局所的な文法形態よりも、相手の言おうとしている意味に注目するのは自然なことなので、個別の名詞の可算・不可算の形態をインプットから直接記憶して覚えるのは難しく、どうしても文法規則から個別のケースが可算か、不可算かを考えるしかないわけです。

私は英語の可算・不可算名詞の決め方は、日本語での感覚と違うことを知り、英語を書くときに、可算・不可算が不確かな名詞については辞書で調べたり、電子コーパス（新聞記事やその他の出版物、あるいはインターネット上のブログやチャットなど、言語の使用例を大規模に集積したもの）で用例検索をしたり、英語ネイティヴの友人に聴いたりします。英語で書いた論文は、必ずネイティヴチェックをしてもらい、そのときに、可算・不可算が直されていると、間違いを記憶するように努めます。それで以前よりはだいぶ間違わなくなりましたが、それでもまだ完璧ではありません。しかし、結局一番大事なことは可算・不可算や冠詞などの文法が完璧なことではなく、文章の内容です。伝えたい内容がきちんと伝わるよう、語彙力をつける、同じことを言うにしても、相手が読みやすい文を書くことができる表現力を磨くほうが、可算・不可算や冠詞の使い方で完璧を目指すより大事です。可算・不可算や冠詞などの細かい誤りは英語ネイティヴの人に最後に直してもらえます。しかし、チェックをする人に自分が伝えたい内容が理解できるような文章が書けていなければ、いくらネイティヴの人でも直しようがありません。

いずれにせよ、ニューポートたちの調査の結果を外国語学習に敏感期があることの証明であると受け取ってしまうのは乱暴です。ニューポートたちの調査の参加者たちは、調査課題での成績はよくなくても、イリノイ大学の先生や大学院生だということも思い出してください。この立場になるためには、TOEIC満点というようなレベルを超えた、プロの研究者として国際的に通用する英語の表現力、特に文章力を要求されます。"r"と"ℓ"の聞き分けや、可算・不可算文法の運用は完璧にできるけれどきちんとした文章を書けない英語ネイティヴの大学生と、"r"と"ℓ"の聞き分けは難しく、外国語なまりもあり、可算・不可算文法や冠詞などの細かい文法は時々運用を間違えても論理的で説得力のある文章を書くことのできるノンネイティヴの各界の専門家とを比べた場合、「英語ができる」のはどちらでしょうか。

(4) 大人になってからはじめても、外国語の熟達者になることは可能

「敏感期」ということばを持ち出す前に、母語あるいは外国語を習得するということはどういうことなのかをきちんと考える必要があります。母語を習得した経験があれば、その時期を逃せば外国語の学習が不可能になる、という意味での外国語習得敏感期はないはずです。二十歳をすぎて外国語を学習しても外国語の達人になり、外国語を使って活躍している人は多数存在します。ただ、成人になって外国語を学習す

る場合、可算・不可算について述べたように、文法についても語彙についても、母語からの干渉を常に意識し、母語との差異を理解しながら自分で学習する学習力をつけることが大事です。

4　早期英語教育に関する誤った思い込み

英語を学習し、英語を使って仕事をしたいと多くの人が思っています。このために、多くの人は早期に英語を触れさせることがよいと考え、小学校での英語教育導入を望んでいます。しかし、その考えには、かなり「間違った思い込み」が背後にあります。以下、それをまとめてみましょう。

誤り1：言語（母語）の学習には敏感期がある。したがって外国語学習にも敏感期があり、その年齢を超えると外国語の学習は難しくなる。

正：外国語の学習に敏感期があるかどうかは、科学的には決められません。外国語を「ネイティヴとまったく同じように、意味を考えずに体で覚える」覚え方をするためには、いずれにせよ、小学校で導入しても遅すぎます。

誤り2：小さいころから学べば、英語は誰でも楽に学べる

正：小さいころから始めさえすれば、楽に英語が習得できるわけではありません。また、英語に「さら

す」だけでは、英語は習得できません。たとえば音の聞き分けをネイティヴと同じようにできるようになるためには、一歳前に英語を日常的に聴き、英語で生活する環境に子どもを置かなければなりません。生まれた時から二つの言語を生活の中で聴いて育ったバイリンガルの子どもは、二つの言語を混乱することなく並行して学ぶことができます。しかし、幼少期でも（親の移住などで）いきなり新しい言語の環境に放り込まれると、子どもは当初とても混乱します。また、母語での文法や語彙が十分に習得されておらず、母語でのコミュニケーションがまだ十分でないときに新しい言語の環境に入れられることは、子どもにとって精神的に非常にストレスがかかります。母語でも外国語でもきちんとコミュニケーションがとれないため、認知発達が遅れ、その影響が就学した後でも尾を引く場合もあります（内田・早津、二〇〇四）。実際、母語でしっかりと読み書きができてから移住したほうが、幼児期に移住するよりも、移住先での学校の授業にうまく適応でき、成績もよいことが報告されています（カミンズ・中島、二〇一一）。

誤り3：英語の習得の第一目標は発音

正：言語はコミュニケーションの手段です。そのとき、大事なのは、それぞれの音をネイティヴのように正確に聴きとることができ、ネイティヴのように発音できることでも、外国人なまりがないことでもありません。文法は大事ですが、文法だけではただの「文作りマシン」ができるだけになってしまいます。外国語として英語を使うときにもっとも大事なのは、表現力です。言いたいことに応じて的確な単語や慣用句を選ぶことができるためには、語彙数が多く、しかもことばの意味を深く理解していることが大事です。また、同じことを複数の言い方で表現でき、状況によって、もっとも適切な表現のしかたを選べることも、異なる文化を背景にした外国の人たちと円滑なコミュニケーションをとるためにかかせません。英語を使って世界で活躍するためには、聴き分けや発音よりも「表現力」、つまり「言語運用力」のほうがずっと大事です。私はこの「言語運用能力」を「ことば力」と呼びたいと思います。

5 結論――英語力よりことば力

早期英語教育の限界とデメリットをいくつか指摘しましたが、小さいうちに外国語に触れることにメリットがないわけではありません。自分がいつも話していることばではないことばを話す人たちがいるということに気づくことは、子どもの世界に対する認識を広げ、世界の多様性への気づきを助けます。また、外国語を通じて母語のことばについて気づくこともあるでしょう。ですが、普通の生活の上で外国語を使う必然性がない家庭で育つ子どもに対して、いつ、どのように外国語に触れさせるのかは細心の注意が必要です。

英語を早期に導入させるメリットとして、早いうちから「慣れさせる」ことが大事、という声をよく聞きます。しかし、日常生活、特に過程での会話や友達との遊び、通常のコミュニケーションの場面で英語を使わない場合には、英語を学ぶほんとうのモチベーション（動機づけ）は生まれません。ダンスなどの身体運動、音楽などを英語で行うのが有効という考えも聞きますが、これも教える側がダンスや音楽を教えることと、英語を教えることの双方に熟達していて、考え抜かれた授業なら効果的でしょうが、通常のダンスや音楽の授業をただ「英語で」するだけでは、たとえ教える人が英語ネイティヴの人でも、子どもはすぐに飽きてしまうでしょう。むしろ、ダンスや音楽の本来の楽しさを阻害することにもなりかねません。

小学生に英語の文法やことばの意味を教え、覚えさせ、テストするようなことは、益にならないばかりか非常に悪い影響を及ぼすでしょう。英語を、テストでよい点をとるために「記憶しなければならないもの」と子どもが認識したら、生きた言語として生活の中で使うことができなくなります。

外国語に熟達するには何がいちばん大切かといえば、言語に対する感性を育むことでしょう。そのためには、まず母語で感性を養うことが大事です。

一つのことばをとりあげ、そのことばがどのような文脈で使われるか、あるいはどのような文脈では使えないかを可能な限り考え、それによって、ことばの意味が辞書に書いてあるような単なる点としての定義ではなく、比喩によって動機づけられている構造をもったカテゴリーであることを感じさせることは大事です。母語の単語とそれに対応する外国語の単語は、部分的には重複していても、カテゴリーの範囲全体がぴったり同じということはめったにありません。このことを知り、母語と外国語の意味の違いを探すことを楽しむような感性が、外国語の学習にはとても有益です。

英語の達人を育てるためには、まず母語（日本語）で言語のさまざまな側面に対する感性を高め、言語に興味を持たせるような国語教育を充実するべきでしょう。その上で、子どもに英語を学習することへの興味、意欲をかきたてることができるような質の高い授業をするなら、小学校で英語を導入することはよいことだと思います。しかし、絶対にしていけないのは、小学生に英語の文法や単語を教えて覚えさせ、テストすることです。こういうことをしては、子どもは、英語が日本語のように「使うための言語」ではなく、テストで点数をとるための暗記の対象と思ってしまいます。また、中途半端な形で英語を導入するために国語の時間を削ることも絶対にしてはいけません。いくら発音がきれいでも、言うべき内容を持たない人、外国語で的確に言語表現ができない人は、外国語の熟達者とは言えません。母語に対して感性がない人、母語できちんと言語表現ができない人、こういう人が外国語に熟達することはありえないのです。

英語が小学校高学年から正式に教科として導入されることになりました。低学年からの「英語活動」としての導入も決まったようです。しかし、英語を教える時間をどのようにつくるのかについての議論はきちんとされていません。学校での時間には限りがあるので、教科の時間配分はとても大事です。また、英語を教える先生たちへのサポートもありません。本章で述べてきたように、ただ、英語に触れさせるだけは英語の習得は望めません。やり方がまずければ、英語の習得に役に立たないどころか、ネガティヴな効果をもたらし、英語ぎらいの子どもを大量につくってしまいます。

冒頭に述べたように、この早期英語教育導入の背景には、外国語習得の仕組み、心の働きに関しての誤った思い込みがあります。小学校での英語教育実施に急ぐ前に、社会全体が、子どもの母語の発達の重要性を認識し、母語と外国語の習得の仕組みの違いを理解した上で、公教育としてどういう英語力を子どもが身につけることを目標とするのか、そのために子どもの学校での時間をどのくらい使えばよいのか、英語を教える先生たちをどのようにサポートするのかなどをきちんと了解し、その実現の方策をしっかり確立する必要があります。

【参考書】

市川力（二〇〇四）『英語を子どもに教えるな』中公新書ラクレ
今井むつみ（二〇一三）『ことばの発達の謎を解く』ちくまプリマー新書
今井むつみ・野島久雄・岡田浩之（二〇一二）『新　人が学ぶということ――認知学習論からの視点』北樹出版
内田伸子（監修）／早津邑子（二〇〇四）『異文化に暮らす子どもたち――ことばと心をはぐくむ』金子書房
大津由紀雄（編著）（二〇〇五）『小学校での英語教育は必要ない！』慶應義塾大学出版会
カミンズ．Ｊ／中島和子（訳著）（二〇一一）『言語マイノリティを支える教育』慶應義塾大学出版会

9　ものづくりをもの語る

やまだようこ

本章の提言

1　もの語る力をはぐくもう

日本が国際社会で尊敬され、諸外国と対等にコミュニケーションする国際教育のために、「もの語る力」をはぐくむ施策を提言したいと思います。それは、幼いときから、まず日本語でよいから、自分たちの身近にある地域の歴史や文化や、尊敬できる人々を肯定的なことばで他者に説明したり、希望をもって発信できる「ことばの力」「もの語る力」を育てることです。

2　ものづくりをもの語る

「もの語り」には、「もの」を媒介にして人と人をむすぶ三項関係の働きが重要です。「ものづくり」の行為を共にしながら語り合う、「もの」をあいだにして語り合うなど、異なる世代の人々、異なる地域や文化の人々が「もの語る」ことによって、世代や文化を超えたコミュニケーションができるでしょう。

3　もの語りで文化に根づき世界にひらく

私たちの文化に根づいたやさしい日本語で、世界に向かって、日本の日常文化をもの語ってみましょう。もの語ることによって、何げないふだんの生活、日常のことば、日常の美、日常の不思議にめざめることができるでしょう。

私たちの日常文化や生活で、ほかの世界の人たちにも共通するものを見つけましょう。それを、ほかの世界の人たちにも役立てられるかたちで、もの語りましょう。

「ものづくりをもの語る」ことによって、自分たちの文化に自信ができ、日本がおもしろくなると共に、世界にひらかれていく、そのような「もの語る」力をはぐくんでいきたいものです。

1　もの語る力をはぐくもう

(1)　国際発信のために

現代の若者は内向き志向で、海外に積極的に出て行かないと批判されます。いやおうなくグローバル化している現代社会、国際化を推進するために、小学校の英語教育や大学のカリキュラム改定などさまざまな政策が提言されています。

しかし、日本の若者が消極的に見えるのは、単に英語など外国語の能力の問題でしょうか。あるいは海外から留学しやすいカリキュラムをつくれば良いのでしょうか。

実際に若者と国際交流に出かけてみると、もっと根本的な問題に気づかされます。それは、日本の若者たちが、生まれ育った地域や日本文化について、積極的に語ろうとしないことです。彼らは、外国から学ぼうとする意欲は高く、外国語を身につけようと努力し、知的能力も高いのです。しかし、なぜか自分たちの文化に無知で、自信がなく、誇りをもって、自分たちのことを積極的に発信しようとしません。その傾向は、中国や韓国やベトナムなどほかのアジアの国々の若者たちと比べても特徴的です。

(2)「もの語り」は未来を生み出す

世界に向かって語れないという傾向は、若者だけではありません。実は、戦後に高度成長を成し遂げ、世界に進出して高い技術の製品を開発し輸出して成功してきた、日本の製造業や技術者にも、共通する問題ではないでしょうか。

「追いつけ、追い越せ」という時代には、先に進むべきモデルがありました。それを世界に先駆けてより早く「改良」「改善」「工夫」すればよかったのです。モデルが共有されていれば、黙っていても、できあがったモノを提供するだけで、モノの良さが理解されました。

しかし、これからの時代は、新しいビジョンを生み出すモデルをつくり、モデルそのものを提案してい

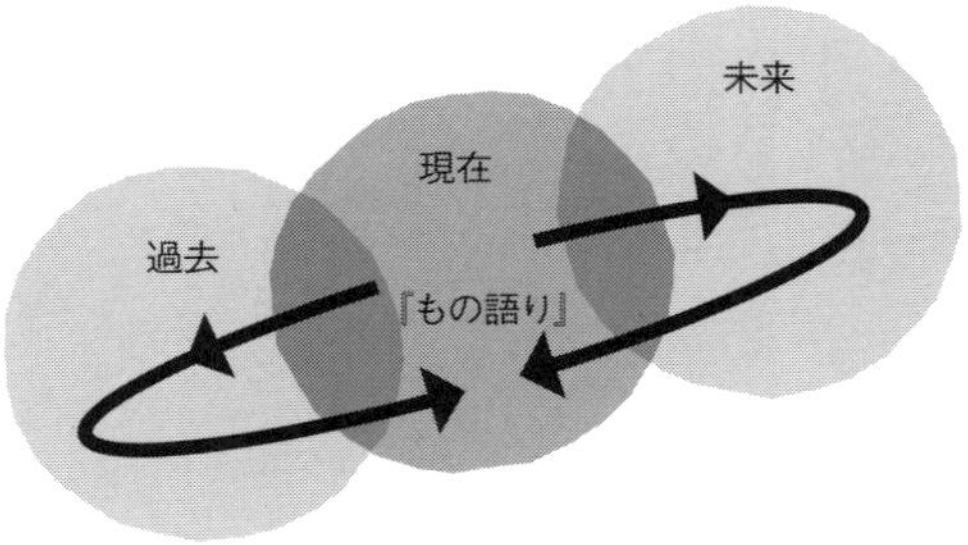

図９－１　もの語り（ナラティヴ）の働き

現在から過去の出来事を編集して意味づける。（過去の出来事は、現在の見方によって異なる「もの語り」になる。同じ事実でも、多様なもの語りの可能性にひらかれている。）現在から未来の展望を構成する。（未来図から現在が逆照射されて、現在の現実を変えていく。）

かねばならない時代と言えるでしょう。過去から未来を見通すビジョンやモデルを生み出すのは、もの語りなのです。

もの語りは、もの語り形式という定型をもって語られます。いちばん多く使われる形式は、「はじまり→中間→終わり」、「過去→現在→未来」のように、時間軸をつくって、時間軸にそって語る方法です（図９－１）。

過去の出来事とは、実際にあった多くの事実から、現在という時点から振り返って編集されたり、構成されるものです。過去には、出来事が、モノとして固形物のように存在していたわけではありません。過去に起こった出来事も、もの語りを変えれば、異なるものに見えてきます。もの語りによって、過去が見直され、新しいバージョンに変えることができます。

不幸な出来事が起こっても、「あのとき不幸に出会い、気づいたおかげで現在の自分がある」というように、もの語りにすることによって、人は不幸を幸福に転換していく再生力（リジリエンス）をもちます。

未来も、現在という時点から見た、未来展望のもの語りです。もの語りは、可能世界や希望をつくります。もの語りによって、現在と未来がむすびつけられて、未来の自分から逆に現在が照射され、もの語りに合うような現実がつくられていきます。

たとえば不幸な事故で歩けなくなった人が、「たとえ一歩でも自分の足で歩いて、来春には桜を見たい」というもの語りをつくるか、「私の人生はもう終わりだ」というもの語りをつくるかで、今後の生き方が大きく変わります。私たちは、事実だけで生きるのではなく、もの語りによって生きているのです。

もの語り（ナラティヴ）は、心理学だけではなく哲学、社会学、医学、経済学など多くの学問で、二十一世紀になって大変注目をあびるようになりました（やまだ、二〇〇〇）。日本語の「物語」はフィクションという意味が強いのですが、ここで「もの語り」と呼んでいるナラティヴは、もっと広い意味です。もの語りとは、経験を組織化するやり方、編集のしかた、意味づける行為をさします。現在を基準にして、過去を組織化し、未来展望がつくられていき、そこから人生の意味が生み出されていくプロセスには、もの語りが本質的な働きをします。

もの語りは、幾通りもの語り方があり、正しいもの語りが一つだけ存在するわけではありません。人は、今まで縛られてきたもの語りを変え、新しいもの語りをつくって、未来世界をひらいていくことができます。

（3）「もの語り」は意味づける働きをする

私の知り合いのフランス人は、日本のフランス料理やケーキは本国よりも美味しいと言って絶賛しています。日本のフランス料理やイタリア料理は、世界的に見ても高いレベルにあります。日本のシェフたちが、外国から学びながら、改善や工夫をこらして良いモノにしてきたからでしょう。

最近、「和食」も「日本人の伝統的な食文化」として、ユネスコの無形文化遺産に登録されました。しかし、和食を世界に発信するには、外国の料理を日本人にあうように改善・工夫してきたやり方とは、異なる方法論が必要でしょう。

ほかの文化のものを取り入れるには、「和魂洋才」のように、モノや技術だけを海外から取り入れて改善すればよかったでしょう。しかし、「和食」を理解してもらうには、「和魂」のほうを説明しなければなりません。しかし、「和食」とは何かの説明さえ、簡単ではありません。また、「美味しい」「良い」という価値基準もいろいろで、全世界に共有されているわけではありません。

日本料理の作り方のレシピや技術を説明した本はたくさんあります。しかし、技術だけでは「和食とは何か」は説明できません。個々の料理の「つくりかた」だけではなく、その「こころ（核心）」、「ものの見方」や「世界観」を説明しなければなりません。料理だけではなく、「うつわ」「もりつけ」「食べ方」、「伝統行事」「季節のおもてなし」「自然観」など、和食と有機的に関連するものをむすびつけ、意味づけて語る必要があります。そうすれば、日本食だけではなく、人々の生き方や暮らし方、住まいや衣服やものづくりなど日本の日常生活に通底する「文化の核心」が理解されます。それは、ほかの文化にも役立つコンセプトとして利用できます。

モノや技術は時代や状況によって、変化します。現代の毎日の暮らしで、昆布と鰹をふんだんに使って手間暇かけて、料亭のように出汁《だし》をとる料理をつくるには無理があるかもしれません。しかし、和食の意味を文化の核心をとらえる「もの語り」として伝えることができれば、単なる技術の伝承に終わりません。時代を超え、地域を超えて「ものづくりのもの語り」を新しいバージョンに変え、時代や地域にあった形にして、今、ここでいきいきと生成しながら伝えていくことができるでしょう。

(4)「もの語り」は多様なものを有機的にむすびつける

人々の食べ物、生き方、暮らし方、住まい、衣服、ものづくりなど、それら一見異なる文脈にあってバラバラに見えるものや出来事を、有機的にむすびつけて、意味づける行為、それが「もの語り」です。日常生活に深く根づき「当たり前」にあるものは、かえって「もの語る」ことが難しいものです。自分たちが生きている文化に気づき、自覚し、「もの語り」が必要になるのは、価値観を共有しない「他者」に出会ったときです。国際化とは、価値観の異なる他者と出会い、互いにコミュニケーションしながら、共同世界をつくっていく営みでしょう。それには、「もの語り」が必要です。

私は、日本が国際社会で尊敬され、諸外国と対等にコミュニケーションしていくための国際教育のために、「もの語る力」をはぐくむ施策を提言したいと思います。それは、幼いときから、まず日本語でよいから、自分たちの身近にある地域の歴史や文化や、尊敬できる人々を肯定的なことばで他者に説明したり、希望をもって発信できる「ことばの力」「もの語る力」を育てることです。

もの語りとは、出来事や物事を有機的に組織化する方法のことです。もの語りは、世界や出来事や経験を「意味づける」働きをします。身近にあるもの、自分たちがやっていること、将来の夢をもの語る力は、子どもや若者たちに自信や誇りを育て、国際社会に向かって希望をもって日本の未来を創りだす人間を育成する力になるでしょう。

2　ものづくりをもの語る

（1）ものづくりとは

「ものづくり」は、ふつう製造業や、そこで使われる技術や人々のことをさします。古くからあることばですが、一九九〇年代後半ころから新しい意味を帯びて使われるようになりました。このことばは、「もの語り」を考える上で良い例になると思います。

このことばが使われるようになったころは、製造業が中国などアジアの安価な品に太刀打ちできなくなり、生産拠点を人件費の安い海外に移すことによって、日本の伝統的な技術が次世代に継承されないという危機的状況が起こってきました。日本の若者から製造業は、３Ｋ（きつい、汚い、危険）と言われて敬遠されるようにもなりました。また、技術の進歩によって、パーツさえあれば、どこで作られる製品もある程度均質になり、日本製品の高い技術力も相対的に付加価値を生まなくなったこともあるでしょう。

「ものづくり」ということばは、一九九九年の「ものづくり基盤技術振興基本法」や、経済産業省主催の「ものづくり日本大賞」などにおいて、戦略的に使われてきましたが、堅いお役所用語としては破格でした。

従来使われてきた「製造技術」など外来語を翻訳した概念では、名詞形で抽象的です。また、外来語をなぞったカタカナ書きでは、意味がよくわからないまま使われ、根がない流行語として消費され、本音の感情とむすびついた新しい生成的な力を生み出しません。

大和ことばの「ひらがな」にしたところが新しい発想です。誰にでもすぐにわかる日常語で、いろいろな連想を生み出し、自分なりに取り入れて、そこからさまざまに応用がきくからです。現代では製造業を超えて、さまざまな場面で草の根のように広がって使われるようになっています。

また、このことばは、古いことばに新しいバージョンの意味を生みだす役目を果たしました。ものづくりの歴史性と伝統性を強調し、日本の製造業は海外から入ってきた技術だけで成り立っているのではなく、日本の伝統技術の延長上に現代の製造業がある、という自覚と新しい認識をもたらしました。

(2) 物からものへ

「ものづくり日本大賞」のホームページには、「人から人へ。未来に受け継ぐ日本のものづくり」というキャッチフレーズがついています。また、大賞を受けた人が語るインタビュー画像もあります。ものづくりの担い手は人であり、人を育てるのだという認識が見てとれます。

「もの」という大和ことばは、「物」つまり何らかの形をそなえた物体一般をさしますが、単に具体的な事物や物質をさすだけではありません。「者」つまり人も含む広い意味があります。さらに「もののわかった人」「ものを知らない」「ものを思う」など抽象的な概念や思考もさします。そして「もののあわれ」は、本居宣長が日本文化の核心として指摘した概念です。「もののけ」は、霊や妖怪も含みこみます。「もの」と「こと」で、物事、ほとんど森羅万象すべてのことをさすことができます。「ものづくり」ということばを使うとき、私たちは日本語や日本文化のなかで長年かけて醸成されてきた、共同体の頭脳としての「ことばの智恵」を受け継いで、その豊かな意味の共振や響きをもとに、ものを考えているわけです。

日本語に限らず、それぞれの文化や言語体系には、個人では及ばない人類の智恵が蓄えられています。私たちは、それを新しい意味で引用したり、新しい文脈のなかで使い、時には翻訳したり、少しずつズラし、言い換えたりしながら、新しい発想を生み出しているのです。

(3)「つくる」ということ

「ものづくり」ということばが優れているのは、もとは「動詞形」の「つくる」と組み合わさっていることです。製造技術(インダストリー・テクノロジー)など西欧の概念では、名詞形が基本になります。主語も名詞形ですから「製造技術の継承と改革が未来を切り開く」というような文章をつくることになります。

それに対して「ものづくり」は、動詞形が基本で、「つくる」というアクション、行為をあらわす実践的なことばです。「製造」は、堅い石みたいな抽象的概念ですが、「つくる」は、すぐさま人を行為にかりたてる能動的な動きです。しかも、いつ、どこで、誰が何をするのかを明確にしていないので、この行為を何にでもあてはめることができます。だから「ものづくり」を、料理にも、野菜にも、映画にも、アニメにも、文脈を超えて、自在に使えるのです。

「ものづくり」を英語に直訳して、「メイキング・オブジェクト」などと言っても、意味をなしません。どちらの言語が優れているかという問題ではなく、このような言語体系の違いが、発想の違いを生み出し、新しいものの見方を生み出すのです。日本語の発想を生かしてものを考え、他の文化の人々にも発信しましょう。

(4)「ものづくり」と「もの語り」

近代以降の世界では、自然科学的な世界観にもとづき、物体、事実、証拠などが重視され、「ことば」が人や世界を動かす力については軽んじられる傾向にありました。数値やお金も、本来はことばと同じように約束事の記号にすぎませんが、「もの」のように実体概念として扱われてきました。

それでも西欧文化には、その基礎に「はじめにことばありき」の価値観がありますから、言語による構築物は、今でも重みがあります。

それに対して、日本文化では、実体と形のある「もの」に対して、「ことば」はことの端《は》として、軽く扱われてきました。「沈黙は金、雄弁は銀」と言われるように、ことばはあまり信頼をおかれてきませんでした。

もう一方で日本文化には、ことばにもたましいがあり、個人を超えて「ことだま」が生きているという考えもありました。これは、集合的無意識というユングの思想に通じる、興味深い考え方です。

ことばは、事物でも記号でも構築物でもなく、それ自体で生きているものと考えてみましょう。ことばは、生きもの、なまものだから、鮮度も大事ですし、場や文脈によって意味が変化します。ことばは、生きた玉のように弾んで行き来し、人と人のあいだをむすび、そこから何かが共同生成されます。このようなアニミズム的ことば観は、面白い見方を提供できるのではないでしょうか。

(5) 人と人のあいだに「もの」が入る「もの語り」

西欧文化では、対話がコミュニケーションの基本です。対話(ダイアローグ)とは、二つに分かれたことばという意味です。対話とは、二項対立して、二者が対面してことばで闘うものです。日本人は、西欧的な二項関係の対話はあまり得意とは言えないようです。

私は、人と人のあいだに「もの」を入れて語りあう、三項関係のコミュニケーションが重要ではないかと考えています(図9-2)。あいだに入る「もの」は、風景でも、事物でも、絵画でも、マンガでも、行為でも何でもよいでしょう。二者が並んで何かを共に見る三項関係ならば、お互いに見つめあう対面関係よりも、気が楽です。自分自身のことではなく、目の前にある「もの」について語ればいいのですから、話題にも困りません。

「ものづくり」は、どちらかというと「もの」に重点を置いたことばです。ものが製品としてできることが目標になります。「もの語り」では、「もの」を媒介にして人と人をむすぶ働きを重視します。「ものづ

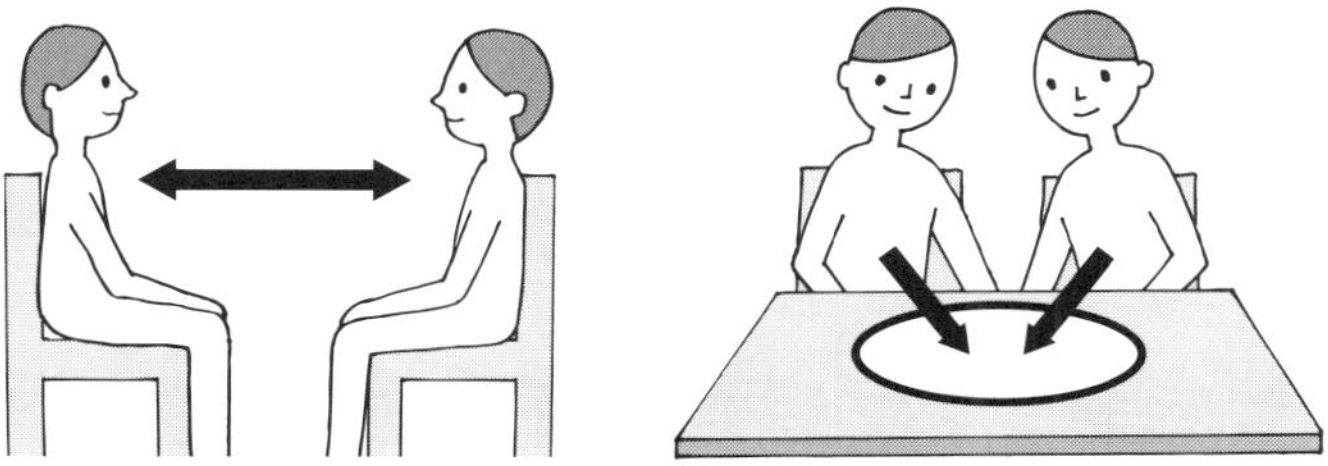

図９－２ 二項関係の対話と、「もの」を媒介にした三項関係「もの語り」

くり」の行為を共にしながら語り合う、「もの」をあいだに語り合うなど、異なる世代の人々、異なる地域や文化の人々が「もの語る」ことによって、世代や文化を超えたコミュニケーションができるでしょう。

３ もの語りで文化に根づき世界にひらく

(1) つつむ ―― ふろしきの思想

私たちの文化に根づいたやさしい日本語で、世界に向かって、日本の日常文化をもの語ってみましょう。もの語ることによって、何げないふだんの生活、日常のことば、日常の美、日常の不思議にめざめることができるでしょう。そして、私たちの日常文化や生活で、ほかの世界の人たちにも共通するものを見つけましょう。それを、ほかの世界の人たちにも役立てられるかたちで、もの語りましょう。

私は、かつてデザイナーの岡秀行さんが開催し、海外で大きな反響を呼んだ、米俵やわらづとや樽などの展示「Tsutsumu」展を見た感動をもとに「つつむ」という文章を書いたことがあります。私は、ものをむき出しにしないで、大切な「こころ」をつつむ思想、きまった形がないゆえに何でもつつむことができる「ふろしき」の思想、その思想が、建築や着物や暮らし方など、日本文化の核心に通底しているのではないかと考えました。それは中学校の国語教科書にもとりあげられました（やまだ、一九九四）。

岡さんが危機感をもたれた一九七〇年代からさらに時がたち、今や日本の伝統的な暮らしをささえてきた「手わざ」や「自然素材」は、ほとんど日常生活から失われています。ある地方空港では、ガラスケースに入ったわら草履が「伝統の手しごと」と宣伝されて、高価な値段で売られていました。

確かに、時代や生活形態が変われば、失われていくものもあります。しかし、「自然素材」「手しごと」「手づくり」がいつも一番良く、もっとも美しく、機能的とは限りません。ものの素材やつくり方などが変わっても、その核心となる「ものの見方」や「ものづくり」の精神は、姿、かたちを変えて、今も生きているはずです。

（2）弁当とBento

日本文化では、李御寧《イー・オリョン》さんが言うように、盆栽、箱庭、茶室、俳句など、ものを小さくコンパクトに縮めて美しくつくることに、とりわけ優れた伝統をもっているようです。その発想が、トランジスターやウオークマンやゲームを生んできました。

折詰弁当も、その一つです。貴族の野遊びにも農民の野良仕事にも、行器《ほかい》、曲げわっぱ、破籠《わりご》、提げ、重箱など、持ち運びできる容器が使われてきました。弁当箱や重箱は、漆塗りに螺鈿《らでん》の見事な工芸品から、素朴な使い捨ての折箱まで、多様なものがつくられてきました。しかも、季節の木の葉で仕切りをして、いろいろなものを美しく彩りよく詰める工夫がなされてきました。その伝統は、現代の幕の内駅弁やコンビニ弁当にも生きています。

京都在住のフランス人、ベルトラン・トマさんは、日本の弁当箱の美しさや機能性に感動して、二〇〇八年に海外向けの Bento 専門会社を立ちあげました。日本の「曲げわっぱ」など伝統工芸品が持っていたシンプルな美しさや機能性が生かされた弁当箱が世界に向けて発信されています。弁当箱というモノを輸出するだけではなく、ブログなどを通じて日本文化の弁当文化を語る場も提供しています。その経営方針は、「日本の伝統文化であるお弁当箱を私たちがツールとなり全世界に発信していきます。」日本文化の発信者は、日本人に限らないのです（図9-3、図9-4）。

フランスのメーカーが製造する弁当箱 Mon Bento（モンベント）は、国際的なプロダクトデザイン賞「レッドドット・デザイン賞」を受賞しました。この会社では、西洋人のライフスタイルと食文化にも合う普遍性をめざしています。

今、日本の弁当は世界の bento になりつつあります。各国の辞書にも bento ということばが掲載されるようになりました。海外でもボックスランチ（英）やカスクルート（仏）などはありましたが、パンとソーセージと果物など、簡単な携行食を詰めるにすぎませんでした。弁当箱という小さな空間に、季節感ある多様な食材を異なる味付けで、バランスよく、彩りあざやかに美しく詰める日本の弁当文化は、海外でも賞賛されています。

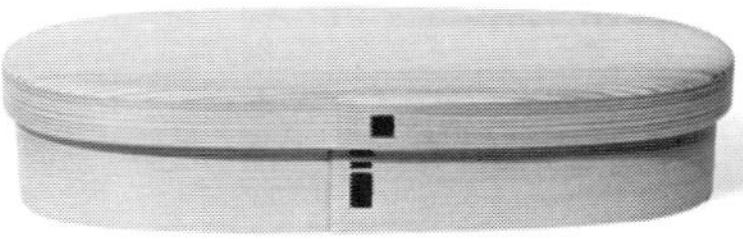

長手弁当箱 小（容量約 400ml）

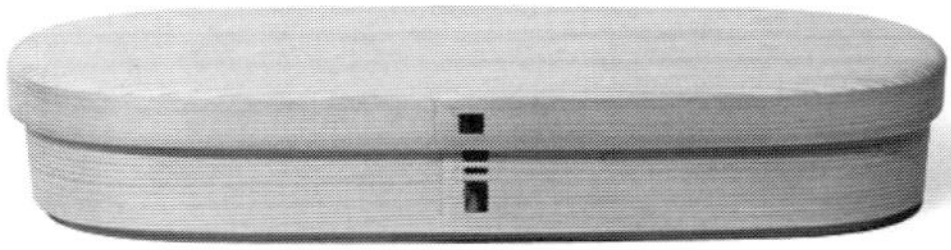

長手弁当箱 大（容量約 600ml）

図９－３ 曲げわっぱの弁当箱（秋田県大館）

曲げわっぱは、秋田杉の柾目をうすく挽き、煮沸して柔らかくし、曲げ輪をつくって桜皮でしめた伝統工芸品。白木の曲げわっぱはご飯の水分を程よく吸収し、冷めても美味しく、杉の香りが食欲をそそり、杉の殺菌効果でご飯が傷みにくいといわれる。写真は柴田慶信商店の長手箱弁当。http://magewappa.com/allproducts/shiraki

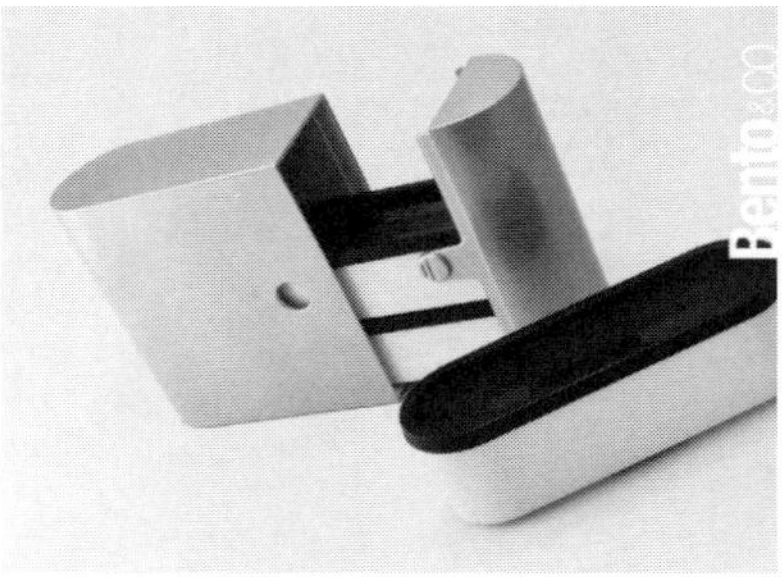

図９－４ 海外で人気の Bento

写真は、京都在住フランス人の会社 Bento&co で発売しているスリムでモダンなメタル色の３段重ね弁当箱。http://www.bentoandco.jp/

「ものづくり」の創造的な楽しみが、デザイナーでも画家でもない、ふつうの人々の日常生活のなかにあることはすばらしいことです。小さな弁当箱が、季節感あふれる箱庭や盆栽の小宇宙のように美しく、アニメやキャラクターでかわいく彩られ、美味しく食べられます。弁当は、個人に閉じません。お節や花見や会食など共同の場でも使われてきましたし、ほかの人々が作った弁当を覗くのも楽しみです。他者のちょっとした工夫が、自作の弁当にも生かされます。

同じように海外でも、日本食の範囲をはるかに超えて、自作の弁当をウェブなどで互いに見せあうようになっています。弁当という「もの」を媒介にした国際的な「もの語り」が共同生成されつつあるのです。最近では、国際弁当コンクールも行われるようになりました。

人々が生きる日常文化は、もしそれが大切なものであるならば、「いのち」をもちます。その「いのち」は、人を越え、世代を越え、時代を越え、地域を越え、文化を越え、見かけの姿や形が変わっても、生きつづけていくことができるでしょう。

日本の「ものづくり」の精神を大切にし、「もの」を媒介にして、世界に向かって「もの語る」実践、「弁当・bento」は、その良い例といえます。これからも身近なところで、新しい例をいくつもつくっていくことができるでしょう。

「ものづくりをもの語る」ことによって、自分たちの文化に自信ができ、日本がおもしろくなると共に、世界にひらかれていく、そのような「もの語る」力をはぐくんでいきたいものです。

【参考書】

李御寧（イー・オリョン）（一九八二）『「縮み」志向の日本人』学生社

岡秀行（一九七七）『包 Tsutsumu ― The origin of Japanese Package』毎日新聞社

Oka, H.（1989）*How to wrap 5 more eggs? Traditional Japanese Packaging*. New York & Tokyo: Wetherhill.

やまだようこ（編）（二〇〇〇）『人生を物語る』ミネルヴァ書房

やまだようこ（二〇〇七）『喪失の語り ― 生成のライフストーリー』やまだようこ著作集第8巻、新曜社

10 「経験」「知恵」「技」「人間力」の世代継承を政策課題に

岡本祐子

本章の提言

1 「世代継承性の危機」への認識と理解を深めよう

現代のわが国は、上の世代から受け継いできた経験・知恵・技・人間力を次世代へ継承していくという「世代継承性の危機」に直面しています。この危機について、広く認識しましょう。

2 世代継承を担う基本的な「人間力」の育成
――高度情報化社会の弊害を補完する家庭・学校・社会教育の仕組みを作ろう

「世代継承性の危機」に対する対策として、高度情報化社会の恩恵を生かしつつ、マイナスの側面の弊害を補完する仕組みを社会に普及させることが必要です。その基本的な課題は、さまざまな分野の「経験」「知恵」「技」の継承の土台となる人間力を育てることです。

3 いわゆる「負の経験」を保存・研究・教育・継承するシステム作りを推進しよう

二十世紀の「負の遺産」を保存・研究・継承することから、私たちは多くを学ぶことができます。また、「負の遺産」を保存・研究し、次世代に継承することは、生きるに値する未来の世界の構築にとって重要な課題です。

1 「世代継承性の危機」への認識と理解を深めよう

(1)「世代継承性の危機」の時代

今日は、世代継承性の危機の時代であると言われています。具体的には、継承者がいないために、途絶えようとしている高度な文化・技芸・専門分野が、現代の日本社会に多数、存在すること、戦争体験などの、継承されるべき過去の重要な事実が語り継がれないことなど、さまざまな面で上の世代の経験や知恵が受け継がれない事態が生じています。世代継承性の危機という深刻な問題には、それらの経験や専門性・知恵・技を受け継ぐための上の世代から自世代、さらに次世代へと続く縦の人間関係が希薄化していることが関連しています。

改めて述べるまでもなく、わが国は長い歴史の中で、諸外国に類を見ない独自の文化と精神性を育んできました。伝統文化・技芸・職人のものつくりの技など、世界に誇るものは枚挙にいとまがありません。

一方、わが国の調和や関係性を重んじる人間関係のあり方、勤勉性や礼節は、情緒豊かな国民性やアイデンティティを形成してきました。これらの多くは、今日まで、幾たびものの社会の変革にもかかわらず長く受け継がれてきたわが国の土台と言っても過言ではありません。ところが、それらは、この二〇年余の間に大きく変容しつつあります。つまり、上の世代の「経験」と「知恵」、「専門的技」とそれに伴う「精神」が次世代へ継承されず、断絶や消滅、弱体化の危機に直面しています。

その背景には、次のようなことが考えられます。

①情報伝達方法の驚異的、脅威的な発達のため、上の世代や先生に直接教えを乞わなくても、必要な情報の多くはインターネットで得られるようになったこと（しかし、インターネットの情報は断片的で、信憑性の不確かなものもあり、自分の中に確かな知識体系を作り上げることはできません）。

②上の世代との関係、特に師弟関係は濃い上下関係ですが、このような父権主義はあまり尊重されなくなったこと。

③世代継承、特にそれぞれの専門世界を担い発展させていくために不可欠な、基本的な人間的強さ・深さ・成熟性等の劣化。

高度情報化社会の発達は、わが国の発展を支え、これから将来もこれらは重要な課題です。しかし心の発達を、①子ども・青年、②個々人の人間生涯、③上の世代・自世代・次世代という世代性の視点から見た場合、この情報社会の発展の陰にあって、劣化や喪失しているものが少なくありません。私たちが、現代のわが国のこのような危機的状況を理解し、「経験」「知恵」「技」「人間力」を上の世代から受け継ぎ、自分の世代で深化させ、次世代へ継承していくことの重要性を認識することは、きわめて重要な課題です。

この章では、これらのわが国の「心・発達・教育」の分野における危機的状況の中で、もっとも本質的問題の一つと考えられる「世代継承性」の問題を取り上げたいと思います。ここでは、「世代継承性」の問題に絞って、冒頭に掲げた三つの提言を行います。

その第一は、右に述べたように、わが国が今日、世代継承性の危機にあることを、国民一人ひとりが広く認識することです。

(2) 現代社会の生き方の「矛盾」と二十一世紀の「負の遺産」

ここに紹介する詩は、アメリカのジョージ・カーリンというコメディアンが、彼の最愛の妻が亡くなった時、ボブ・ムーアヘッドという牧師の説教を引用して友人に送ったもので、多くの人々を感動させたと言われています。

この時代に生きる　私たちの矛盾
ビルは空高くなったが　人の気は短くなり
高速道路は広くなったが　視野は狭くなり（中略）
家は大きくなったが　家庭は小さくなり

より便利になったが　時間は前よりもない
たくさんの学位を持っても　センスはなく
知識は増えたが　決断することは少ない
専門家は大勢いるが　問題は増えている（中略）
生計のたてかたは学んだが　人生を学んではいない
長生きするようになったが　長らく今を生きていない（中略）
急ぐことは学んだが　待つことは覚えず
計画は増えたが　成し遂げられていない
たくさん書いているが　学びはせず
情報を手に入れ　多くのコンピューターがあるのに
コミュニケーションはどんどん減っている（中略）
忘れないでほしい　愛するものと過ごす時間を
それは永遠には続かないのだ（中略）
愛し　話し　あなたの心の中にあるかけがえのない思いを分かち合おう
人生はどれだけ呼吸をし続けるかで決まるのではない
どれだけ心のふるえる時間があるかだ

（原作：ボブ・ムーアヘッド／訳：佐々木圭一）

この詩は、現代社会に生きる私たちの心の矛盾をみごとに表現しています。二十世紀の科学技術の発達は、人々に大きな恵みをもたらしました。工業製品の大量生産、エネルギー資源の開発による経済活動の拡大、医学・医療の発達による救命率の飛躍的な向上と長寿化など、枚挙にいとまがありません。しかしその一方で、二十世紀は、大量殺戮戦争、反体制の人々の強制収容と圧殺などの人類の悲劇や、地球環境破壊などの多くの「負の遺産」を遺しました。

二十世紀の「負の遺産」は、目に見える形のあるものでしたが、二十一世紀の社会の変化は、目に見えない形の「負の遺産」を私たちの生活に浸潤させているように思われます。はじめに、世代継承性の危機の背景としてあげた三つの問題を具体的に考えていきましょう。

2 二十一世紀の「負の遺産」が心の発達にもたらしたもの

(1) 高度情報化社会の負の側面

二十一世紀の最大の社会的変化は、ＩＴ革命による高度情報化社会の到来でしょう。情報社会の到来によって、パソコン、携帯電話など、私たちの生活は格段にスピード化、効率化が進み、便利になりました。これらは、バラ色の快適な生活のように思われます。しかしその一方で、心の発達にとって、次のようなさまざまなマイナスの側面も指摘されています。

① ケイタイ・ネット依存と「自己感覚」の脆弱化

携帯電話やインターネットの普及は、子どもたちの心の発達にとって、深刻な影響を与えています。二〇〇〇年代初頭から、ネット依存の問題はたびたび指摘されてきましたが、ここ数年で「ケイタイ・ネット依存症」は急増しているという報告もあります。厚生労働省の研究班（研究代表者　大井田隆、二〇一三年）によると、ネット依存の疑いのある子どもは、中学生で六パーセント、高校生で九パーセント、推計で五一万八〇〇〇人にも上ることがわかりました。友人と一緒にいても会話をせず、ただひたすら携帯電話をいじっている、一日のほとんどを携帯電話をいじって過ごす、現実の友達よりもネット友達の方が多い、ケイタイがないと不安になる、などの直接的な「症状」ばかりが問題ではありません。このような過度のケイタイやネットへの依存によって、バーチャル世界と現実世界の区別のつかなさ、衝動的な行動の増加、さらには生きた自分の感性や「自分」という感覚など、人間であるための基本的な力が脆弱化してしまうことが数多く指摘されています。

② 人に向き合う力、コミュニケーション力の低下

ケイタイ・ネット依存は、人に向き合う力や、コミュニケーション力を低下させました。このような現象は、子どもたちだけでなく、大人を含めた日本人全体の問題となっています。たとえば、職場にパソコンが導入されたことにより、仕事の能率は向上しましたが、何でもメールで済ませてしまうことになり、同僚と顔を合わせて会話や議論をする時間は減少しました。医療などの現場では、もっと深刻なことが起

こっています。医療の現場にパソコンや高度な機器がもちこまれたため、医師はパソコン画面のデータにばかり注目し、患者の表情や顔色、体の状態を直に見ての問診もせずに、診察してしまうという、にわかには信じがたいことも報告されています。

仕事や作業の効率は格段に向上した反面、人と人が顔を合わせて言葉を交わし、心を通わせる経験は減少しました。インターネットや携帯電話の便利さと、人に対面する煩わしさがないことが、人と人の関係の多くをツール（道具）化し、多くの人々が効率至上主義に陥ってしまいました。この現象は、単なるコミュニケーション力の低下ではなく、問題に向き合って深く考える力、あいまいなものに耐える力、相手の気持ちを察して理解する力など、人間の本質的な力の脆弱化を示唆しています。

（２）縦の人間関係の喪失

二十世紀後半から今日までの大きな社会の変化の一つとして考えられるのが、縦の人間関係の弱体化です。宗教学者、山折哲雄氏は、第二次世界大戦後の社会の大きな変化の一つとして、「師弟関係」の喪失をあげています。第二次世界大戦後、戦前の価値観は大きく揺らぎ、わが国は、民主主義や平等主義にもとづいた新しい社会の構築を目指してきました。このことが今日の社会の発展をもたらしたことは確かです。しかしながら、皆平等という人間観によって、上の世代の価値観を否定し、上の世代から学ぶことの意義を軽視し、人間関係というおおざっぱな横の関係の枠組みが重視されるようになりました。社会、会社、組織の中で円満な人生を歩むためには、何事も人間関係が第一という考え方が当たり前になりました。

しかし、上の世代、自世代、次世代という縦軸の人間関係を軽視したことにより、人間関係という横軸が、いつも不安定に揺れ続けることになりました。現代社会はこのような横並びの人間関係では維持できなくなるところまで来ているのではないでしょうか。

（3）世代継承性の土台となる人間的な強さ・深さ・成熟性の劣化

① 人間の発達の柱としての「世代継承性」

次に、心理学では、「世代継承性」をどのように捉えているかを見ていきましょう。

エリクソン（E.H. Erikson, 1902－1994）は、アイデンティティ論、ライフサイクル論を提唱した精神分析家・臨床心理学者として広く知られています。彼は、図10－1に示したように、人間生涯を八つの段階に分け、それぞれの段階に心理社会的な課題と危機があることを示しました。

この心理社会的課題とは、人間のそれぞれの成長段階における健全な人格や心の発達にとって不可欠な課題を意味しています。エリクソンは、この精神分析的個体発達分化の図式の中で、第Ⅶ段階、成人中期の心理社会的課題は「generativity」であると述べています。generativityという言葉は、generation（世代）とcreativity（創造性）を組み合わせて、エリクソン自らが独創した用語で、わが国では「世代継承性」という訳語があてられています。世代継承性とは、次世代をはぐくみ育てること、次世代の成長に深い関心を注ぎ、関与すること、創造的な仕事を遺すことなどを意味します。次世代の育成というと、子どもを産み育てることをイメージする場合が多いですが、それだけでなく、たとえば職業を通じて社会に貢献し、次の世代を育てること、組織や社会そのものを発展させることをも含む、非常に広く深い概念です。

②人間発達における基本的な心理社会的課題

図10－1に示したように、エリクソンは、人間の心が健康に成長、発達するためには、人生のそれぞれの時期に獲得すべき心理社会的課題があると述べています。乳児期には、基本的信頼感（自分を取り巻く世界と自分自身に対する信頼）、幼児前期には自律性（外からの要求を受け入れ、自分の衝動を統制する力）、幼児後期には自主性（自己内外のバランスを保ちつつ、主体的に自分を表現できる力）、児童期には勤勉性（ものごとに集中して打ち込み、持続する力）、青年期にはアイデンティティの達成（主体的な自分を獲得し、社会の中に居場所を得ること）がそれにあたります。エリクソンは、これらの心理社会的課題が達成されると、人格的活力（virture）という心の強さが獲得されると述べています。世代継承性は成人中期の心理社会的課題ですが、これがうまく達成されるためには、右に述べた乳幼児期からの心理社会的課題が適切に達成されていることが土台になっているのです。

エリクソンの世代継承性の概念には、親の子育てから、専門家が弟子を育成すること、仕事を通じて広く次世代の社会を育てることまで、さまざまな次元の営みが含まれています。ここで私が強調したいのは、世代継承の営みを遂行していくためには、その土台となる人間的強さが不可欠であるということです。そのことを、エリクソンは個体発達分化の図式（図10－1）においてみごとに示唆しました。

しかしながら今日、（1）、（2）で述べたような現代社会の変化の中で、このような人間的強さが劣化してきていることは、深刻に受け止める必要があります。

		1	2	3	4	5	6	7	8
Ⅷ	老年期								自我の統合 対 絶望
Ⅶ	成人中期							世代継承性 対 自己陶酔	
Ⅵ	成人初期						親密性 対 孤立		
Ⅴ	思春期 青年期					アイデンティティ 対 アイデンティティ 拡散			
Ⅳ	児童期				勤勉性 対 劣等感				
Ⅲ	幼児後期			自主性 対 罪悪感					
Ⅱ	幼児前期		自律性 対 恥・疑惑						
Ⅰ	乳児期	基本的信頼感 対 不信感							

図10－1 エリクソンによる精神分析的個体発達分化の図式（Erikson 1950）

3　世代継承を担う基本的な「人間力」の育成

――高度情報化社会の弊害を補完する家庭・学校・社会教育の指針

高度情報化社会は、プラスの面も非常に多くあります。しかしながら、１節で述べたように、それが人間の心の発達に大きな弊害をもたらしていることも事実です。特に幼児期・児童期の子どもたちや青年の、対人関係を形成し維持する力や、顔を合わせてコミュニケーションをとり、相手を理解する力、課題・問題をじっくり保持し深める力などは劣化しています。人間の本質的な力（基本的信頼感、他者を理解する力、人とつながる力）は損なわれつつあります。この現象は、わが国だけでなく世界の先進国の共通の重大な問題となっています。私たちは、今日の高度情報化社会のプラスの側面を生かしつつ、マイナスの側面を補完する方策を考え、社会に根付かせていくことが大切であると考えます。具体的には、高度情報化社会の弊害を補完する家庭・学校・社会教育の指針を示すことが重要です。このことが、世代継承を担う基本的な人間力を育成し、世代継承の営みを推進していくと考えます。

（1）「人と関わる力」「相手に向き合う力」「相手の心を理解する力」の育成のための顔と顔、心と心を合わせたコミュニケーションの実践

第一の指針は、「人と関わる力」「相手に向き合う力」「相手の心を理解する力」の重要性を、子どもも大人も認識し、日常生活の中で実践していくことです。つまり、顔と顔、心と心を合わせたコミュニケーション（face to face communication）を、家庭・学校・職場・社会のなかで実践していくよう努めることが、その第一歩となるでしょう。

心の発達にとって、乳児期の最も大切な心理社会的課題は、基本的信頼感の獲得です。母親（養育者）が、乳児の気持ちを読み取り、それに合わせて言葉をかけ、世話をすることで、自分自身と自分を取り巻く世界に対する信頼感が形成されるのです。それは、自分は愛されている、生きるに値する人間なのだ、自分を取り巻く世界はよいものなのだという「存在」に対する深い安心感です。人間の心が健康に育っていく最も土台となる基本的信頼感は、母と子が目と目を見つめ合うことから育ち始めます。また、精神医学者ボウルビィ（Bowlby 1969）は、乳幼児期の母子関係の中で形成される「愛着」こそが、その後の子どもの心の発達にとって決定的に重要であると述べています。

人間の発達のごく初期の、目と目、肌と肌の触れ合う愛着関係が土台となって、自己と他者に対する信頼感が形成され、成長するにともなって、親子、友人、夫婦、職場など、さまざまな人間関係へと発展していきます。この自分と他者に対する基本的信頼感は、人間生涯のどの時期においても重要で、私たちが生きていく土台を支えているのです。

顔と顔、心と心を合わせたコミュニケーションを心して実践することで、効率至上主義からの脱却ばかりでなく、人間は一人ひとり異なる性質をもつ存在であることや、日々、直面する問題を機械的にみるのではなく、多角的に見て考える力の獲得にもつながると思われます。

(2) 専門世界の世代継承性——「師弟関係」の重要性

第二の指針は、真の「師弟関係」の重要性の認識と実践です。

今日、世代継承性に関する最も重要な課題の一つが、専門・プロフェッションの継承です。はじめに述べたように、わが国には世代継承の危機に直面している専門分野が数多くあります。一方、専門的技能や精神が、上の世代（師・親方）から自分の世代、そして次の世代へどのように継承されていくのか、そのミクロなプロセスは驚くほど解明されていません。

この問題についてこの五、六年、私は、職人を対象に面接調査とフィールドワークによる研究を行ってきました。詳細は省きますが、その結果、親方に弟子入りし、その専門的職業世界の一員になってから一人前の職人として独立するまでの心理的プロセスは、図10-1に示したエリクソンの第Ⅰ段階から第Ⅴ段階までの心理社会的課題が、専門的職業世界においても繰り返され、一人前の職人として自立するための重要な課題であることが明らかにされました。乳幼児期から青年期までの心理社会的課題が、専門的職業世界において再び、重要な心理的テーマであり課題であったことは、注目に値することではないでしょうか。人格形成に欠かすことのできない課題は、専門的アイデンティティの確立にとっても不可欠の課題であったのです。また、上の世代（親方）もまた、弟子を育てるという営みを通じて、世代継承性という成人中期の心理社会的課題に取り組んでいました。次世代の専門家を育てる営みは、図10－2に示したように、入れ子構造をなし、日々、顔を合わせた師弟関係が重要な意味を持っているのです。

歴史的にみると、学問や技芸、職人の技能などの多くの世界における専門性は、師弟関係の中で継承されてきました。またわが国では、かつての時代には、専門的世界に限らず、いたるところに「師弟」という人生軸が見られました。しかしながら、ここ二、三〇年の間にいつのまにか、師弟関係という言葉は実態を失いつつあります。会社組織における上司と部下の関係は、単なる個人と個人の関係となり、操作的に調停される関係になっていきました。大学という世界においても、教授と学生の間に「師弟関係」という特質が見出せるケースはかなり少なくなっています。単なる上級研究者と初級研究者であり、学生は学位を取得するためのツールとしてゼミの教授の指導を受け、大学院修了後の人間関係は消失してしまうことも珍しくありません。ともすれば、効率的に研究業績の「数」を上げることをよしとする現代社会にとって、残念なことに、専門性の深化とともに人格形成をもめざす「師弟関係」などは、時代遅れととらえられかねません。

しかしながら、私たちは、上の世代と自世代、また自世代と次世代との関わりの意義を改めて認識する必要があるのではないでしょうか。顔と心を合わせた師弟関係の重要性を再認識し、それを学校や職場に復活させることが、「世代継承性の危機」を解決する鍵であると考えます。

以上のような理念と実証的研究から、私は、わが国のそれぞれの専門領域の文化・技能・知恵を、次世代へ継承するしくみ、顔と心を合わせたミクロな継承から、システムとしてのマクロな継承のレベルまで

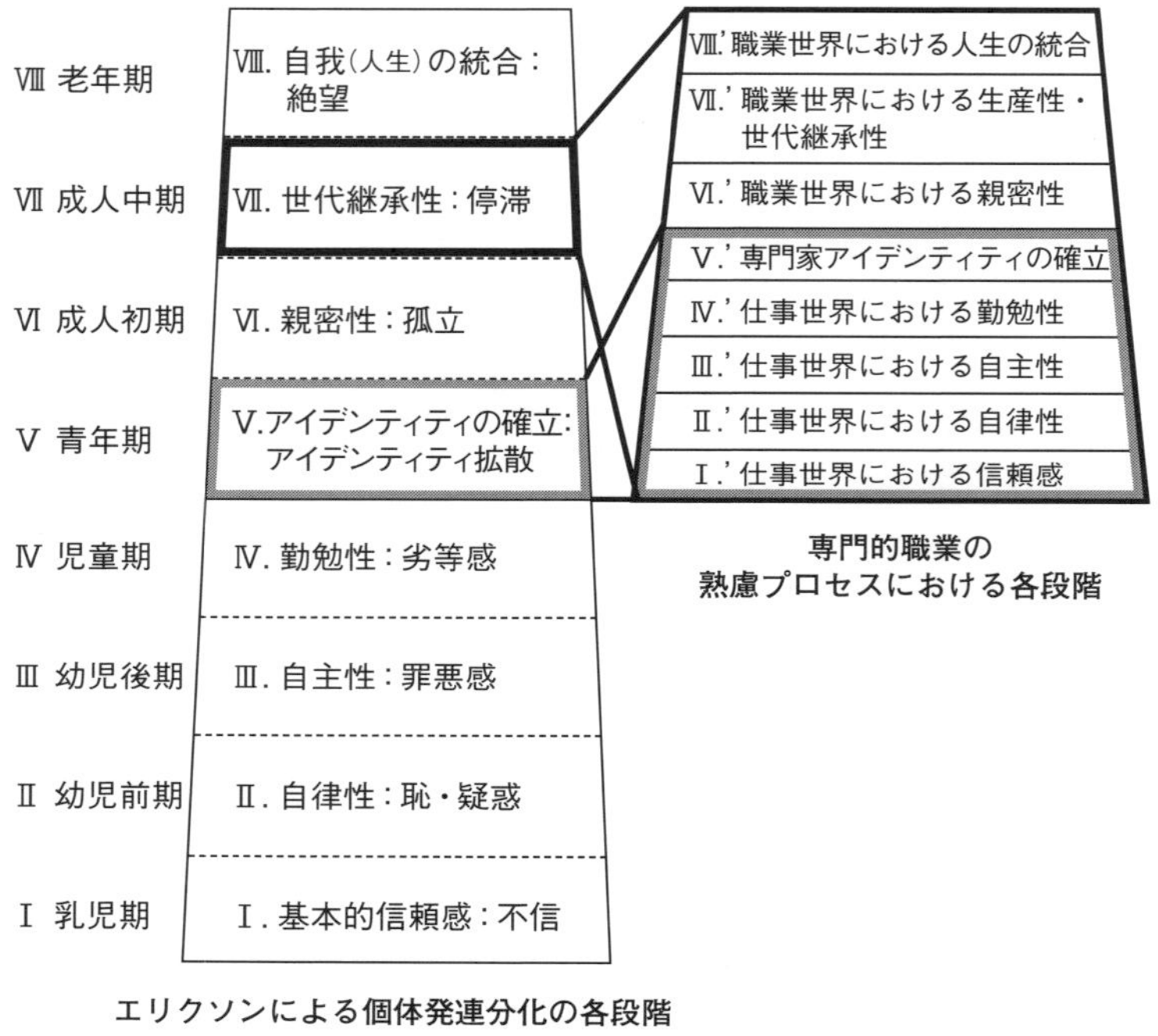

図10－2 ライフサイクルおよび専門的職業における
心理社会的課題の体験過程

の仕組み作りを提言します。

(3) いわゆる「負の経験」を保存・研究・教育・継承するシステム作り

第三の指針は、いわゆる「負の遺産」の経験から学び、それを継承するシステム作りです。世代継承性を考えるにあたって見逃してはならないのが、いわゆる過去の歴史の「負の遺産」の継承です。私たちは、生まれる以前の歴史には責任は持ち得ませんが、これから未来の世界に対しては大きな責任を負っています。生きるに値する未来の世界の構築に、過去の歴史から学ぶことは少なくありません。戦争体験、自然災害、ハンセン病のスティグマなどの社会事象等、私たちが学ぶことのできる過去の負の遺産は数限りなくあります。それらの、もの(遺跡・遺品)や記録媒体による体験者の経験を保存し、研究し、教育し、継承することは、大きな意義があります。

たとえば昨今、第二次世界大戦を経験した世代の語りを記録し、次世代に継承しようという運動がさかんになりました。戦争を体験した第一世代が高齢化していく危機感は、国民に共有され、語り部活動は盛んに行われています。学校の修学旅行で広島・長崎や沖縄を訪れ、体験談を聴く企画も行われています。しかしながら、次世代、さらにその次の世代に対して、戦争体験者の語りを、聴き手である青年が、自らの一人称の体験として、それを血肉にすることを狙いとした世代継承的教育活動は、あまり行われていません。

また、過去の負の遺産には、個々の特殊性はありますが、共通した特質も見られます。欧米では、第二次世界大戦におけるホロコーストの検証が盛んに行われています。体験した第一世代と、その子ども世代、孫の世代では、心理学的視点から見ても、その歴史的体験の受け止め方が異なっていることは注目に値します。このような負の歴史的遺産をグローバルな視野で研究し、継承していくシステム作りは、重要な課題であると思われます。

【参考書】

エリクソン、E・H／仁科弥生（訳）（一九七七／一九八〇）『幼児期と社会 1・2』みすず書房
ホフマン、E／早川敦子（訳）（二〇一一）『記憶を和解のために ── 第二世代に託されたホロコーストの遺産』みすず書房
岡本祐子（印刷中）『プロフェッションの生成と世代継承 ── 中年期の実りと次世代の育成』ナカニシヤ出版（二〇一四年六月刊行予定）
スタイナー、G／高田康成（訳）（二〇一一）『師弟のまじわり』岩波書店
柳田邦男（二〇〇五）『壊れる日本人 ── ケイタイ・ネット依存症への告別』新潮社
山折哲雄（二〇〇三）『教えることと裏切られること ── 師弟関係の本質』講談社現代新書
四方田犬彦（二〇〇七）『先生とわたし』新潮社

11 超高齢社会の基盤を強くする教育アプローチ

積山　薫

本章の提言

1　長生きすると半数の人は認知症になることを認識する

世界で最も高齢化が進んでいる日本において、八十歳代後半には五〇パーセントの人が認知症になるということです。このように認知症が一般的なものなら、介護政策だけでは不十分であり、認知症予防につながる教育アプローチが必要です。

2　認知症対策に有効な方法は？

認知症の主な原因であるアルツハイマー病のリスクを低下させる要因は、現在、世界中で研究されています。まず、若いうちに頭を鍛え、認知予備力を高めておくことが重要です。高齢期において有効性がかなり確かめられているのは、運動およびその他の認知活動を頻繁に行う活動的なライフスタイルです。これらは、単体でよりも複合的に効果を発揮する可能性があります。

3 超高齢者の男女差

認知症のなりやすさには男女差があり、女性の方が発症しやすいことが知られています。これには、平均寿命、性ホルモンの違いなど生物学的要因も考えられますが、認知症になりにくいライフスタイルとの関連では、社会文化的な要因も考えられ、男女共同参画社会の推進が望まれます。

4 認知症予防につなげる教育アプローチ

認知症予防には、幼少期からの認知予備力作りと、十代からの知識普及、そして、初老期における連携が重要です。小中学校においては、「一生涯を生き抜く力」、「超高齢社会を生き抜く知恵」、「一生涯を生き抜くための男女共同参画社会」の育成、促進が望まれます。初老期においては、「超高齢社会を生き抜く地域の絆作り」の促進が望まれ、社会的ネットワーク作りの起爆剤として、定年退職者等を対象としたセカンドライフ・スクール制度の創設が考えられます。

はじめに

二〇一三年六月、新聞各紙のトップニュースとなった厚生労働省の認知症人口に関する調査結果は、衝撃的でした。日本人が八五歳を超えて長生きした場合、認知症になる確率が五〇パーセント程度もあると

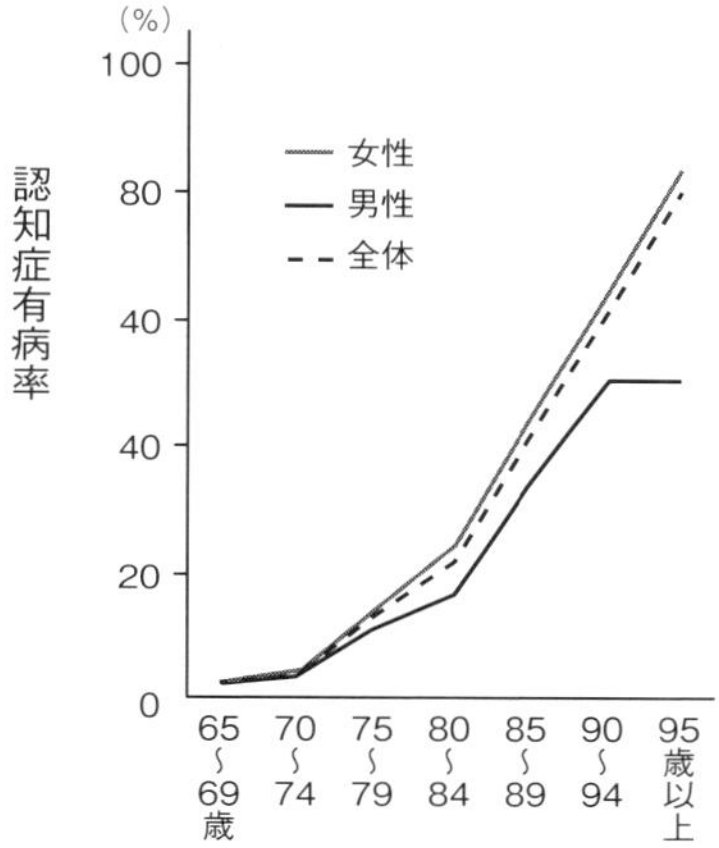

図11－1　年代別にみた推定認知症有病率
（厚生労働省調査班による。熊本日日新聞 2013年6月1日朝刊）

いうのです。もう少し細かくいうと、八五歳では四〇パーセント、九〇歳では六〇パーセント程度です（図11－1）。長生きした人の約半数にこうしたリスクがあるとなると、認知症は他人事ではありません。日本における高齢化は、世界に類をみないスピードで進んだことが特徴で、二〇〇七年には、わが国は世界で最も早く超高齢社会に突入しました。超高齢社会とは、人口の二一パーセント以上が六五歳以上である社会です。世界がまだ経験したことのない超高齢社会で、私たちは道を切り開いて行かなければなりません。このペースで高齢化が進行すると、高齢者介護に必要な国家予算が膨大になりすぎますから、新たな政策が求められるでしょう。

　こうした状況では、認知症になった人への介護を公的にサポートする従来の福祉政策だけでは焼け石に水、という感があります。国民一人ひとりが、若いころからの自律的な努力で、認知症になりにくいライフスタイルを確立することが重要です。さらには、発想を転換して、認知症の人が地域の人々の少しの思いやりで生活しやすくなるよう、誰もが少年時代から「認知症サポーター」のような活動を経験しておくことも重要でしょう。後者については、厚生労働省の「認知症サポーターキャラバン」の取り組みがあるので、ここでは、予防的な教育アプローチについて考えてみたいと思います。

1　認知症を防ぐには

認知症は、どういう原因で起きるのでしょうか。また、認知症にならないための秘策はあるのでしょうか。これらの問いに対する答えを探す研究は、今、世界中で行われています。ここでは、現在わかっていることを概観したのちに、認知症を予防するためのライフスタイルについて考えてみたいと思います。

認知症は、単一の病名ではなく、症状を指す言葉です。認知症になると、記憶を含むいくつかの認知機能が衰えていき、通常の社会生活を営むのが困難になります。認知症を引き起こす病気はいくつかあるのですが、日本におけるトップ・ツーをあげるなら、脳血管障害とアルツハイマー病があります。脳梗塞やくも膜下出血などの脳血管障害によるものは、血管がつまらないように、高血圧や糖尿病を予防するような生活習慣や服薬によって、かなり避けることができます。

一方、認知症の原因のトップを占めるアルツハイマー病は、変性疾患といわれ、脳の細胞がゆっくり死んでいく病気で、発症までに何十年もかかって脳内で変性が進行していると考えられています。原因ははっきりしていませんが、多くの研究者が、ベータ・アミロイドという異常なタンパク質が脳内の神経細胞間隙などに沈着し、また、神経細胞内にはリン酸化タウタンパク質を主成分とする異常な繊維性構造物が溜まることが病因と考えています。これらの物質の蓄積の結果、神経細胞数が減少していき、進んでくると海馬や大脳皮質が萎縮して、認知症の症状が現れるのです。

こうした神経変性は、遺伝的要因と環境的要因の相互作用で生じると考えられています。アルツハイマー病に関連しているとされる遺伝子に、アポリポタンパクE遺伝子のε4型が有名ですが、これをもっている人が必ず発症するわけではありません。高齢期に発症するアルツハイマー病には、多くの遺伝子が関わっていると考えられていますし、環境的要因の役割も認められます。死後解剖で脳へのこれらの物質の蓄積がどの程度進んでいたかを調べ、死亡時に認知症であったか、認知症予備群であったか、健常であったか、という認知症の程度との対応を調べてみると、蓄積範囲と認知症の程度との間に大まかな関係はあるものの、完璧な対応関係ではないのです（Galvin et al., 2005）。

それでは、環境的要因を整えてアルツハイマー病による認知症を予防するには、どうすればよいのでしょうか。次世代のための助言としては、若いうちに脳を鍛えることが最も重要ではないかと思います。というのも、アルツハイマー病の危険因子として低学歴があるからです（新井、二〇〇九）。もちろん、教育年数と認知症との間の相関が意味するものは、単純ではありません。高学歴者は、学校を出た後も、どんな生活習慣が認知症を予防するのかを学んで取り入れる適応力が身についているということかもしれません。また、学歴によって職業に違いがあることが影響するのかもしれません。

こうした可能性を特定することは困難ですが、適応力という点について、ヒントになる二つの考え方があります。一つは、「認知予備力（cognitive reserve）」で、誰でも高齢になると加齢とともに認知機能が低下するけれども、若い時の認知能力（認知予備力）が高ければ、生きている間に認知症を発症するレベルにまでは低下しないという考え方です（Stern, 2009）。学習の直接的な脳への影響に着目するなら、若い時に脳を鍛え、脳内ネットワークを強化することが、高齢期の認知機能低下への抵抗力を生み出すと考えることもできるでしょう。もう一つの考え方として、「補償」という観点があります。適応力の高い人は、加齢によって衰えた脳機能を何らかの方略で「補償」する術を見出すという考え方です。たとえば、認知行動課題中の脳活動を調べてみると、成績の良い高齢者ほど脳の広範囲な部分を活動させており、若年者と同様の限局的な脳活動しかない高齢者は成績が悪い、という報告もあります（Cabeza et al., 2002）。

もしかすると、単純に学校にいた年数が重要なのではなく、いかに学んだかが重要なのかもしれません。アメリカで、修道院の全国組織の協力を得て行われた修道女研究では、修道女たちが二〇歳で入信したときに抱負を述べた文章が保存されており、その分析が行われました。その結果、二〇歳のころの文章表現力は、その半世紀以上後に認知症になるかどうかを予測する指標になることが分かったのです（スノウドン、二〇〇四）。具体的には、英単語一〇語当たりに表現されるアイディアの密度が高かった人は、高齢期に認知症になりにくく、またこの指標が高い人は、死後解剖での原因物質の蓄積範囲が小さいことが確かめられたといいます（Riley et al., 2005）。こうした結果から、幼少期に読み聞かせなどをして、語彙や文章表現力を高めることが、その人の思考力や認知予備力を高める可能性が考えられます。

それでは、すでに大人になってしまった人への認知症予防のための助言として、どんなことが考えられるでしょうか。多くの研究が、適度な強度の運動をする習慣が認知症予防になることを示唆しており、また、楽器演奏などの認知的活動は、もしかすると運動以上に効果的かもしれません。

2 運動習慣を身につける

アメリカのシアトルで行われた研究では、六五歳以上の健常な高齢者一七四〇人の追跡調査を行いました。最初に認知症や体力の検査と生活習慣に関する質問紙を実施し、六年後に再び同様の測定を行ったところ、九パーセントの人がアルツハイマー病を発症しており、一六パーセントが死亡、七パーセントが不参加、健常にとどまったことが確認されたのは六八パーセントでした。詳しく調べてみると、一回目の調査で運動を週三回以上していると答えた人では、週三回未満の人より認知症発症率が低く、二群の発症率の差は年齢とともに大きくなることが分かったのです（図11－2）。ここでカウントしている運動とは、一回に一五分以上続けて行うウォーキング、ハイキング、自転車こぎ、エアロビクス、水泳、ウエイト・トレーニング、ストレッチなどです。この研究で、アルツハイマー病の発症を促進するといわれるアポリポタンパクE遺伝子のε4型を参加者が保有しているかどうかも調べているのですが、健常にとどまった人にも保有者は二一パーセントおり、認知症になった人では保有者は三三パーセントでした。この遺伝子は、1か0かという形で発症を決定づけるものではないことがうかがえます。また、この研究では、初回の調査で体力レベルが低かった人は、高かった人よりも認知症のリスクが高いけれども、週三回以上運動をすることで、そのリスクの増大は防げる、または発症を遅らせることができると結論づけられています

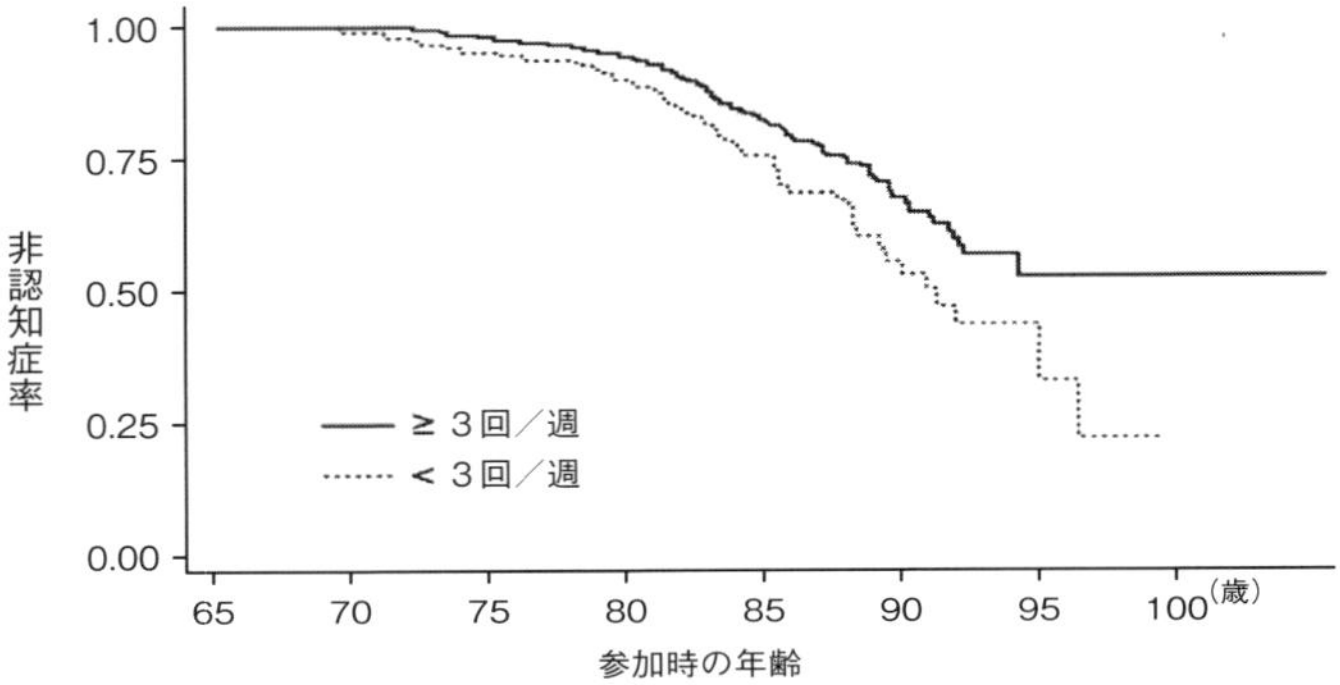

図11－2 初回調査時の運動頻度別にみた６年後の非認知症率の年齢による推移（Larson et al., 2006）

(Larson et al., 2006)。

運動習慣が認知能力を維持・向上させる効果を直接的に確かめるためには、介入研究というスタイルがとられます。二群の等質な（運動習慣のない）参加者の一方には定期的にウォーキングなどの運動訓練を行い、もう一方は待機しておいてもらい、半年後くらいに二群に認知能力検査の得点や体力の差が現れるかを調べ、運動の効果をみるやり方です。このやり方は、参加者をランダムに二群に振り分けて比較を行うので、ランダム化比較試験（randomized control trial）と呼ばれています。

ランダム化比較試験に基づく介入研究は、主として健常な高齢者や中年を対象に、ある程度の数が行われています。それらの結果を総合すると、運動介入の効果は、体力維持・向上といった点では確かにあるのですが、認知能力への効果に関しては、運動訓練の効果が現れやすい認知機能とそうでない機能があり、最も現れやすいのは、実行機能と呼ばれるものです(Colocombe & Kramer, 2003)。これは、複雑な課題の遂行に際し、思考や行動を制御する認知機能のことで、課題ルールの維持やスイッチング、情報の更新などが含まれます。たとえば、スイッチング課題では、提示した刺激に対してある一定のルールで反応してもらい、どこかの時点でルールを逆にしたときの反応スイッチングが素早くできるかどうか時間を測ります。このような実行機能課題を指標にすると、ウォーキングによる運動介入を受けた群は、介入後のスイッチングでの反応時間が有意に短縮します（Kramer et al., 1999）。

それに対して、出来事を覚えるエピソード記憶の能力については、いったん覚えてから九〇分後にも覚えているか、といった遅延再生の成績を指標にすると、運動介入の効果はみられないようです（Pereira et al., 2007）。その一方で、運動訓練をすると、出来事の記憶にとって重要な海馬という脳部位の体積が増すことは、いくつかの研究で確かめられています（Pereira et al., 2007; Erickson et al., 2011）。

こうした研究の背景には、運動によって脳血流量が増し、脳由来神経栄養因子（ＢＤＮＦ）と呼ばれる物質が盛んに分泌されることで、海馬における新しい神経細胞の誕生（海馬新生）が促されるという考え方があります（レイティ、二〇〇九）。ちなみに、脳の中で、出生後に神経細胞が増えることは一般的にはなく、海馬は例外的に新しい神経細胞が誕生する場所なのです。動物実験では、確かに、ランニングができる環境で生活したネズミで、海馬新生促進と空間記憶課題の成績向上の両方が生じることが確認されていますが（van Praag et al., 2005）、ヒトのエピソード記憶の成績では、まだ運動介入効果を示した研究は見あたらないようです。

まとめると、運動習慣がヒトの認知能力の維持・向上に有効であることは、認知症のリスクを低下させる点と、健常高齢者における実行機能などの認知能力向上という点で確認されています。女性の場合、認知症の初期段階に料理ができなくなるケースがありますが、これは実行機能障害の現れです。これらのことを考えると、運動習慣を身につけることは、認知症予防への大きな一歩になると言えるでしょう。

3 認知的活動および社会的絆の重要性

運動習慣以外でも、認知症の予防に関係していると思われる要因はあげられます。検討されているのは、認知的活動と社会的絆です。筆者は、地域の高齢者の会でサポート会員として活動していますが、そこで出会う並はずれて活動的で思考明晰な超高齢者には、「運動はあまりしないなあ」という方も結構おられます。そういう方は、仲間づくりや行事の企画・実行などで忙しく、運動をする時間がないようです。お元気に飛び回っておられる姿を見るにつけ、脳を鍛えるには運動以外の方法もあるのだろうなと感じます。

認知的活動の認知症予防効果については、運動以外の余暇活動の頻度を調べる質問紙的な研究と、もっと厳密に、特定の認知課題による訓練をした群としなかった群を比較するランダム化比較試験（本章第2節参照）を行っている研究があります。ランダム化比較試験による検討では、ほとんどの研究で、訓練した特定の認知機能の向上はあるけれども、それ以外の機能への学習効果の転移がみられず、日常生活にまで波及する効果はなさそうだといわれています（Fratiglioni et al., 2004）。これは、ランダム化比較試験での訓練が、数ヵ月と比較的短期的なものであることや、訓練がお仕着せ的なものである点も関係しているかもしれません。

一方、質問紙で余暇活動の頻度をたずねた調査では、認知的な余暇活動が認知症のリスクを低下させる可能性がいくつもの研究で示唆されています。ニューヨークの下町にあたるブロンクス地区で行われたブロンクス加齢研究では、七五歳から八五歳までの健常高齢者四六九人が追跡調査されました。初回の調査（ベースライン測定）では、認知症の有無や知能や日常生活動作の検査と余暇活動（認知的および運動的）に関する質問紙を実施し、六年後に再び同様の測定を行ったところ、二六パーセントが認知症を発症していました。

認知症を発症した群と、健常にとどまった群を比較すると、ベースラインの認知的余暇活動の頻度で顕著な差がみられました。ここで調べている認知的活動は、新聞や本を読む、趣味のライティング、クロスワードパズル、チェスなどのボードゲーム、グループディスカッションへの参加、音楽演奏の六項目でした。詳しく調べてみると、健常群と発症群で大きな差があったのは、読書、ボードゲーム、音楽演奏の三つで、ベースラインでこれらを週に数回（several times）以上していた人は、後に認知症になりにくいことが示唆されました。また、運動頻度は全体としては二群に差がなかったのですが、十種目程度調べた中で、ダンスだけは健常群の方に頻度の高い人が有意に多く存在し、認知症予防効果が示唆されました。なお、ウォーキングはどちらの群もかなりやっており、この研究においてはあと一歩のところで統計的に有意な差が出なかったようです。また、七五歳以上を対象にしたこの研究では、テニスやゴルフをしている人が少なかったため、これらの種目は分析されていません（Verghese et al. 2003）。

以上の結果を総合すると、夢中になれる楽しさがあって、うまくやるために一時的な記憶の負荷の高い活動に軍配があがるようです。読書、チェス、音楽演奏、ダンスのいずれにおいても、前後関係をしっかり覚えて一定時間内に情報を処理しないと、理解や適切な行動が成立しません。実際、このブロンクス加齢研究において、ベースラインで認知的余暇活動の頻度が高かった人は、五年後の追跡調査で、加齢に伴う記憶力の低下が弱められていることが分かったのです。

さて、こうした個々の余暇活動の効果のほかに、認知症予防との関係で注目されているのは社会的絆です。近年、一人暮らしの高齢者が増えていますが、誰かと一緒に暮らしていると会話が生まれ、認知症予防にとってプラスになることが考えられます。もちろん、実際のケースでは、家族と暮らしていても認知症になる例は皆さんの身近にもあるでしょう。ただ、相対的にみてみると、一人暮らしは同居者がいる場合よりも認知症のリスクが高まるという報告があります。

ストックホルムで行われた研究プロジェクトでは、一二〇三人の高齢者の追跡調査から、ベースラインでは健常であったが三年後の検査で認知症を発症していた一七六人(一五パーセント)と、健常にとどまった人の社会的絆の比較を行っています。調べた項目は、結婚(既婚、未婚、死別・離婚)、同居者の有無、子どもの有無、子どもとの接触頻度、およびそれに対する満足度、親密な関係にある親戚や友人の有無、それらの人との接触頻度およびそれに対する満足度です。年齢、性別、教育年数、ベースラインの認知症検査の得点などを制御した分析の結果、認知症のリスクは、表11-1に示すような要因と関係があることが示唆されました。結婚していて同居の場合の認知症の発症率を一とした場合、死別・離婚で独居している場合にはそのリスクは一・五倍に、生涯未婚で独居の場合では一・九倍になりました。

このことから、配偶者と同居していることは認知症の予防にとってプラスになると言えそうですが、一人暮らしであっても、結婚に伴って築いた社会的絆がある程度のプラスの影響をもつことがうかがえます。次に、子どもがいて毎日または毎週接触があり、その接触に満足している場合の認知症の発症率を1とす

表11－1 社会ネットワークの要素を合成した認知症の修正発症リスク比
(Fratiglioni et al., 2000)

婚姻および同居者の有無	認知症の修正発症リスク比
既婚で同居	1.0
未婚で独居	1.9
死別／離婚で独居	1.5
既婚で独居	1.5
未婚で同居	1.4
死別／離婚で同居	1.4
子どもとの接触頻度と満足度	
毎日／毎週で満足	1.0
毎週より少なく満足	1.3
毎週より少なく不満	0.9
毎日／毎週で不満	2.0
子どもなし	1.4
親しい親戚・友人との接触頻度と満足度	
毎日／毎週で満足	1.0
毎週より少なく満足	1.1
毎週より少なく不満	1.2
毎日／毎週で不満	1.4
友人・親戚なし	1.6

ると、子どもがいない場合のリスクは一・四倍ですが、子どもがいて日常的な接触があっても、その接触に満足していない場合の発症リスクは二倍にもなりました。子どもとの日常的接触は、認知症予防にとってプラスになる場合もマイナスになる場合もあるようです。仲の良い親戚や友人と毎日または毎週接触があり、その接触に満足している場合の発症リスクを1とすると、そうした絆をまったくもたない人の発症リスクは一・六倍でした。これらの結果を総合して、社会的絆が乏しい、または限定的である場合に認知症のリスクが高まる程度は六〇パーセントであると算出されています（Fratiglioni et al. 2000）。

ここで重要なことは、一人暮らしや未婚であっても、友人などと満足のいく関係を築くことが認知症のリスクを低下させるのではないかということです。生活状況は人によってさまざまですが、何らかの社会的絆をもち、孤立しない生き方をすることが、認知症予防にとってプラスになると思われます。

このような社会的絆に関する研究は、他にもいくつか行われていますが、まだ数が少ないのが現状です。それらの中には、社会的絆が認知症の発症リスクと無関係だったと報告している研究もあります（Fratiglioni et al. 2004）。もしかすると、単に絆をもっているかどうかではなく、その絆を通してどんな生活をしているかが重要なのかもしれません。そうした詳しい点について、今後の研究動向を見守っていきたいと思います。

4　超高齢社会における男女差

まだあまり多くの人が明示的に述べているわけではないのですが、女性である私にとって大変気がかりなのは、認知症は相対的には女性のほうがなりやすく（新井、二〇〇九）、この男女差は年齢とともに大きくなることです。図11－1に示した最新の調査結果でも、それが確認されています（二〇一三年六月、厚生労働省）。それによると、認知症の有病率は、七〇歳代後半から男女差がはっきり見え始め、九〇歳では、女性では六〇パーセント程度ですが、男性は五〇パーセント程度です。

もちろん、女性の方が寿命が長いので、この年代では健康でない男性の多くがすでに亡くなっていることとも無関係ではないでしょう。また、閉経による女性ホルモンの低下という要因もあるかもしれません。しかし、それだけではないような気がするのです。女性問題研究家の樋口恵子氏も述べているように、性的役割分担社会において、お転婆は良くないと教えられ、職業選択の自由度も低く、家族を優先して意思決定の機会や自分の趣味もあまりもたなかった生き方が、そうした男女差を生み出している可能性が考えられます（樋口、二〇一二）。もっと言うなら、自律的な生き方を阻まれた女性たちが、その人生のつけを晩年になって負わされている側面があるように思うのです。特に、高齢になってから外で人と何かを一緒にすることもほとんどなく、世の中の動きにも無関心で、家の中で最小限の家事程度のことしかしない決まりきった生活パターンになってしまうと、危ないと思います。

超高齢女性の脆弱性については、ベルリンで七〇歳から一〇〇歳までを対象に行われた超高齢者の調査でも指摘されていました。その報告では、高齢になるにつれ、心身ともに女性の方が男性より機能低下するリスクが高まるということです。図11－3に示すように、心身の機能に関する諸検査の結果を要約して、機能状態を四段階に分類すると、年齢とともに機能低下した人の割合が増えるのですが（図11－3a）、年齢をこみにして男女の差をみると、「良好」、「普通」では男性の方が多く、逆に、「虚弱」「非常に虚弱」では女性の方が多いのです。彼らはまた、社会経済的な要因についての分析もしており、貧困が高齢者の心身の機能を予測する程度は一般には低いけれども、女性の場合には、貧困と低学歴が認知症のリスクを予測するとしています（Baltes & Mayer, 1999）。

以上のような認知症になりやすさの男女差は、運動習慣が一般に男性よりも女性に対して認知機能維持・向上効果が大きいという事実とも符合するように思われます。たとえば、八五歳以上の超高齢者の認知症予防に果たす運動習慣の役割を調べた米オレゴン州の研究では、運動は特に女性において有効であるとしています。この研究では、ベースラインで健常だった対象者が四年後に認知機能障害（認知症の前段階）になったかどうかと、ベースラインでの質問紙で測った運動頻度との関係を調べました。その結果、運動不足の女性が認知機能障害になっていた事例は、運動をよくする女性の五倍もみられ、運動不足の男性と比較しても二倍であったとのことです（Sumic et al., 2007）。同様の男女差は、ランダム化比較試験を用いた運動介入研究でもみられ、多くの介入研究を概観した結果、運動介入の効果は女性の方が大きいと総括されています（Colocombe & Kramer, 2003）。高齢女性は、高齢男性よりも心身が虚弱であるために伸びしろが大きく、運動習慣や運動訓練の効果が現れやすいと推察されます。

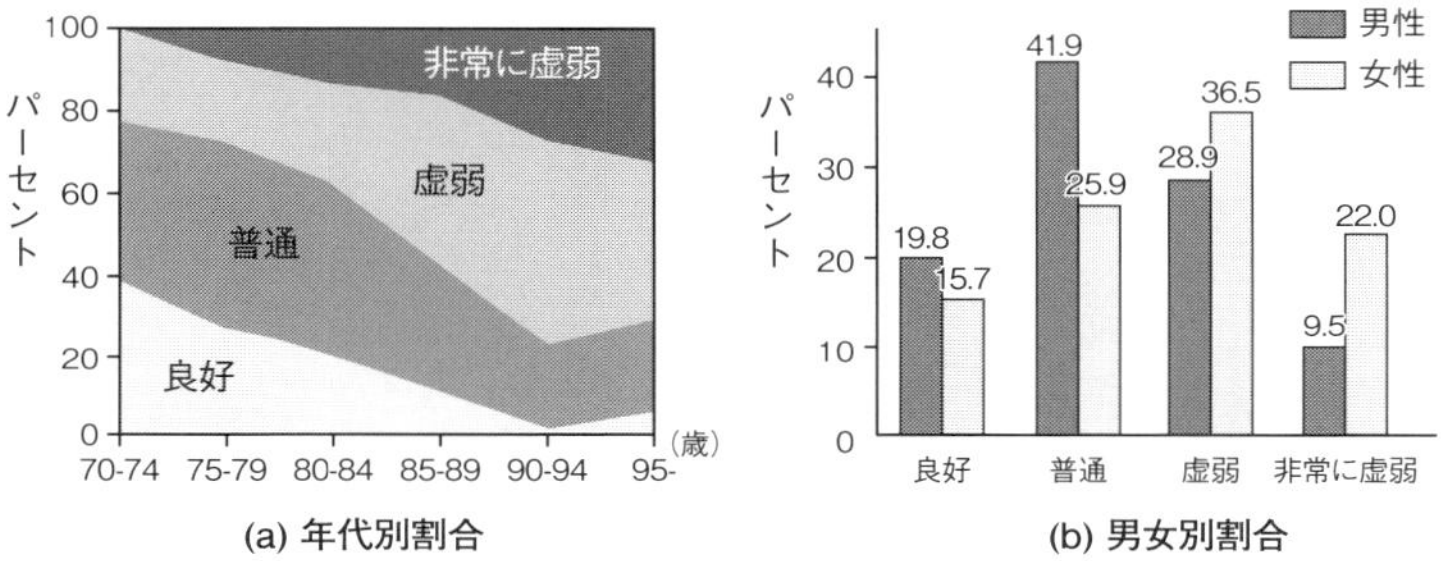

図11－3 ベルリン加齢研究の参加者の心身機能（Baltes & Mayer, 1999より）

理由は何にせよ、高齢女性に運動を推奨することが、認知症予防にとって特に有効であることは間違いないでしょう。しかし、良妻賢母教育のもとで運動とまったく無縁で生きてきた高齢女性にいきなり運動を推奨しても、自発的に継続してもらうことは現実にはかなり難しく、もっと若いころに運動の習慣をつけるべきではないかと思います。先に紹介したブロンクス加齢研究では、認知症予防効果が女性に親しみやすいダンスでみられたことは、一つのヒントになるかもしれません。この調査では、ウォーキングよりもダンスで認知症予防効果が高いことが示唆されており、高齢女性がダンスを継続的に行える環境を整えることも有用に思われます。

　このような認知症の男女差が、現在の高齢世代が役割分担社会で育ったことに部分的にでも起因するのなら、社会における男女共同参画が進むことで、次の世代で差は縮小していくでしょう。もし生物学的要因だけによるなら、社会文化的な環境が変わっても今と同程度で推移するでしょう。しかし、どうなるか手をこまねいて見ているわけにもいきません。今できることは、男女共同参画社会の実現を推進し、女性の自律的な生き方を後押しすることだと思います。

5　幼少期からの認知予備力作り、十代からの知識普及、初老期からの連携

前節までに述べたことをまとめると、認知症予防のために環境要因を整える努力としては、若いころから思考力を鍛え趣味をもつこと、定年後は運動や認知的活動を取り入れた活動的な生活習慣を心がけることがあげられるでしょう。また、高齢者が孤立せず、人とのつながりのなかで活動的な生活ができるようにすることも大切です。これらのことから、次のような提言をしたいと思います。

一つは、「一生涯を生き抜く力」の教育方針を明確に打ち出すことです。そして、これに関しては、ぜひ、文部科学省と厚生労働省に連携していただきたいと思います。従来、高齢者問題は厚生労働者の所管でしたが、何十年にもわたって原因物質が蓄積した後に発症する認知症の予防は、高齢になってからでは遅いのです。先に述べたように、思春期までに脳の認知予備力を高め、高齢期を迎えたときに読書、スポーツ、音楽などを楽しむ素地を若いころから作っておくことが、きわめて重要です。

こうした活動は、余暇活動として余った時間にやるイメージがあるかもしれませんが、「一生涯を生き抜く力」を育て維持するには、中心的役割を果たします。小中学校においては、授業や課外活動を通じて、読書、スポーツ、音楽などの楽しさや、やり終えた後の爽快感を子どもたちに教えることが重要です。こうした活動に夢中になった経験がなければ、定年後に急にそれらを始めるのは難しいでしょう。始業前の朝学習に読書を取り入れている小学校も多いようですが、これは大変良いことだと思います。同様に、始

業前に身体を活性化するために運動をさせている小学校もあるようです。大切なことは、受験につながらないような科目や活動でも、その重要性を皆が認識するような理念を明確にすることだと思います。

余談になりますが、アメリカでは、「ゼロ時限」として、朝の運動によって子どもたちの脳の活性化をはかるプログラムを推奨する研究者がいます。米イリノイ州シカゴ近郊のネーパービル市の生徒たちは朝早くに登校し、始業前に最大心拍数の八〇～九〇パーセントほどの心拍数を保つ程度のペースで、トラックを走ってから授業に臨むそうです。このゼロ時限を導入してから学区全体の成績が上がり、全米で注目されたとのことです。ここでは、走ることで頭が良くなるということではなく、走って脳血流量が増加した状態で勉強したことが学習効率を高めたと考えられています。つまり、運動は単体ではなく、頭を使う複雑な作業とあいまって認知能力を高めるのです（レイティ、二〇〇九）。

二つ目に、「超高齢社会を生き抜く知恵」を客観的に理解させる教育、とりわけ認知症を予防するための知識普及もまた重要です。小学校においては家庭、体育、中学校においては保健体育、技術・家庭の授業や総合学習の時間などから多面的にアプローチし、認知症の実態とその予防について教え、子どもたちに議論させるのです。性教育や男女共同参画社会の問題と関連させ、生涯発達、ライフステージに応じた将来像を考えてもらうとより効果的でしょう。そこでは、自分が認知症を予防するためにしておくべきことを教えることになりますが、そうした知識は、自分が親になったときに子どもをどう育てるべきか、という点にまで波及していきます。

三つ目に、初老期からの備えとして、「超高齢社会を生き抜く地域の絆作り」が望まれます。高齢者が孤立しないように、地域住民間の交流を促し、定年後の高齢者が社会と接点をもち、仲間とのつながりのなかでいろいろな活動を展開できるようにするのです。

そうした活動のための社会的ネットワーク作りの起爆剤として、定年退職者等を対象とした「義務教育（セカンドライフ・スクール）」制度の創設を提案したいと思います。人生を振り返ると、小学校入学以来、友達を作る場としては学校がもっとも大きな役割を果たして来たことを誰しも否定しないでしょう。定年退職者向け教育には、週一回二コマ、半年程度で良いと思うのですが、中学校区くらいの単位で実施し、六〇歳から七〇歳までのどこかで受講することを義務づけます。年金受給開始の前提条件としてもよいでしょう。自治体などが主催する従来の老人大学などは、一部の比較的元気な人だけが受講するケースが多く、また受け入れ人数も限られていることが問題です。この義務教育では、「授業」の内容として、これまで述べたような認知症予防に関する講義も含めますが、最大のねらいは、受講者がお互いに知り合い、議論し、地域にどんな人がいるのか、どんな仲間作りが可能か、仲間と共にどのように社会参加できるかを探ることです。そのため、地域で解決したい問題は何か、次世代に伝えたいことは何か、などを中心に話し合ってもらいます。また、趣味のサークルなども随意に作ってもらいます。授業は、二〇名程度の少人数のグループでの活動を主にしながら、ときどきグループの成果を全体集会で報告するなどの形式が考えられます。

さらには、そうしてできた仲間からの提案で、地域社会にとって意義が大きいと認められる活動には、申請ベースで補助金を出すなどのことも考えられます。高齢者が学童保育の場に読み聞かせの活動に行く、といったボランティア活動も双方にとって意義深いと思います。

四つ目に、「一生涯を生き抜くための男女共同参画社会」の推進をあげたいと思います。先に述べたような認知症に対する女性の脆弱性を改善し、夫婦が共に幸福な老後を送る可能性を高めるには、この点が見逃せないと思うのです。これは、単に壮年期の就業状態を完全に男女同等にすべきだという意味ではありません。大切なことは、女性が社会との接点を保ち、いろいろな意思決定に日常的に参画することです。また、家庭においては、夫婦は対等な存在であると認めあい、どちらか一方の意見だけで常に物事が決まってしまうことのないようにしたいものです。そのためには、女性も社会で責任ある仕事を経験する必要があります。それを可能にするためには、男性も家事や育児に参加して、妻が仕事に専念できる日を設けることが大切です。そうして夫婦間で体験を共有することは、お互いを理解しあうためにも不可欠です。そして何より、対等な夫婦関係が定年後の夫婦の幸福の基本であることを、子どもたちに教えていきたいものです。

以上、政策立案に関連しそうな点を述べましたが、個人のレベルに戻ったとき、超高齢期を元気に過ごすために最も重要なことは、日常生活を方向づける目標や生きがいをもつことです。先ごろ八〇歳でエベレスト登頂に成功した三浦雄一郎氏は、体力を養うため、二〇キロ近い重りを身に着けて長い距離を歩くなどの訓練を日課としていました。体に良いという理由だけでは、なかなかそこまで行きません。その雄一郎氏が、テレビのインタビュー番組で、一〇一歳で亡くなる直前までスキーで山を滑降していた父・三浦敬三さんの教えとして述べていたのは、「訓練だけしていてもボケる。目標をもたないとだめだ」ということでした。そうした目標を見つける心の基礎体力こそが、これまで述べてきた「一生涯を生き抜く力」であると言えるでしょう。そうしたことを可能にする教育の力に、期待したいと思います。

【参考書】

池田学（二〇一〇）『認知症——専門医が語る診断・治療・ケア』中公新書
浦上克哉編・大内尉義監修（二〇〇九）『老年医学の基礎と臨床Ⅱ——認知症学とマネジメント』ワールドプランニング

12 幸福感の向上を政策目標に

子安増生

本章の提言

1 日本人の幸福感の阻害要因を取り除こう

国際比較調査が示すところでは、日本人（および韓国人）は、男女とも、他国民よりも幸福感と自尊心がきわめて低いとされます。これは自殺率の高さとも関係するので、「謙遜効果」のような理由では説明がつかないものであり、日本人の幸福感の阻害要因を調べて取り除く必要があります。

2 幸福感の世代差に対応したきめ細かな施策を

幸福感には時代差や世代差があります。少子高齢化社会における幸福感の世代差について対応するため、若者に対する施策と高齢者に対する施策を矛盾なく組み合わせていく知恵と工夫が求められています。

3 「教育の質」を高めることが幸福感の向上につながる

国連開発計画のいう幸福度を規定するものとして、健康（長命）、経済（収入・資産）、教育（学歴）の三要因が重要であるとされます。この中でも、「教育の質」を高めることが、日本人の幸福感を高めるのに有効です。

1　幸福の青い鳥はどこに

「幸福」は、多くの人が関心を持つ最も重要なテーマと言ってよいでしょう。しかし、「幸福とは何か」、「幸福な人とはどんな人か」、「どうすれば幸福になれるのか」という問いに答えることは、決して簡単なことではありません。

幸福の追求ということですぐ連想されるのが、童話化されてわが国でもおなじみのメーテルリンクの戯曲『青い鳥』です。チルチルとミチルの兄妹が老婆（実は魔法使い）に頼まれて、青い鳥を探しに不思議な冒険の旅を重ねますが、探せども探せども青い鳥はなかなか見つかりません。とうとう最後に、実は青い鳥は身近にいたことを知るのでした。しかし、その青い鳥は、一瞬のすきに鳥カゴから逃げ出してしまいます。「幸福とは、身近にありながら、捕まえようと思ってもすぐに逃げて行ってしまうものである」ということを寓話として示したものです。

この『青い鳥』のお話はよく知られていますが、その作者のモーリス・メーテルリンクと、彼が後半生を生きた二十世紀のベルギーが歴史の激動の渦に巻き込まれて翻弄されたことは、日本人にはほとんど知られていないと言ってもよいでしょう。

メーテルリンクは、一八六二年にベルギーのゲントに生まれ、一九四九年にフランスのニースで亡くなりました。一八九〇年代に劇作家としての名声を確立し、一九〇八年の『青い鳥』が高く評価され、一九一三年にノーベル文学賞を受賞しました。しかし、その翌年に、第一次世界大戦が勃発し、ベルギーは中立を宣言したのにドイツ帝国に侵略され、ベルギー西部は塹壕戦の主戦場になり、多くの人びとが殺傷され、あるいは難民としてオランダやイギリスなどに逃げて行きました。メーテルリンクは、兵役を志願しましたが高齢のために認められず、隣国フランスのニースに避難しました。大戦が終わった後、メーテルリンクはアメリカのハリウッドに招かれて映画の脚本を何篇か書きますが、結局どれも作品化されませんでした。しかも、一九二六年に書いた『シロアリの生活』に盗作の嫌疑がかけられて世間から非難を浴びました。他方、一九三二年には伯爵の称号を授与されるという栄誉にあずかっています。一九三九年にドイツがポーランドに侵攻し、第二次世界大戦が勃発。イギリス・フランスとの微妙な提携関係にありながらも中立を希望したベルギーは、その願いもむなしく、一九四〇年にまたもドイツ軍の電撃的侵攻を受け、国王は無条件降伏しますが、政府はロンドンに亡命して臨時政府を樹立するという国家分裂の状態に陥りました。メーテルリンクは、第一次世界大戦のときのドイツの非道な侵略を非難する演劇を発表していたので、ナチスからの迫害を恐れてアメリカで亡命生活を送りました。そして、戦後の一九四七年にようやくニースに戻り、そこで亡くなったのです。

メーテルリンクは、人生において何度かうつ病に悩まされますが、『青い鳥』はうつの状態から回復した時に書いたものとされます。メーテルリンクにとっても、青い鳥はすぐそばに近寄ってきたり、遠くに離れていったりする、とらえどころのないものであったようです。

2　日本人の幸福感の阻害要因を取り除く

幸福は、哲学にとっては重要な考察の対象であり、スイスのカール・ヒルティの『幸福論』（一八九一年）、フランスのアランの『幸福論』（一九二五年）、イギリスのバートランド・ラッセルの『幸福論』（一九三〇年）のいわゆる三大幸福論など、さまざまな論考が行われてきました。

しかし、科学的な研究の対象としては、幸福は計量化困難でとらえどころのないものとして、正面から取り上げられることは少なかったのです。わが国だけではなく、世界中を見わたしても、「幸福学部」や「幸福学科」を置いている大学はありません。その重要性は誰もが認めても、幸福の学術的研究はまだまだ未熟だと考える人が多い間は、そのような学部や学科は時期尚早ということになります。幸福研究の成果を公刊する英語の国際専門誌は、ようやく二〇〇〇年に『幸福研究誌』が刊行され、二〇一二年に『国際幸福・開発研究誌』が公刊されたところです。

筆者は、平成一九年度〜二三年度に実施された京都大学人文科学系グローバルCOEプログラム「心が活きる教育のための国際的拠点」の拠点リーダーを務めましたが、その研究プロジェクトとして「幸福感の国際比較調査」を実施しました。この研究は、日本、大韓民国、中華人民共和国、南アフリカ共和国、オーストラリア連邦、ニュージーランド、カナダ、アメリカ合衆国、英国（グレートブリテン及び北アイルランド連合王国）、ドイツ連邦共和国、スペイン、メキシコ合衆国、ブラジル連邦共和国の一三ヵ国を対象に、日本語、韓国語、中国語、英語、ドイツ語、スペイン語（本国版、中南米版）、ポルトガル語の七言語を用いて質問紙調査を行いました。調査内容には、人生満足感尺度など全九七項目と、性別・年齢など個人の特性に関する質問九項目が含められました。

調査は、日本のインターネット調査会社およびその海外協力会社に登録しているモニターの中から、条件（国籍、性別、年齢範囲）を指定してサンプリングを行い、条件に該当する回答者が参加者ペースでインターネットを通して回答を行う形式でした。回答者は、一三ヵ国全体で八一二一人でした。そのうち、日本のみは一二二一人ですが、他は各国六〇〇人を目標にデータを集めました。

幸福感の指標の一つとして、次に示すディーナーら（一九八五）の五項目からなる人生満足感尺度（「非常にそう思う」から「全くそう思わない」の五段階で評定）が定番となっていますので、調査の尺度に含めました。

・私は自分の人生に満足している。
・私の生活環境は素晴らしいものである。
・大体において、私の人生は理想に近いものである。
・もう一度人生をやり直すとしても、私には変えたいと思うところはほとんどない。
・これまで私は望んだものは手に入れてきた。

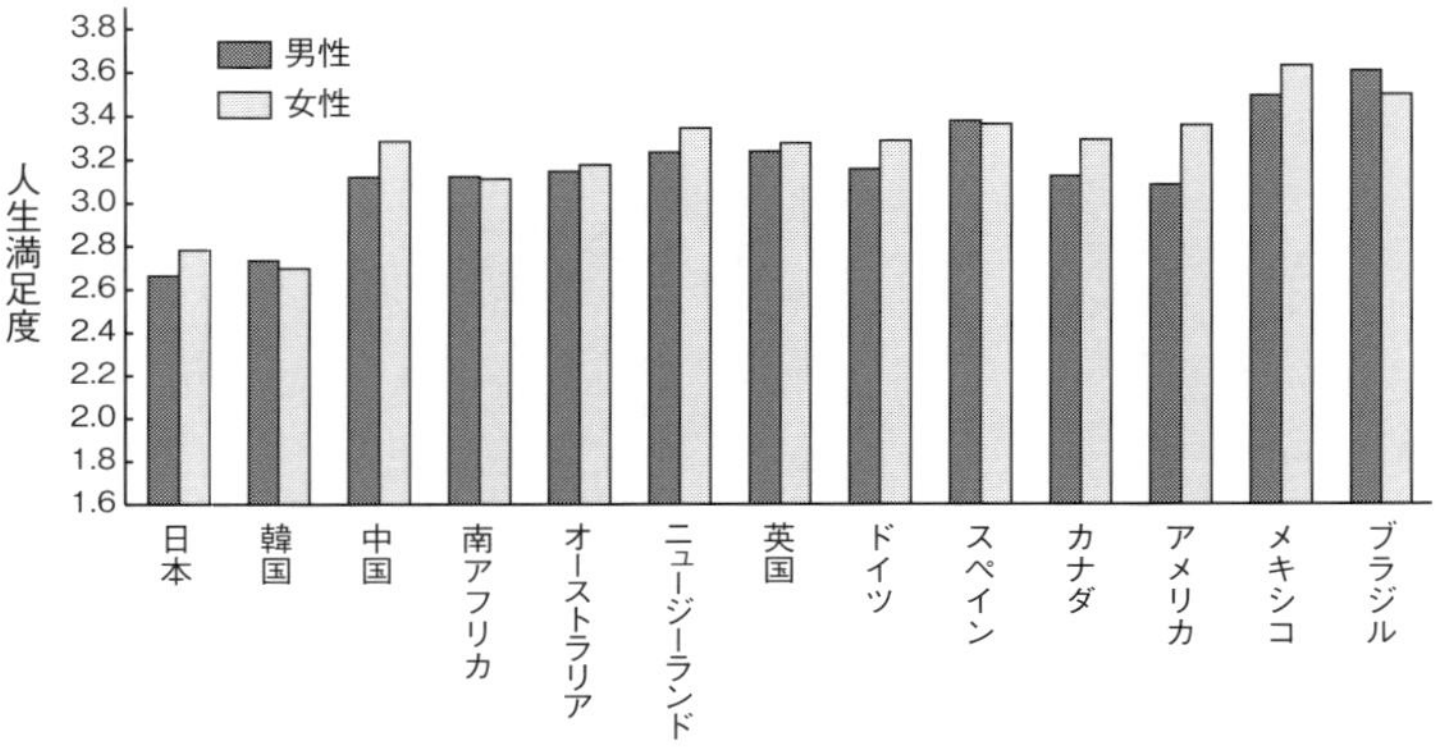

図12－1 人生満足度尺度の国別・男女別の結果（４点満点の平均値）

この五項目の合計得点（その平均値）で定義される人生満足感尺度について、国別・男女別の結果をまとめたものが図12－1です。国の並び順は、図の左からアジア（日本、韓国、中国）、アフリカ（南アフリカ）、オセアニア（オーストラリア、ニュージーランド）、ヨーロッパ（英国、ドイツ、スペイン）、北アメリカ（カナダ、アメリカ）、中央アメリカ（メキシコ）、南アメリカ（ブラジル）です。

この図から、人生満足感の平均値が比較的低い「日本と韓国」、中程度の「中国・欧米圏」（九ヵ国）、比較的高い「メキシコとブラジル」の三グループに分かれることが読み取れます。中国と南アフリカは、欧米圏に近い結果ですが、南アフリカの場合は、英語で回答することを前提としているので、主に西欧系の白人が回答している可能性が考えられます。

「日本と韓国」、「中国・欧米圏」、「メキシコとブラジル」の三グループに分かれるという結果は、この研究のオリジナルな尺度である「有能感」、「生命感」、「達成感」のほか、「自尊心」でも同様の傾向が見られました（ブラジルが欧米圏に近い点のみが異なる)。自尊心の測定には、この分野の定番であるローゼンバーグ(一九六五)の「自尊心」尺度(以下の一〇項目、「二」は逆尺度)を用いました。

・私は自分が多くの長所を持ち合わせていると思う。
・私は他のほとんどの人たちと同じくらいのことが出来る。
・大体において、私は自分を人生の落伍者だと思いがちである(二)。
・私にはあまり誇れるものがない気がする(二)。
・私は自分自身に対して肯定的な態度をとっている。
・私はもっと自尊心がもてればいいのになと思う(二)。
・私は自分のことを無用の人間だと時々感じる(二)。
・全体的に私は自分自身に満足している。
・時々私は全くのろくでなしだと思うことがある(二)。
・私は自分を価値ある人間、少なくとも他人と同程度価値がある人間だと思う。

日本と韓国の幸福感が低いという結果について、自分の持つ価値を声高に主張せず、むしろ低めに表現する謙遜効果(humility effect)の表れであって、特に問題がないとする解釈もありそうですが、幸福感だけでなく自尊心も低いということになると、必ずしも安心していられません。低い幸福感は、決して放置してよい事実でなく、不幸をもたらしている個人的あるいは社会的原因を探して、可能なものは除去する必要があります。

私がこのデータの解釈について考えていた時に、関連する別の重要なデータにめぐり合いました。それは、「自殺率」です。自殺率は、「一〇万人当たりの自殺者数」であらわされます。表12‐1は、OECDに加盟している三四ヵ国の自殺率の統計です（http://stats.oecd.org/Index.aspx）。日本と韓国は、男女を合わせた「全体」の自殺率がOECD平均よりもはるかに高く、韓国が一位、日本が四位です。逆に、自殺率が最も低いのはメキシコです。ブラジルはOECD加盟国でないので表12‐1にはありませんが、自殺率が低いことで知られています。OECD非加盟国の中国と南アフリカを除く残り七ヵ国の自殺率は、メキシコよりは高いですが、OECD平均よりも低いものです。以上の結果は、本研究の幸福感および自尊心の結果と整合するものであり、謙遜効果だけでは説明がつきません。

政府は、二〇〇六年に自殺対策基本法を制定しました。同法の第一条において「この法律は、近年、わが国において自殺による死亡者数が高い水準で推移していることにかんがみ、自殺対策に関し、基本理念を定め、及び国、地方公共団体等の責務を明らかにするとともに、自殺対策の基本となる事項を定めること等により、自殺対策を総合的に推進して、自殺の防止を図り、あわせて自殺者の親族等に対する支援の充実を図り、もって国民が健康で生きがいを持って暮らすことのできる社会の実現に寄与することを目的とする。」とし、自殺の概要および政府が講じた自殺対策の実施の状況について、毎年国会に年次報告書を提出しています。

その最新の年次報告書である平成二五年版『自殺対策白書』は、自殺因を分析し、①健康問題、②経済・生活問題、③家庭問題、④勤務問題、⑤男女問題、⑥学校問題、⑦その他に分類しています。白

表12－1 OECD 加盟国の自殺率統計（10万人当たり人数）

順位	国	全体	男性	女性
1	**韓国**	**28.4**	**39.3**	**19.7**
2	ロシア	26.5	49.4	7.9
3	ハンガリー	19.8	33.8	8.0
4	**日本**	**19.7**	**29.2**	**10.5**
5	フィンランド	17.3	26.0	8.9
6	スロベニア	17.2	28.2	6.7
7	エストニア	16.8	31.2	4.8
8	ベルギー	16.2	24.6	8.4
9	スイス	14.3	20.6	8.7
10	フランス	13.8	21.6	6.8
11	ポーランド	12.9	23.2	3.5
12	オーストリア	12.0	19.7	5.2
13	チェコ	11.4	20.1	3.4
14	**OECD 平均**	**11.3**	**18.1**	**5.1**
15	アイルランド	11.3	18.0	4.6
16	**ニュージーランド**	**11.2**	**17.8**	**5.0**
17	スェーデン	11.0	16.1	6.0
18	チリ	11.0	18.5	4.1
19	ノルウェー	10.9	15.7	6.2
20	**アメリカ**	**10.5**	**17.1**	**4.3**
21	アイスランド	10.3	16.6	3.9
22	**カナダ**	**10.2**	**15.7**	**4.9**
23	デンマーク	9.9	15.0	5.3
24	スロバキア	9.3	17.9	1.7
25	**ドイツ**	**9.1**	**14.5**	**4.3**
26	オランダ	7.8	11.2	4.6
27	ルクセンブルグ	7.8	13.3	2.7
28	**オーストラリア**	**7.5**	**11.9**	**3.3**
29	ポルトガル	7.3	12.5	2.9
30	**英国**	**6.2**	**9.8**	**2.6**
31	**スペイン**	**6.0**	**9.7**	**2.6**
32	イスラエル	5.0	8.8	1.6
33	イタリア	4.9	8.0	2.1
34	**メキシコ**	**4.4**	**7.5**	**1.5**
35	ギリシア	2.8	4.8	0.8

註：太字は、本研究の調査対象国（OECD 加盟国）

書に示された過去二五年間の自殺因の統計を見ますと、一九九七年までは圧倒的に健康問題が自殺因の大半を占め、それ以外の要因は影響が比較的小さなものでした。しかし、一九九八年からは、経済・生活問題が第二の大きな自殺因となっています。それでは、一九九八年頃に、日本の社会に何が起こったのでしょうか。その頃、経済・生活問題と明らかに関連する経済の大きな変化がありました。

一九九一年二月のバブル経済崩壊後、「失われた一〇年」と呼ばれるわが国の経済停滞に追い打ちをかけたのは、一九九七年夏以後の「アジア通貨危機」の大波でした。同年冬には三洋証券、北海道拓殖銀行、山一證券という大手金融機関が次々破綻しました。一九九八年には、盤石と思われていた日本長期信用銀行と日本債券信用銀行も破綻しました。いわゆるデフレ（デフレーション）も一九九〇年代半ばころから生じたとされます。不景気は、多くの国民の仕事を奪い、賃金を押し下げ、生活を苦しくします。景気回復は、健康問題に次いで、自殺を低減する重要な要素と言えます。

自殺因は、年代によっても重要度が変わります。健康問題は当然ながら高齢者の自殺因の重要な要素であり、前出の白書によれば、六〇歳代の五六パーセント、七〇歳代の六八パーセント、八〇歳以上の七三パーセントを占めます。他方、経済・生活問題が大きなウェイトを占めるのは、四〇歳代と五〇歳代です。一〇代では、何といっても第一に学校問題です。いじめや体罰による生徒の自殺は、最近大きな問題となりました。

自殺は、不幸の原因でなく不幸の積み重ねの結果ですから、自殺を防ぐには不幸を緩和し、より幸せな状況を作り出すような個人的・社会的な手立てが重要です。もちろん、人間は不幸であればすぐに自殺するというわけでなく、不幸から自殺に至るまでには、数多くの要因が関与すると考えられます。今後さらに種々の角度から検討し、必要な施策を着実に実施していく必要があります。

3　幸福感の世代差に対応したきめ細かな施策を

話を私どもの「幸福感の国際比較調査」の結果に戻します。この調査では、すべての国について、男女が半数ずつになることと、「一八〜二五歳」、「四〇〜四九歳」、「六〇歳以上」の三年齢群がほぼ同数になるように指定して調査を行いました。

人生満足感尺度について年齢群差について見ると、「六〇歳以上」が最も高く、「四〇〜四九歳」が最も低く、「一八〜二五歳」がその間に入りました。他方、自尊心尺度の年齢群差は、「六〇歳以上」が最も高く、次いで「四〇〜四九歳」、「一八〜二五歳」という明瞭なパターンが見られました。いずれにしても、六〇歳以上の高年齢群の幸福感が高いという結果です。

幸福感の研究では、高齢者の方が幸福感が高いという研究と、反対に高齢者の幸福感が低いという研究の両方があります。そのような食い違いはどのようにして起こるのでしょうか。

第一には、「誰を対象に調べるか」というサンプリング（標本抽出）の問題です。私たちの調査では、インターネット調査会社に登録しているモニターにインターネットを通して質問を行い回答してもらうという手続きをとりました。想像がつくように、高齢者がインターネットを使うということ自体、知的能力や経済的能力を前提とし、そういったことが可能な高齢者の幸福感を高めるバイアスがかかっていると考えられます。そのようなバイアスは、経済水準が低い国ほど、明瞭に立ち現れます。

第二には、高齢者とは戦争・災害・疫病など人生のさまざまな苦難を乗り越えて生き残ってきた強い人たち、幸運な人たちだと考えると、高齢者の方がより幸福感が高いという結果は理解しやすくなります。家庭生活では子どもを育て終え、職業生活で一定の地位と満足感を得て、老後の生活に見合った十分な年金を手にすれば、あと残るのは健康問題だけです。反対に、そういったことが何かにつけうまくいかない場合は、むしろ幸福感が低くなります。

第三に、どのような国民経済の動態を経験してきたかも重要な要素です。いわゆる景気の動向を表す経済指標に株価（東証株価指数や日経平均株価）があります。第二次世界大戦後から、わが国の株価は一九八九年に史上最高値（三万八九五七円）を付けるまで、急峻な峰を駈け登るように上がり続けました。しかし、その後の日本経済の凋落ぶりは目も当てられません。景気が少し回復したとされる現在でも、史上最高値の四割にも届かない株価なのです。とはいえ、かつてのわが国の栄光を経験した高齢者世代と、そのような栄光を一度も経験していない若者世代とでは、どちらがより幸福感が高いのでしょうか。それは、現在の状態を過去との比較で考えるのか、現在の状態だけで判断するかによっても異なることでしょう。

さて、第二次世界大戦後の日本人が経験してきた大きな社会的変動は、経済動態の問題だけではありません。人口動態の変化もまたきわめて重要な要素です。一人の女性が一生（一五〜四九歳）の間に産む子どもの数の推定値を「合計特殊出生率」といい、これが二・一を下回ると人口減少社会に転換したことになります。わが国の第二次大戦直後のベビー・ブーム（一九四七年〜一九四九年）の頃の合計特殊出生率は四・五を上回っていたとされます。その後二〇年ほどの間に、わが国は欧米の場合よりも急激なペース

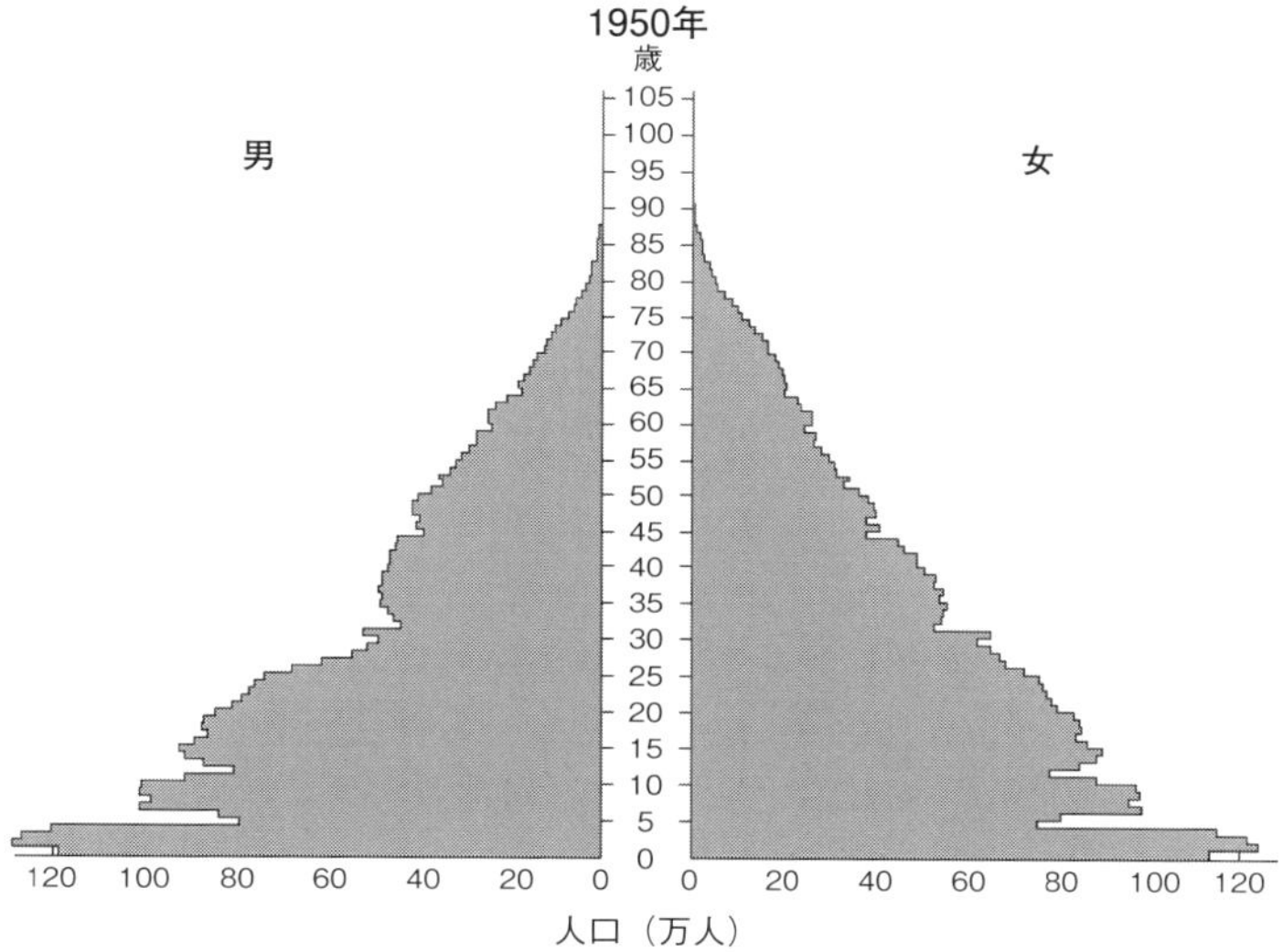

図12－2 1950年の人口ピラミッド（国立社会保障・人口問題研究所）

で出生率の低下を経験しました。ちなみに、韓国は一九七〇年から約一五年の間に、同様の出生率の低下を日本よりもさらに速いペースで経験しています。日本と韓国の人口動態の急激な変化がそれぞれの国民の幸福感の低下にどのようにつながっているのかどうか、さらに検証していく必要があります。

それでは、出生率の急激な低下は、どのような社会的要因により、また社会に対してどのような影響を与えるのでしょうか。図12－2～図12－4は、一九五〇年から三〇年ごとの「人口ピラミッド」の形状の推移を表すものです。人口ピラミッドとは、底辺を〇歳にして縦軸に年齢を示し、左右に男女別年齢別の人口数を密着する棒グラフで表したものです。

図12－2の一九五〇年のグラフは、ピラミッドという名にふさわしい形状をしています。しかし、よく見ると、ある年代のところが人口が

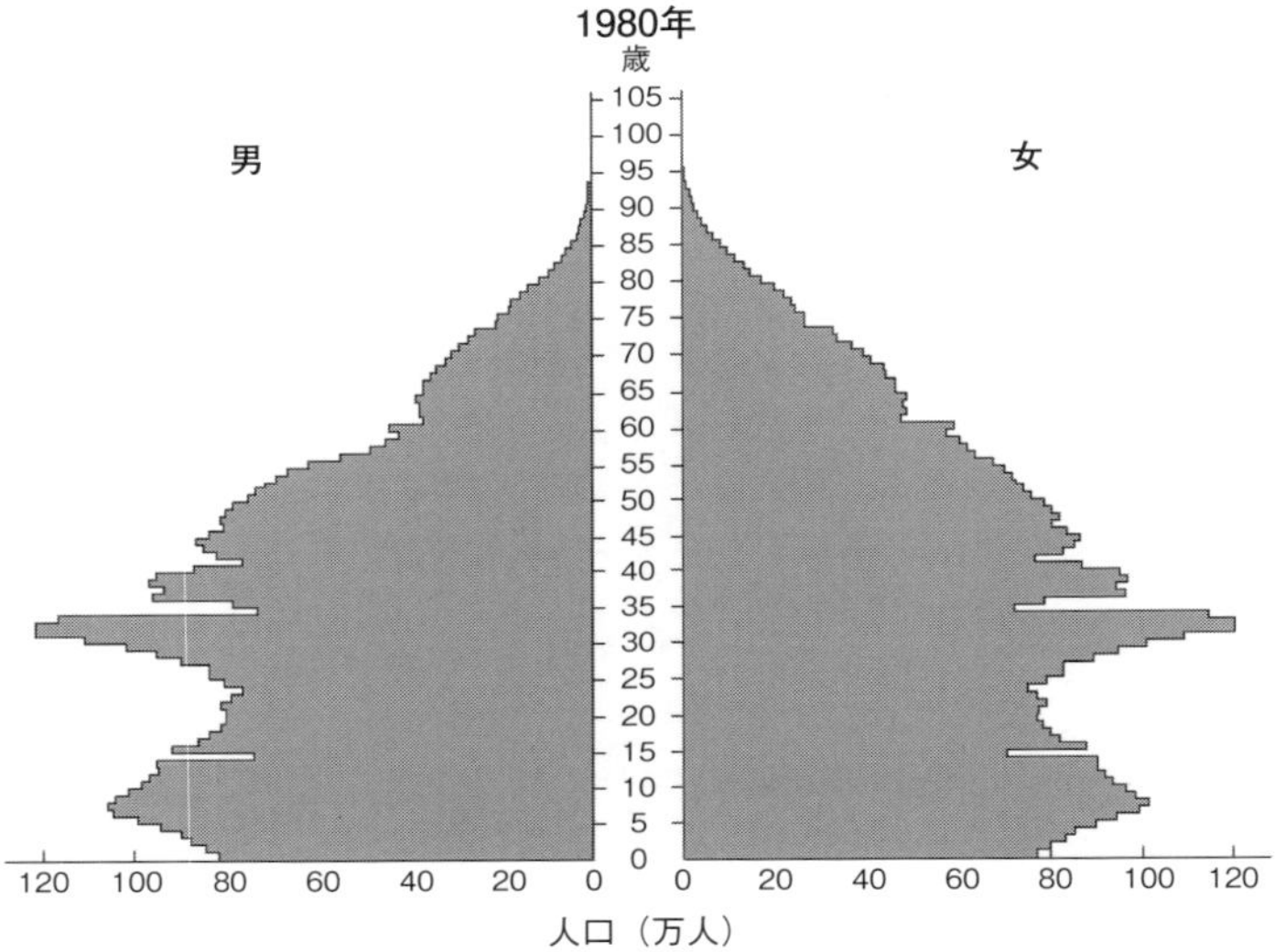

図12－3 1980年の人口ピラミッド（国立社会保障・人口問題研究所）

少なく、とりわけ男性が女性に比べて少なく、いびつになっているところがあります。すなわち、前後の年と比べて極端に人口が落ち込んでいるのは、日中戦争の動員（男性不在）により出生減少が生じたとされる一九三九年生まれ、および、第二次世界大戦末期と戦後の混乱期にあたる一九四五年と一九四六年生まれのところです。また、二五歳から五〇歳のところは、この戦争で男性が戦死や戦病死で亡くなって、女性よりもずっと少なくなっているのです。

図12－3は、図12－2の三〇年後の一九八〇年の様子です。若年層が減り、ピラミッド型ではなくなっています。この図で最も張り出している部分は、右記のベビー・ブーム世代あるいは「団塊の世代」です。逆に一四歳のところがへこんでいるのは、いわゆるひのえうま（丙午）の迷信によるものとされます。「ひのえうまの年に生まれた女性は気性が激しく結婚に向

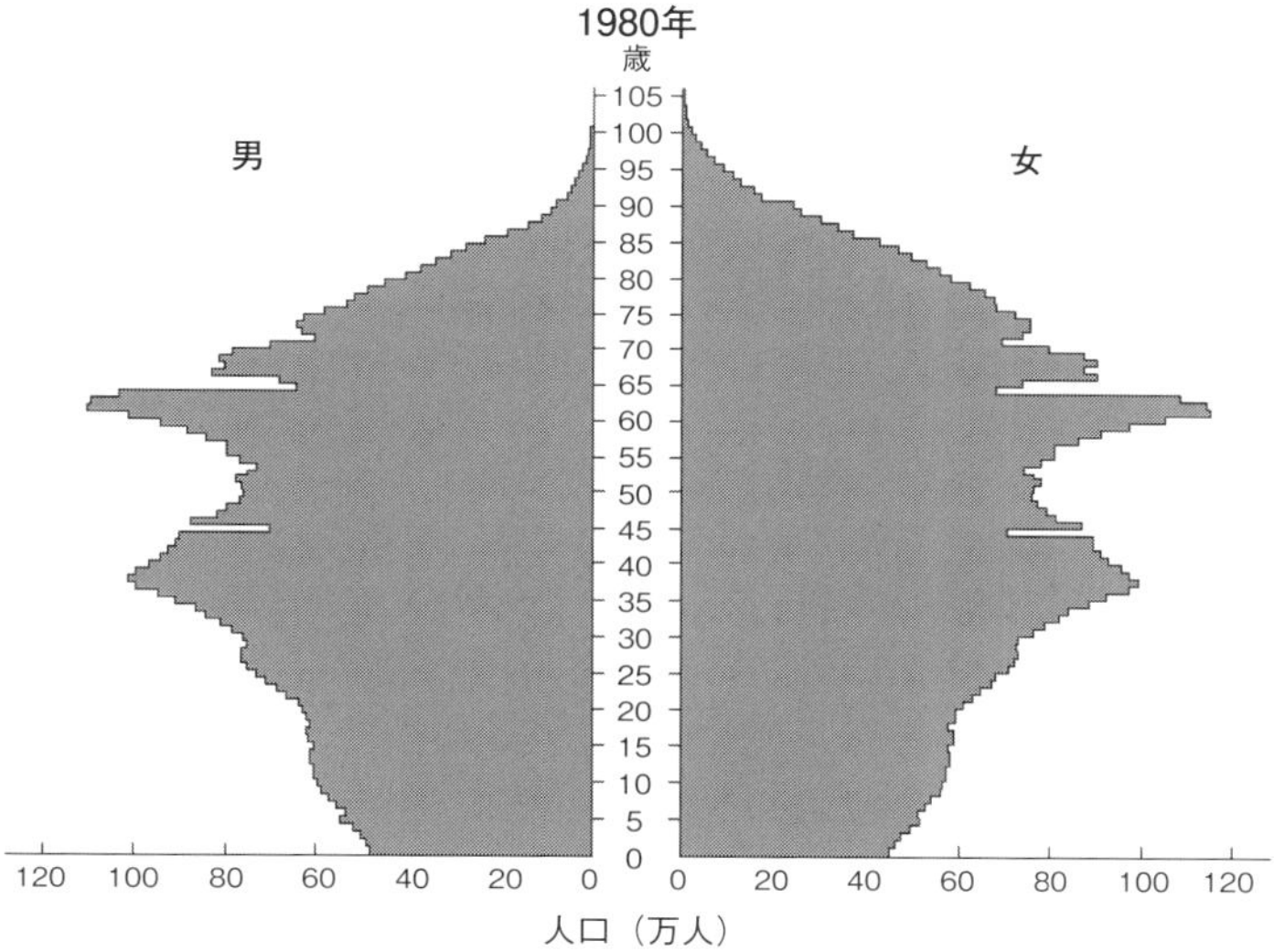

図12−4 2010年の人口ピラミッド（国立社会保障・人口問題研究所）

かない」という迷信が、一九六六年の出生率を二五パーセントも押し下げたのです。

図12−4は、図12−3の三〇年後の二〇一〇年の様子です。ピラミッド型は完全に崩れ去り、少子高齢化が図の形状からはっきりとわかるようになっています。年金の世代間格差が社会的政治的問題になったのも当然です。年金制度には、若い現役時代に払い込んだお金を積み立てて老後にそのお金を受け取る積立方式と、現役世代が払い込んだお金を現在の高齢者に支給する賦課方式とがあり、戦後のわが国の公的年金制度は賦課方式をとっています。これは、図12−2のようなピラミッド型の人口構成の時は都合がよい制度ですが、図12−4のような少子高齢化社会では、若い世代の負担が大きくなります。

図12−2から図12−3、図12−4への推移は、戦後の平和な日本の社会ではほぼ予測可能なも

のであったにもかかわらず、そのことに対する対策がほとんどなされないまま六〇年が無為に経過したのは、まさに政治の怠慢というよりほかありません。現在の若い世代が高齢者になったときに高い幸福感を感ずることができるような施策が今から求められているのです。

4 「教育の質」を高めることが幸福感の向上につながる

幸福の学術的研究において、英語では「ウェルフェア」、「ウェルビーイング」、「ハピネス」、「ライフ・サティスファクション」などといった言葉が用いられています。日本語では「福祉」、「幸福」、「幸福感」、「人生満足感」などの言葉がそれに対応します。状態としての「幸福」は、客観的に計量可能な「幸福度」（ウェルフェア、ウェルビーイング）と主観的に体験される「幸福感」（ハピネス、ライフ・サティスファクション）に大別することができます。

幸福度の代表的指標としては、国際連合開発計画（ＵＮＤＰ）の「人間開発指数」というものがあります。人間開発指数は、①出生時平均余命、②成人識字率（一五歳以上）と初・中・高等教育総就学率の合成変数、③購買力平価換算の国民一人当たりＧＤＰ（米ドル換算）の三要因から構成される合成変数です。

二〇一三年の人間開発指数（http://hdr.undp.org/en/media/HDR2013_EN_Summary.pdf）のベストテンは、一．ノルウェー、二．オーストラリア、三．アメリカ、四．オランダ、五．ドイツ、六．ニュージー

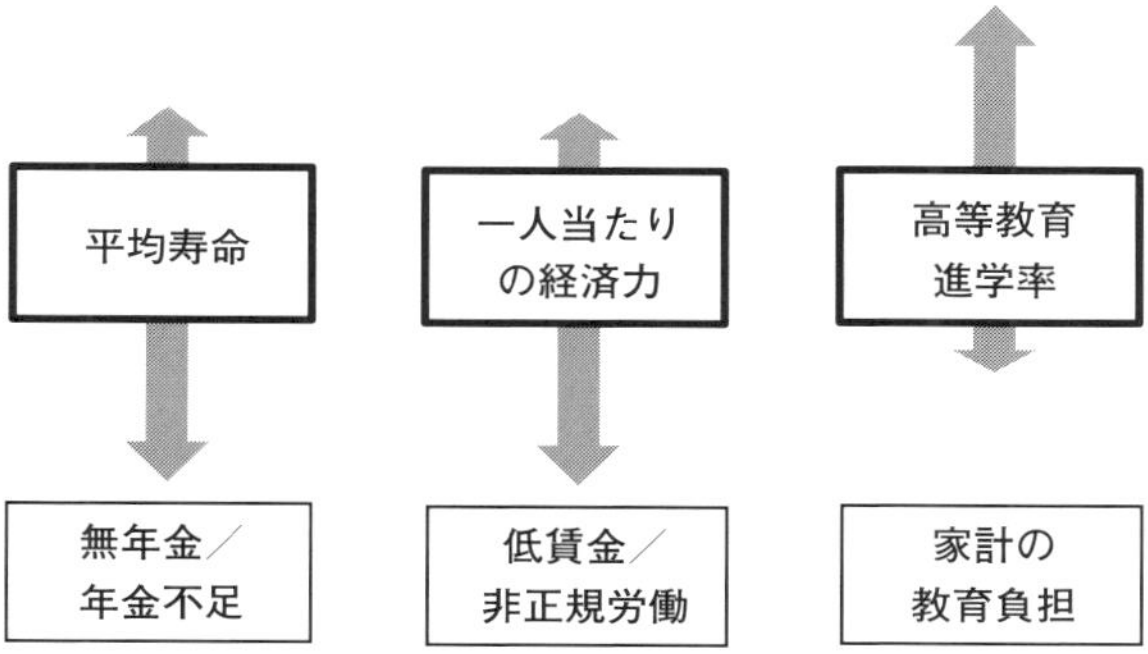

図12－5 日本人の幸福度を上下させる条件

ランド、七・アイルランド、七・スウェーデン、九・スイス、一〇・日本でした。日本は十分に高い順位ですが、問題はこのように高い幸福度が高い幸福感につながっているかどうかという点です。ちなみに、韓国も近年急速に順位を上げてきており、一一位のカナダに次ぐ一二位でした。他方、「経済大国」の中国の人間開発指数は、一〇一位という低さです。

わが国では、「② 成人識字率（一五歳以上）と初・中・高等教育総就学率の合成変数」のうちの成人識字率および初等・中等教育の就学率は十分高いので、以下の議論では高等教育進学率に限定することにします。そこで、平均寿命、一人当たりの経済力、高等教育進学率の三つの要因に関して、日本人の幸福度を上下させる条件について考えてみましょう（図12−5）。

第一の平均寿命に関しては、日本人は近年長寿になったことがよく知られています。厚生労働省の最新のデータでは、二〇一二年の日本人の平均寿命は、女性が八六・四一歳で世界一位、男性も七九・九四歳で世界五位であることが報告されました。平均寿命は長ければ長いほどよいわけではなく、まず健康長寿でなければなりませんが、健康長寿を支える日本の医療水準は世界でもきわめて高いと言ってよいでしょう。残る問題は、長く延びた人生を支える経済的基盤であり、無年金や年金額の不足は、せっかくの長寿を却って苦しみの原因に転化させることになります。何よりも自分が何歳まで生きてどれだけの生活費が必要か分からないという状態は「長命リスク」の状態を生じさせるものです。そこで、図12－5では、平均寿命の要因は、日本人の幸福度をあげるベクトルよりも、むしろ下げるベクトルの方が大きいとしています。

第二の一人当たりの経済力についてはどうでしょうか。人間開発指数の「購買力平価換算の国民一人当たりGDP（米ドル換算）」は、国民一人当たりの経済的豊かさを国際的に比較する指標として確立されたものです。わが国のこの数値は、戦後ほぼ一貫して上昇しています（例外は一九九八年と二〇〇九年）。しかしながら、国際比較でみると、わが国は一九九一年の世界八位をピークとして、その後は順位を下げ続け、二〇一一年には二五位、二〇一二年は少し持ち直して二四位でした。また、日本の失業率は世界的には低い数値とされますが、バブル経済崩壊後の一九八九年以後の失業率は、それ以前よりも全般的に高くなっています。また、デフレによって賃金が上がらず、非正規労働者が増えていることも重要な経済問題です。そこで、図12－5では、一人当たりの経済力の要因においても、日本人の幸福度をあげるベクトルよりも下げるベクトルの方が大きいとしています。また、この状態が急速に改善する見込みは、今のところ大きいとは言えません。

最後に、高等教育進学率についてはどうでしょうか。文部科学省の調べによると、一九九〇年頃まではわが国の高等教育進学率は、アメリカ合衆国に次いで高いものでしたが、現在はオーストラリア、英国、韓国などに追い抜かれています。ただし、高等教育進学率が意味するものは、国によって多少違いがあります。「高等教育」進学率が「大学」進学率を意味するものとは限りません。世界中にはさまざまな高等教育機関があるということです。また、パートタイムの学生、社会人学生、高年齢の学生などは、わが国には少ないという現状があります。わが国の高等教育進学率をさらに上げようとするのであれば、このような多様な身分や経歴の学生をもっと積極的に受け入れることも検討する必要があります。

他方、わが国の高等教育の問題点の一つに、私立学校の割合の高さがあげられます。たとえば、イギリスやドイツの大学は、ほとんどが国立です。しかしながら、以前は、イギリスの大学の自国民向け学費は安く、ドイツの大学の学費は無料でしたが、進学率の上昇に伴う学生数の増大や国の財政難から、イギリスとドイツでも学生にとって牧歌的な時代は終わりました。また、アメリカの場合は有力な名門私立大学が多く、その授業料の高さは日本の大学の比ではありません。とはいえ、日本の高等教育全体における国費負担割合の少なさは、世界的な水準からみて、やはり大きな問題です。図12－5では、家計の負担のマイナス効果は比較的小さいとしていますが、返済義務のある教育ローンでなく、返済義務のない給付制の奨学金の整備が必要です。それよりも、高等教育進学率において、図12－5に示すような幸福度をあげる大きなベクトルは本当に存在するのでしょうか。

図12－5全体が示しているのは、幸福度を上下させる条件であって、幸福感を上下させる条件ではありません。幸福感であれば、たとえば「人間関係」も重要な要因となります。すなわち、孤立や孤独は多くの場合幸福感を低下させます。問題を幸福度に絞って考えた時、図12－5において幸福度を上げる可能性のある条件は、実は教育だけです。その場合、大学進学率をもう少し上げることはできるかもしれませんが、重要なことはむしろ「教育の質」を高めることです。

教育の質を高める「大学教育の質保証」に関しては、中央教育審議会の「学士課程教育の構築に向けて」（二〇〇八年一二月）や、日本学術会議「大学教育の分野別質保証の在り方検討委員会」の「大学教育の分野別質保証の在り方について」（二〇一〇年七月）が公表されています。

学校教育法は、大学・短大・高等専門学校が機関として質の高い教育を行っているかについて、文部科学大臣の認証を受けた評価機関による評価を七年に一回受けることを義務づけ、二〇〇四年度からこの機関別認証評価が大学基準協会、大学評価・学位授与機構、日本高等教育評価機構などによって実施されています。また、専門職大学院の分野別認証評価（五年に一回）も実施されています。

技術者教育の分野では、大学等の工農理系学科で実施されている技術者育成のための教育プログラムが社会の要求水準を満たしているかを国際的認定基準に基づいて認定する第三者機関として、日本技術者教育認定機構（ＪＡＢＥＥ）が一九九九年に設立され、教育プログラムの認定を行っています。

教育を行う側だけでなく、教育を受ける側も学習の成果を示す必要が高まっています。英語の分野では、ＴＯＥＦＬ（外国語としての英語のテスト）やＴＯＥＩＣ（国際コミュニケーション英語能力テスト）の受験成績の提示が大学・大学院の入学者選抜や、企業の採用・昇進に際して求められるようになってきました。心理学の分野では、心理学教育の成果を評価する試験として、日本心理学諸学会連合が「心理学検定」を二〇〇八年から毎年一回実施してきました（http://www.jupaken.jp/）。

大学を卒業して学士号をもらいさえすればよい時代は既に終わり、質の高い教育を受けることが幸福度を高め、ひいては自尊心と幸福感を高めていく時代に入っているのです。

本章の最後に、二〇一一年七月一九日に行われた国連決議のことをご紹介します。この日、国連総会において、各国の公共政策の指針として、経済社会開発における幸福感（ハピネス）と幸福度（ウェルビーイング）を追求することの重要性をより明確にとらえる追加的な尺度の作成を加盟各国に対して求める決議が採択されたのです。残念ながら、この国連決議のことは、マスメディアなどではほとんど取り上げられませんでした。幸福感の向上を政策目標にすることの重要性を改めて強調して、本章を締め括りたいと思います。

【参考書】

子安増生（編）（二〇〇九）『心が活きる教育に向かって――幸福感を紡ぐ心理学・教育学』ナカニシヤ出版

子安増生・杉本均（編）（二〇一二）『幸福感を紡ぐ人間関係と教育』ナカニシヤ出版

楠見孝・子安増生・道田泰司（編）（二〇一一）『批判的思考力を育む――学士力と社会人基礎力の基盤形成』有斐閣

大竹文雄・白石小百合・筒井義郎（編著）（二〇一〇）『日本の幸福度――格差・労働・家族』日本評論社

大石繁宏（二〇〇九）『幸せを科学する――心理学からわかったこと』新曜社

▶ ハ 行
ハウザー（Hauser, S.T.） 66, 74
ハッペ（Happé, F. G. E.） 115
早津邑子 172
ハリス（Harris, G.） 123
バルギーズ（Verghese, J.） 223
バルテス（Baltes, P. B.） 228, 229
バロン＝コーエン（Baron-Cohen, S.） 114
パン（Pan, B. A.） 40
バン・プラーク（van Praag, H.） 221
樋口恵子 227
フラティグリオニ（Fratiglioni, L.） 222, 225, 226
ブラディック（Braddick, O.） 121
フリス（Frith, U.） 115, 116
フレッチャー（Fletcher, K. L.） 40
ペリカーノ（Pellicano, E.） 120
ベールマン（Behrmann, M.） 119, 120
ペレイラ（Pereira, A. C.） 221
ボウルビィ（Bowlby, J.） 207
ポールトン（Poulton, L.） 55

▶ マ 行
マイヤー（Mayer, K. U.） 228, 229
マグローン（McGloin, J. M.） 73
ミルナー（Milner, A. D.） 120
森田洋司 90, 91
森信 繁 4, 5

▶ ヤ 行
やまだようこ 181, 190
山野良一 49
山本恒雄 142

▶ ラ 行
ライリー（Riley, K. P.） 218
ラーソン（Larson, E. B.） 220
ラム（Lamb, M. E.） 139, 140
リース（Reese, E.） 40
リュー（Liu, H.） 164
レイティ（Ratey, J. J.） 221, 231
レネバーグ（Lenneberg, E.） 154
ローゼンバーグ（Rosenberg, M.） 241

▶ ワ 行
ワーカー（Werker, J. F.） 156
ワーチ（Wertch, J. V.） 41
ワーナー（Werner, E. E.） 67, 70, 72, 74

事項索引

▶ アルファベット
ASD 児 109
DSM- Ⅳ 111, 114
DSM-5 112
DV 100
DV 防止法 131
NICHD プロトコル 139, 145
OECD 48, 49, 53
PISA 49, 51

▶あ 行

▶か 行

▶さ 行

▶ た 行

▶ な 行

▶ は 行

▶ ま 行

▶ や 行

▶ ら 行

文　献

1　現代科学技術の負の影響から子ども本来の育ちを守ろう

Aoyama, S., Toshima, T., Saito, Y., Konishi, N., Motoshige, K., Ishikawa, N., Nakamura,K., & Kobayashi, M. (2010) Maternal brest milk induces frontal lobe activation in neonates: A NIRS study. *Early Human Development, 86*, 541-543.

森信 繁 (2005)「乳幼児期の養育環境とこころの発達」『こころを育む脳の働き ── 育て、守る : 2004世界脳週間の講演より』p.67, 脳の世紀推進会議

Saito, Y., Fukuhara, R., Aoyama, S., & Toshima, T. (2009) Frontal brain activation in premature infants' response to auditory stimuli in neonatal intensive care unit. *Early Human Development, 85*, 471-474.

Saito, Y., Fukumoto, R., Toshima, T., Kondo, T., Aoyama. S., Konishi, N., Nakamura, K., & Kobayashi, M. (2007) The function of the frontal lobe in neonates for response to a prosodic voice. *Early Human Development, 83*, 225-230.

Saito, Y., Fukumoto, R., Toshima, T., Kondo, T., Aoyama. S., Konishi, N., Nakamura, K., & Kobayashi, M. (2007) Frontal cerebral blood flow change associated with infant-directed speech (IDS). *Archives of Disease in Childhood Fetal and Neonatal Edition, 92*, 113-116.

斉藤由里・利島保 (2005)「非言語コミュニケーションにおける表出と認識の神経心理学的過程」『広島大学大学院教育学研究科紀要第三部（教育人間科学関連領域）』*54*, 303-308.

利島保 (1983)「妊産婦の母性形成過程」『周産期医学』*13*, 2129-2132.

2　子育て力の回復を政策目標に子どもの主体性を大切に関わる

東洋（代表）(1995)「幼児期における文字の獲得過程とその環境的要因の影響に関する研究」『平成４〜６年度科学研究費補助金（総合研究Ａ）研究報告書』

国立国語研究所 (1964)『幼児の読み書き能力』東京書籍

Flecher, K. L. & Reese, E. (2005) Picture book reading with young children: A conceptual framework. *Developmental Review, 25*, 64-103.

浜野隆・内田伸子・李基淑・周念麗・Dihn Hong Thai・Jamstandori Batdelgel・後藤憲子 (2012)「幼児のリテラシー習得に及ぼす社会文化的要因の影響 ── 保

護者調査・保育者調査　日韓中越蒙５ヵ国比較」『お茶の水女子大学グローバル COE 格差センシティブな人間発達科学の創成国際格差班プロジェクト報告書』(Japanese & English Edition.)

Kang, J. H., Kim, Y. S., & Pan, B. A.（2009）Five-year-olds' book talk and story telling: Contributions of mother-child joint bookreading. *First Language, 29*, 243-265.

齋藤有・内田伸子 (2013a)「母親の養育態度と本の読み聞かせ場面における母子相互作用の関係に関する長期縦断的検討」『読書科学』*55*, 第一・二号合併号, 56-67.

齋藤有・内田伸子 (2013b)「幼児期の絵本の読み聞かせに母親の養育態度が与える影響 ―― 共有型と「強制型」の横断的比較」『発達心理学研究』*24*(2), 150-159.

内田伸子 (1989)「物語ることから文字作文へ ―― 読み書き能力の発達と文字作文の成立過程」『読書科学』*33*(1), 10-24.

富山尚子 (2003)『認知と感情の関連性 ―― 気分の効果と調整過程』風間書房

内田伸子 (1998)『まごころの保育 ―― 堀合文子の言葉と実践に学ぶ』小学館

内田伸子 (1999)『発達心理学 ―― ことばの獲得と教育』岩波書店

内田伸子 (2008)『幼児心理学への招待 ―― 子どもの世界づくり〈改訂版〉』サイエンス社

内田伸子・浜野隆・後藤憲子 (2009)「幼児のリテラシー習得に及ぼす社会文化的要因の影響 ―― 日韓中越蒙国際比較研究：2008年度日本報告」『お茶の水女子大学グローバル COE 格差センシティブな人間発達科学の創成国際格差班プロジェクト報告書』

Uchida, N. & Ishida, Y. (2011) What counts the most for early literacy acquisition? Japanese data from the cross-cultural literacy survey of GCOE Project. *PROCEEDINGS; Science of Human Development for Restructuring the "Gap Widening Society", SELECTED PAPERS, 6*, 11-26.

内田伸子・李基淑・朱家雄・周念麗・浜野隆・後藤憲子 (2011)「幼児期から学力格差は始まるか ―― しつけスタイルは経済格差要因を凌駕し得るか　【児童期追跡調査】日本（東京）・韓国（ソウル）・中国（上海）比較データブック」『お茶の水女子大学グローバル COE 格差センシティブな人間発達科学の創成国際格差班プロジェクト報告書』

内田伸子・浜野隆（編著）(2012)『世界の子育て ―― 貧困は越えられるか？』金子書房

Werch, J. V., McNamee, C. D.,McLane, J. B., & Budwig, N. A. (1980) The adult-child

dyad as a problem-solving system. *Child Development, 51*, 1215-1221.

3 「格差・落差・段差」のない学校読書環境の実現を

秋田喜代美・庄司一幸（編）(2005)『本を通して世界と出会う ── 中高校生からの読書コミュニティづくり』北大路書房
秋田喜代美（監修）／こどもくらぶ（編）(2012)『図書館のすべてがわかる本 1 図書館のはじまり・うつりかわり』岩崎書店
秋田喜代美・深谷優子・上原友紀子・足立幸子 (2013)「中学生および高校生の読書活動の実態とその規定要因（１）学校読書環境と読書行動」『日本発達心理学会第24回大会論文集』P2-094.
秋田喜代美・深谷優子・上原友紀子 (2013)「中学生・高校生の読書と学校の読書推進活動（１）生徒による読書推進小積極性評価と指導体制・環境の学校間差」『日本教育心理学会第55回総会発表論文集』P569.
Clark & Poulton, (2011) Is Four the Magic Number? Number of Books Read in a Month and Young People's Wider Reading Behavior. National Literacy Trust.（http://www.literacytrust.org.uk/assets/0001/1766/Number_books_read_2011.pdf）
（独）国立青少年教育振興機構 (2013)「子どもの読書活動と人材育成に関する調査研究」【青少年調査ワーキンググループ】報告書
（独）国立青少年教育振興機構 (2013)「子どもの読書活動と人材育成に関する調査研究」【学校・教員調査ワーキンググループ】報告書
経済協力開発機構（OECD）（編著）／渡辺良（監訳）(2012)『PISAからみるできる国・頑張る国 ── 未来志向の教育を目指す：日本』明石書店
毎日新聞社 (2013)『2013年版読書世論調査』毎日新聞企画サービス
山野良一 (2008)『子どもの最貧国・日本 ── 学力・心身・社会におよぶ諸影響』光文社新書

4 子どもの“心の回復力”を育てる

Aronowitz, T. (2005) The role of "envisioning the future" in the development of resilience among at-risk youth. *Public Health Nursing, 22*, 200-208.
Hauser, S. T., Allen, J. P., & Golden, E. (2006) *Out of the Woods: Tales of resilient teens*. Harvard University Press.（ハウザー、アレン ＆ ゴールデン／仁平説子・仁平義明（訳）(2011)『ナラティヴから読み解くリジリエンス ── 危機的状況から回復した「67分の9」の少年少女の物語』北大路書房）
Kobasa, S. C. (1979) Stressful life events, personality, and health: An Inquiry into

hardiness. *Journal of Personality and Social Psychology, 37*, 1-11.
McGloin, J. M. & Widom, C. S. (2001) Resilience among abused and neglected children grown up. *Development and Psychopathology, 13*, 1021-1038.
仁平義明 (2002)「心の“回復力”を育てる」仁平義明『ほんとうのお父さんになるための15章 ── 父と子の発達心理学』pp.89-96, ブレーン出版
O'Sullivan, C. M. (1991) The reletionship between childhood mentors and resiliency in adult children of alcholics. *Family Dynamics of Addiction Quarterly, 1*, 46-59.
スティーヴン・キング (1982)／山田順子（訳）(1987)『スタンド・バイ・ミー ── 恐怖の四季　秋冬編』新潮文庫
Werner, E. E., & Smith, R. S. (1982) *Vulnerable but Invincible: A Longitudinal Study of Resilient Children and Youth*. McGrowhill: New York.
Zimmerman, M. A., Bingenheimer, J. R., & Notaro, P. C. (2002) Natural mentors and adolescent resiliency: A study with urban youth. *American Journal of Community Psychology, 30*, 221-243.

５　集団現象としてのいじめの効果的な予防とケアを

森田洋司・清永賢二 (1986)『いじめ ── 教室の病い』金子書房
中井久夫 (1997)『アリアドネからの糸』みすず書房
Salmivalli, C., Lagerspetz, K., Björkqvist, K., Österman, K., & Kaukiainen, A. (1996). Bullying as a group process: Participant roles and their relations to social status within the group. *Aggressive Behavior, 22*, 1-15.
戸田有一 (2013)「いじめ研究と学校における予防実践支援」『発達心理学研究』24巻, 460-470.
戸田有一・ストロマイヤ, D.・スピール, C.　(2008)「人をおいつめるいじめ ── 集団化と無力化のプロセス」加藤司・谷口弘一（編）『対人関係のダークサイド』pp.117-131, 北大路書房

６　個性に合わせた発達環境設定を！

Atkinson, J. (2002) *The Developing Visual Brain*. Oxford University Press.（金沢創・山口真美（監訳）／高岡昌子・仲渡江美・小沼裕子・阿部五月・田中規子（訳）(2005)『視覚脳が生まれる ── 乳児の視覚と脳科学』北大路書房）
Behrmann, M., Thomas, C. & Humphreys, K. (2006) Seeing it differently: visual processing in autism. *Trends in Cognitive Sciences, 10*(6), 258-264.
Braddick, O., Atkinson, J., & Wattam-Bell, J. (2003) Normal and anomalous

development of visual motion processing: Motion coherence and 'dorsal-stream vulnerability' *Neuropsychologia, 41*(13), 1769-1784.
Frith, U. (1989) Autism and "Theory of Mind", In C. Gilberg (Ed.), *Diagnosis and Treatment of Autism* (pp.33-52), New York: Plenum Press.
Goodale, M. A. & Milner, A. D. (1992) Separate visual pathways for perception and action. *Trends in Neurosciences, 15*(1), 20-25.
Happe, F. G. E. & Frith, U. (2006) The weak coherence account: Detail-focused cognitive style in autism spectrum disorders. *Journal of Autism and Developmental Disorders, 36*, 5-25.
Harris, G. (1997) Development of taste perception and appetite regulation. In G. Bremner, A. Slater & G. Butterworth (Eds.), *Infant Development? Recent Advances*, p.9-30, Hove: Psychology Press.
金沢創 (1999)『他者の心は存在するか』金子書房
金沢創 (2003)『他人の心を知るということ』角川書店
Klin, A., Jones, W., Schultz, R., Volkmar, F. & Cohen, D. (2002) Defining and quantifying the social phenotype in autism. *American Journal of Psychiatry, 159*, 895-908.
Pellicano, E., Gibson, L., Maybery, M., Durkin, K., Badcock, D. R. (2005) Abnormal global processing along the dorsal visual pathway in autism: a possible mechanism for weak visuospatial coherence? *Neuropsychologia, 43*(7), 1044-1053.
山口真美・金沢創 (2008)『赤ちゃんの視覚と心の発達』東京大学出版会

7　事件や事故、虐待などが疑われるときの子どもへの面接

警察庁生活安全局少年課 (2013)「児童虐待及び福祉犯の検挙状況等」（平成24年1月－12月）
厚生労働省 (2012)「児童相談所での児童虐待相談対応件数（pdf 資料）http://www.mhlw.go.jp/
Lamb, M. E., Orbach, Y., Hershkowitz, I., Esplin, P. W., & Horowitz, D. (2007) A structured forensic interview protocol improves the quality and informativeness of investigative interviews with children: A review of research using the NICHD Investigative Interview Protocol. *Child Abuse and Neglect, 31*, 1201-1231.
仲真紀子 (2011a)「NICHD ガイドラインにもとづく司法面接研修の効果」『子どもの虐待とネグレクト』*13*(3), 316-325.
仲真紀子 (2011b)「法と倫理の心理学　心理学の知識を裁判に活かす —— 目撃

証言、記憶の回復、子どもの証言』培風館
仲真紀子 (2012)「JST 戦略的創造研究推進事業（社会技術研究開発）研究開発プロジェクト『犯罪から子どもを守る司法面接法の開発と訓練』研究開発実施終了報告書」
山本恒雄 (2012)「家庭内性暴力被害児（児童虐待、児童ポルノ等）の発見・支援における各関係機関の対応と連携に関する調査研究」『こども未来財団児童関連サービス調査研究等事業報告書』

8　早期英語教育導入の前に考えなければならないこと

カミンズ, J.／中島和子（訳著）(2011)『言語マイノリティを支える教育』慶應義塾大学出版会
市川力 (2004)『英語を子どもに教えるな』中公新書ラクレ
今井むつみ (2013)『ことばの発達の謎を解く』ちくまプリマー新書
Johnson, J. & Newport, E. (1989) Critical period effects in second language learning: The influence of maturational state on the acquisition of English as a second language. *Cognitive Psychology, 21*, 60-99.
Kuhl, P., Tsao, F., & Liu, H. (2003) Foreign-language experience in infancy: Effects of short-term exposure and social interaction on phonetic learning. *Proceedings of the National Academy of Sciences, 100*, 9096-9101.
Lenneberg, E. (1967) *Biological Foundations of Language*. New York: Wiley.
大津由紀雄（編著）(2005)『小学校での英語教育は必要ない！』慶應義塾大学出版会
内田伸子（監修）／早津邑子 (2004)『異文化に暮らす子どもたち ―― ことばと心をはぐくむ』金子書房
Werker, J. F., & Tees, R. C. (1984) Cross-language speech perception. Evidence for perceptual reorganization during the first year of life. *Infant Behavior and Development, 7*, 49-63.
今井むつみ・野島久雄・岡田浩之 (2012)『新　人が学ぶということ ―― 認知学習論からの視点』北樹出版

9　ものづくりをもの語る

「ものづくり基盤技術振興基本法」(1999) http://law.e-gov.go.jp/htmldata/H11/H11HO002.hml
「ものづくり日本大賞」http://www.monodzukuri.meti.go.jp/

やまだようこ (1994)「包む」『中学国語２』pp.68-77, 教育出版
やまだようこ (2000)「人生を物語ることの意味 —— ライフストーリーの心理学」やまだようこ（編）『人生を物語る —— 生成のライフストーリー』ミネルヴァ書房, pp.1-38.

10 「経験」「知恵」「技」「人間力」の世代継承を政策課題に

Bowlby, J. (1961) *Attachment and Loss. Vol.1. Attachment*. Basic Books.（ボウルビィ，Ｊ．／黒田実郎ほか（訳）(1976)『母子関係の理論Ｉ　愛着行動』岩崎学術出版社）
Erikson, E. H. (1950) *Childhood and Society*. New York: W. W. Norton.（エリクソン，Ｅ．Ｈ．／仁科弥生（訳）(1977; 1980)『幼児期と社会　１・２』みすず書房）
大井田隆・厚生労働省 (2013)「ネット依存の中高生、国内に五十一万人」日本経済新聞, 2013.8.1.
岡本祐子（印刷中）『プロフェッションの生成と世代継承 —— 中年期の実りと次世代の育成』ナカニシヤ出版（2014年6月刊行予定）
佐々木圭一 (2013)『伝え方が９割』ダイヤモンド社
山折哲雄 (2003)『教えることと裏切られること —— 師弟関係の本質』講談社現代新書

11 超高齢社会の基盤を強くする教育アプローチ

新井平伊 (2009)「アルツハイマー型認知症」浦上克哉（編）／大内尉義（監修）『老年医学の基礎と臨床Ⅱ —— 認知症学とマネジメント』pp.20-30, ワールドプランニング
Baltes, P. B. & Mayer, K. U. (Eds.) (1999) *The Berlin Aging Study: Aging from 70 to 100*. Cambridge, UK: Cambridge University Press.
Cabeza, R., Anderson, N. D., Locantore, J. K., & McIntosh, A. R. (2002) Aging gracefully: Compensatory brain activity in high-performing older adults. *Neuroimage, 17*(3), 1394-1402.
Colcombe, S. & Kramer, A. F. (2003) Fitness effects on the cognitive function of older adults: A meta-analytic study. *Psychological Science, 14*(2), 125-130.
Erickson, K. I., Voss, M. W., Prakash, R. S., Basak, C., Szabo, A., Chaddock, L., Kramer, A. F. (2011) Exercise training increases size of hippocampus and improves memory. *Proceedings of the National Academy of Sciences of the United States of America, 108*(7), 3017-3022. doi: 10.1073/pnas.1015950108

Fratiglioni, L., Paillard-Borg, S., & Winblad, B. (2004) An active and socially integrated lifestyle in late life might protect against dementia. *Lancet Neurology, 3*(6), 343-353. doi: 10.1016/S1474-4422(04)00767-7

Fratiglioni, L., Wang, H. X., Ericsson, K., Maytan, M., & Winblad, B. (2000) Influence of social network on occurrence of dementia: A community-based longitudinal study. *Lancet, 355*(9212), 1315-1319. doi: 10.1016/S0140-6736(00)02113-9

Galvin, J. E., Powlishta, K. K., Wilkins, K., McKeel, D. W., Jr., Xiong, C., Grant, E., Morris, J. C. (2005) Predictors of preclinical Alzheimer disease and dementia: A clinicopathologic study. *Archives of neurology, 62*(5), 758-765. doi: 10.1001/archneur.62.5.758

樋口恵子 (2012)「人生百年を生きる健康教育を！ ── 自分の健康を自分で護るための教育のない日本」『学術の動向』*17*(6), 100-101.

Kramer, A. F., Hahn, S., Cohen, N. J., Banich, M. T., McAuley, E., Harrison, C. R., Colcombe, A. (1999) Ageing, fitness and neurocognitive function. *Nature, 400*(6743), 418-419. doi: 10.1038/22682

Larson, E. B., Wang, L., Bowen, J. D., McCormick, W. C., Teri, L., Crane, P., & Kukull, W. (2006) Exercise is associated with reduced risk for incident dementia among persons 65 years of age and older. *Annals of Internal Medicine, 144*(2), 73-81.

Pereira, A. C., Huddleston, D. E., Brickman, A. M., Sosunov, A. A., Hen, R., McKhann, G. M., & Small, S. A. (2007) An in vivo correlate of exercise-induced neurogenesis in the adult dentate gyrus. *Proceedings of the National Academy of Sciences of the United States of America, 104*(13), 5638-5643. doi: 10.1073/pnas.0611721104

レイティ，J．・ヘイガーマン，E．(2008)／野中香方子（訳）(2009)『脳を鍛えるには運動しかない！ ── 最新科学でわかった脳細胞の増やし方』NHK 出版

Riley, K. P., Snowdon, D. A., Desrosiers, M. F., & Markesbery, W. R. (2005) Early life linguistic ability, late life cognitive function, and neuropathology: Findings from the Nun Study. *Neurobiology of Aging, 26*(3), 341-347. doi: 10.1016/j.neurobiolaging.2004.06.019

スノウドン，D．(2001)／藤井留美（訳）(2004)『100歳の美しい脳 ── アルツハイマー病解明に手をさしのべた修道女たち』DHC

Stern, Y. (2009). Cognitive reserve. *Neuropsychologia, 47*(10), 2015-2028. doi: 10.1016/j.neuropsychologia.2009.03.004

Sumic, A., Michael, Y. L., Carlson, N. E., Howieson, D. B., & Kaye, J. A. (2007) Physical

activity and the risk of dementia in oldest old. *Journal of Aging and Health, 19*(2), 242-259. doi: 10.1177/0898264307299299

van Praag, H., Shubert, T., Zhao, C., & Gage, F. H. (2005) Exercise enhances learning and hippocampal neurogenesis in aged mice. *The Journal of Neuroscience, 25*(38), 8680-8685. doi: 10.1523/JNEUROSCI.1731-05.2005

Verghese, J., Lipton, R. B., Katz, M. J., Hall, C. B., Derby, C. A., Kuslansky, G., & Buschke, H. (2003) Leisure activities and the risk of dementia in the elderly. *New England Journal of Medicine, 348*(25), 2508-2516. doi: 10.1056/NEJMoa022252

12　幸福感の向上を政策目標に

Diener, E., Emmons, R. A., Larsen, R. J., & Griffin, S. (1985) The satisfaction with life scale. *Journal of Personality Assessment, 49*, 71-75.

国連開発計画／横田洋三・秋月弘子・二宮正人（監修）(2011) 人間開発計画 2010（20周年記念版）『国家の真の豊かさ ― 人間開発への道筋』阪急コミュニケーションズ

子安増生・楠見孝・Moises Kirk de Carvalho Filho・橋本京子・藤田和生・鈴木晶子・大山泰宏・Carl Becker・内田由紀子・David Dalsky・Ruprecht Mattig・櫻井里穂・小島隆次 (2012)「幸福感の国際比較研究 ― 13ヵ国のデータ」『心理学評論』*55*, 75-89.

Rosenberg, M. (1965) *Society and the Adolescent Self-Image*. Princeton, NJ: Princeton University Press.

人名索引

金沢　創（かなざわ　そう）【6章，共著】
京都大学理学研究科博士課程単位取得満期退学。博士（理学）。現在，日本女子大学人間社会学部教授。主要著書『赤ちゃんの視覚と心の発達』東京大学出版会（共著，2008）他。

山口真美（やまぐち　まさみ）【6章，共著】
お茶の水女子大学大学院人間文化研究科博士課程修了。博士（人文科学）。現在，中央大学文学部教授。主要著書『顔を科学する ― 適応と障害の脳科学』東京大学出版会（共編著，2013）他。

今井むつみ（いまい　むつみ）【8章】
ノースウエスタン大学心理学部博士課程修了。Ph.D. 現在，慶應義塾大学環境情報学部教授。主要著書『ことばの発達の謎を解く』（ちくまプリマー新書）筑摩書房（2013）他。

やまだようこ（山田洋子）【9章】
名古屋大学大学院教育学研究科博士後期課程中退。博士（教育学）。現在，立命館大学衣笠総合研究機構（生存学研究センター）特別招聘教授。主要著者『ことばの前のことば ― うたうコミュニケーション』新曜社（2010）他。

岡本祐子（おかもと　ゆうこ）【10章】
広島大学大学院教育学研究科博士課程修了。教育学博士。現在，広島大学大学院教育学研究科教授。主要著書『アイデンティティ生涯発達論の展開 ― 中年期の危機と心の深化』ミネルヴァ書房（2007）他。

積山　薫（せきやま　かおる）【11章】
大阪市立大学文学研究科博士課程修了。博士（文学）。現在，熊本大学文学部総合人間学科教授。主要著書『身体表象と空間認知』ナカニシヤ出版（1997）他。

編著者紹介

子安増生（こやす　ますお）【12章】
京都大学大学院教育学研究科博士課程中退。博士（教育学）。現在，京都大学大学院教育学研究科教授。主要著書『心の理論 ── 心を読む心の科学』岩波書店（2000）他。

仲真紀子（なか　まきこ）【7章】
お茶の水女子大学大学院人間文化研究科博士課程中退。学術博士。現在，北海道大学大学院文学研究科教授。主要著書『法と倫理の心理学 ── 心理学の知識を裁判に活かす』培風館（2011）他。

執筆者紹介（執筆順）

利島　保（としま　たもつ）【1章】
広島大学大学院教育学研究科博士課程単位取得退学。文学博士。現在，広島大学大学院医歯薬保健学研究院特任教授。主要著書『脳神経心理学』朝倉書店（編著，2006）他。

内田伸子（うちだ　のぶこ）【2章】
お茶の水女子大学大学院人文科学研究科修士課程修了。学術博士。現在，筑波大学監事・お茶の水女子大学名誉教授。主要著書『幼児心理学への招待 ── 子どもの世界づくり』サイエンス社（2008）他。

秋田喜代美（あきた　きよみ）【3章】
東京大学大学院教育学研究科博士課程修了。博士（教育学）。現在，東京大学大学院教育学研究科教授。主要著書『本を通して世界と出会う ── 中高生からの読書コミュニティづくり』北大路書房（共編著，2005）他。

仁平義明（にへい　よしあき）【4章】
東北大学大学院文学研究科博士課程単位取得退学。文学修士。現在，白鴎大学教育学部教授。主要著書『ほんとうのお父さんになるための15章 ── 父と子の発達心理学』ブレーン出版（2002）他。

戸田有一（とだ　ゆういち）【5章】
東京大学大学院教育学研究科博士課程単位取得満期退学。教育学修士。現在，大阪教育大学教育学部教授。主要著書『世界の学校予防教育 ── 心身の健康と適応を守る各国の取り組み』金子書房（共編著，2013）他。

新曜社

こころが育つ環境をつくる
発達心理学からの提言

初版第1刷発行　2014年3月10日

編著者　子安増生
　　　　仲真紀子
発行者　塩浦　暲
発行所　株式会社　新曜社
101-0051　東京都千代田区神田神保町3－9
電話（03）3264-4973（代）・FAX（03）3239-2958
e-mail : info@shin-yo-sha.co.jp
URL : http://www.shin-yo-sha.co.jp
組　版　西田久美（Katzen House）
印　刷　新日本印刷
製　本　イマヰ製本所

ISBN978-4-7885-1375-4 C1011

新曜社の本

体罰の社会史　新装版
江森一郎
四六判２９２頁
本体２４００円

子どもの養育に心理学がいえること
発達と家族環境
H・R・シャファー
無藤隆・佐藤恵理子 訳
A５判３１２頁
本体２８００円

虐待をこえて、生きる
負の連鎖を絶ち切る力
内田伸子・見上まり子
四六判２６０頁
本体１９００円

障害児は「現場《フィールド》」で学ぶ
自閉症児のケースで考える
渡部信一
四六判１６０頁
本体１７００円

外国語はなぜなかなか身につかないか
第二言語学習の謎を解く
E・ビアリストク／K・ハクタ
重野純 訳
四六判３２２頁
本体２８００円

幸せを科学する
心理学からわかったこと
大石繁宏
四六判２４０頁
本体２４００円

発達科学ハンドブック６
発達と支援
日本発達心理学会 編
無藤隆・長崎勤 責任編集
A５判３７６頁
本体３８００円

＊表示価格は消費税を含みません。